Friedrich Karl und Eleonore Dörner

Von Pergamon zum Nemrud Dağ

Die archäologischen Entdeckungen Carl Humanns

KULTURGESCHICHTE DER ANTIKEN WELT

BAND 40

Schriften der Hermann-Bröckelschen-Stiftung
CARL HUMANN ZUM GEDÄCHTNIS
Band VIII

Herausgegeben von Dr. Friedrich Karl Dörner
Professor an der Westfälischen Wilhelms-Universität Münster

Friedrich Karl und Eleonore Dörner

Von Pergamon zum Nemrud Dağ

Die archäologischen Entdeckungen Carl Humanns

VERLAG PHILIPP VON ZABERN · MAINZ AM RHEIN

xv, 342 Seiten mit 113 Schwarzweißabbildungen und 8 Farbtafeln

Umschlagfoto: Ostterrasse des Nemrud Dağ

Vorsatz vorn: Modell des Burgberges von Pergamon im Maßstab 1:300

Vorsatz hinten: Altarterrasse aus dem Modell des Burgberges von Pergamon

CIP-Titelaufnahme der Deutschen Bibliothek

Dörner, Friedrich Karl:
Von Pergamon zum Nemrud Dağ: Die archäologischen Entdeckungen Carl Humanns / Friedrich Karl u. Eleonore Dörner. – Mainz am Rhein : von Zabern, 1989
(Kulturgeschichte der antiken Welt ; Bd. 40) (Schriften der Hermann-Bröckelschen-Stiftung ; Bd. 8)
ISBN 3-8053-0998-8
NE: Dörner, Eleonore:; 1. GT; Hermann-Bröckelschen-Stiftung:: Schriften der Hermann-Bröckelschen-Stiftung

2. Auflage 1991
ISBN 3-8053-0998-8
Satz: Typo-Service Mainz

Printed in Germany by Philipp von Zabern
Printed on fade resistant and archival quality paper (PH 7 neutral)

Inhalt

Vorwort

Die Gründung der Hermann-Bröckelschen-Stiftung »Carl Humann zum Gedächtnis« verdanken wir der Begeisterung von Bankier Hermann Bröckelschen für die antike Kultur und der Initiative von Dipl. rer. pol. Hans Bünner. In vielen gemeinsamen Gesprächen wurde von ihnen der Plan einer Stiftung entwickelt, um Projekte der Altertumswissenschaft zu fördern. Als erster bat Archivdirektor Eduard Schulte um Unterstützung für seine Sammlung der erhalten gebliebenen Dokumente über das Leben von Carl Humann, dem Entdecker und Retter des Pergamonaltars.

Schulte selbst war stolz darauf, zur Sippe Humann zu gehören. Aus der Humann-Familie sowie dem Kreis der Freunde und Kollegen erhielt er Briefe und Dokumente. Bald gewann er dadurch tiefere Einblicke in das Leben und die Arbeit von Humann und begann, das überreiche Material zu sichten und zu ordnen.

Bei den Nachforschungen in Berlin stieß Schulte auf die von Humann unmittelbar nach der Entdeckung der Reliefs des Pergamonaltars angefertigten Zeichnungen und Beschreibungen. Aber vergeblich hatte er sich lange Zeit bemüht, diese meisterhaften Zeichnungen mit den Beschreibungen der Skulpturen zu publizieren, bis er die verständnisvolle Förderung durch Hermann Bröckelschen fand.

Die Veröffentlichung erfolgte 1959 als erstes Unternehmen der Bröckelschen-Stiftung »Carl Humann zum Gedächtnis« mit dem Titel: »Der Pergamon-Altar — entdeckt, beschrieben und gezeichnet von Carl Humann«. Dieses Buch ist seit vielen Jahren vergriffen, und alle Druckvorlagen sind leider bei der Auflösung des Ardey Verlages, in dem der Band erschienen war, vernichtet, ohne daß die Stiftung davon Kenntnis erhielt.

Bei unseren Überlegungen im Vorstand, wie man den immer wieder geäußerten Wunsch nach einer neuen Auflage erfüllen könnte, wurde mein Vorschlag angenommen, nicht einfach diesen Band nachzudrucken, sondern die ursprüngliche Fassung zu erweitern.

Schulte hatte, genau nach Humann, alle Reliefs und die Fragmente mit den originalen Beschreibungen abgedruckt.

In der vorliegenden Veröffentlichung werden jetzt die von Humann beschriebenen Reliefs der Gigantomachie nach Themenkreisen zusammengefaßt. Außerdem sind die seitdem aufgefundenen Fragmente beschrieben mit einem Hinweis auf neugewonnene Erkenntnisse.

Besondere Zustimmung fand im Vorstand mein Vorschlag, diesen neu gestalteten Text in Zusammenarbeit mit meiner Frau mit einer Biographie von Humann zu verbinden. Für die Biographie waren die gesammelten Dokumente von Eduard Schulte in den inzwischen ebenfalls vergriffenen Bänden 2: »Chronik der Ausgrabung von Pergamon 1871–1886« und Band 3: »Carl Humann — Der Entdecker des Weltwunders von Pergamon in Zeugnissen seiner Zeit von 1839–1896« von größtem Wert. Schulte selbst hat wiederholt betont, daß er mit diesem reichen Material lediglich eine archivalische Vorarbeit für eine spätere Biographie leisten wollte. Wir haben Schulte in diesem Bemühen gern unterstützt. So konnte ich ihm unter anderem zu seiner Freude das von mir entdeckte Briefdokument zur Veröffentlichung übergeben, in dem Humann voller Glück Conze von seinem ersten Fund berichtete. Meine Frau hat auf Wunsch von Schulte im Merseburger Staatsarchiv den dort aufbewahrten Briefwechsel zwischen Humann und dem Deutschen Botschafter in Konstantinopel, Joseph Maria von Radowitz, abgeschrieben.

Unermüdlich hat Schulte nach Dokumenten aus allen Lebensbereichen Humanns gesucht und geforscht. Humann selbst war ein fleißiger Briefschreiber. Er erwähnt einmal, daß er jährlich 600 bis 700 Briefe versende und oft dadurch überfordert sei. Leider ist nur ein Bruchteil seiner Korrespondenz erhalten geblieben. Vieles ging erst bei Kriegsende verloren, darunter vor allem der Briefwechsel mit seiner Familie.

Wir sind daher besonders Dipl.-Ing. Ulrich Brixius dankbar, Enkel von Marie Ledschbor, geb. Humann, daß wir aus den in seinem Besitz befindlichen Briefen wichtige Einblicke in das Leben im Elternhaus des jungen Humann gewonnen haben.

Danken möchten wir auch dem Rektorat der Ernst-Moritz-Arndt-Universität in Greifswald für die erbetene Übersendung von Fotokopien der Urkunden für Humann mit seiner Ernennung zum Doctor Philosophiae honoris causa nebst dem dafür von Wilamowitz-Moellendorff gestellten Antrag.

Briefe von Humann und an ihn werden in der Sammlung des Deutschen Archäologischen Instituts in Berlin mit Schriftzeugnissen von deutschen Archäologen aufbewahrt. Schulte hatte sie schon ausgewertet, und sie waren ebenfalls für unsere Arbeit sehr wertvoll.

Großzügig gestattete uns Dr. Max Kunze, Direktor der Antikensammlung im Pergamonmuseum, in unsere Arbeit den vorzüglichen Katalog der Ausstellung: »Ein Jahrhundert Forschungen zum Pergamonaltar« einzubeziehen und die Schautafel zu publizieren. Wir danken ihm dafür ebenso wie für die Erlaubnis zur Reproduktion der unserem Band beigegebenen Schwarzweiß- und Farbaufnahmen des Pergamonaltars.

In unsere Bibliographie haben wir auch die wirtschaftlichen und politischen Zustände der Türkei einbezogen, soweit sie in Humanns Leben von Bedeutung waren.

Dieses Buch ist für einen an Geschichte und Archäologie interessierten Leserkreis geschrieben. Anlaß war der 150. Geburtstag von Carl Humann am 4. 1. 1989, eine willkommene Gelegenheit, die Öffentlichkeit auf seine Verdienste als Entdecker und Retter des Pergamonaltars hinzuweisen, ebenso wie auf seine erfolgreichen Arbeiten für die historische und geographische Erforschung von Kleinasien.

Die Reproduktion der Zeichnungen von Humann erfolgte nach den Originalen im Archiv des Antikenmuseums der Staatlichen Museen Preußischer Kulturbesitz in Berlin-Charlottenburg. Für die Erlaubnis zu ihrer Veröffentlichung und für die Unterstützung unserer Arbeit möchten wir dem Direktor Professor Wolf-Dieter Heilmeyer sowie Dr. Gerhard Zimmer aufrichtig danken.

Besonderen Dank schulden wir dem Verleger Franz Rutzen. Er hat auch diesen Band, wie bereits einige andere Bände der Schriftenreihe unserer Stiftung, in seinen Verlag übernommen und für die Ausstattung mit Zeichnungen und Abbildungen Sorge getragen.

Ein kleines Problem ergab sich bei der Schreibung von Humanns Vornamen. Wir haben uns an seinen eigenen Entschluß gehalten: also mit K in seiner Jugendzeit, dagegen mit C in den späteren Jahren und ebenso mit C für den Titel unserer Biographie.

Noch zu Lebzeiten Humanns wurden Regeln und Richtlinien für eine neue deutsche Rechtschreibung erlassen. Daher sind die von uns benutzten Quellen nicht einheitlich in der Orthographie. Wir haben uns daher entschlossen, in allen Zitaten den Regeln der modernen Rechtschreibung zu folgen und ebenso Zeichensetzung und Interpunktion dem heutigen Gebrauch anzugleichen.

Schließlich noch ein Hinweis auf Besonderheiten in unserem Text. Mit eckigen Klammern [] sind Zusätze angezeigt, die von uns in einem originalen Zitat eingefügt worden sind; dagegen weisen die Punkte . . . auf von uns vorgenommene Auslassungen im Text hin.

Erst nach Einführung des lateinischen Alphabets anstelle der Transkription aus dem arabischen Schriftsystem wurde in der Türkei die Schreibung der Eigennamen und geographischen Bezeichnungen vereinheitlicht. Damit unsere Leser auf modernen Karten die zitierten geographischen Namen leichter auffinden können, haben wir hierfür ebenfalls die jetzt gültige türkische Schreibung gewählt. Ausnahmen davon bilden die Beibehaltung von Konstantinopel bzw. Stambul für Istanbul und Humanns Wohnsitz Smyrna, heute Izmir.

Folgende Besonderheiten weist das moderne türkische Alphabet auf:

ç = tsch (çay = tschai)
c = dsch (cemal = Dschemal)
ğ = kaum hörbarer Gurgellaut (dağ = dagh)
ı = (i ohne Punkt) dumpfer ü-Laut

j = Vereinigung von g und j wie in den deutschen
Fremdwörtern Jalousie oder Journal
kâ = etwa gleich deutschem kja
s = stets scharf und stimmlos (Samsun = Ssamssun)
ş = sch
v = w
y = gleich deutschem j (yenice =jenidsche).

In dem Literaturverzeichnis haben wir uns auf die Publikationen beschränkt, die wir zur Dokumentation herangezogen haben. Eine sehr ausführliche Bibliographie, die auch das über Pergamon inzwischen erschienene wissenschaftliche Schrifttum umfaßt, hat Wolfgang Radt 1988 in seinem Buch: »Pergamon. Geschichte und Bauten, Funde und Erforschung einer antiken Metropole« veröffentlicht.

Abb. 1 Carl Humann. Nach einem Gemälde von Hamdi Bey aus dem Jahre 1894

Abb. 2 Rekonstruktionszeichnung der Hochstadt von Pergamon nach den Unterlagen von Richard Bohn

Max Koch
86.

I. Im Elternhaus

Eines Tages überraschte Franz Humann, Besitzer einer Gaststätte in Essen-Steele, seine Besucher mit einer renovierten Gaststube. Allen, die den Raum betraten, fiel sofort eine Serie von gerahmten Bildern auf. Voller Stolz erzählte Vater Humann seinen Gästen, das seien keine gekauften Gemälde, sondern in der Schule preisgekrönte Bilder seines Sohnes Karl. Es waren Wiedergaben von Landschaften im Tal der Ruhr, die im Sauerland entspringt und nach 235 km bei Duisburg-Ruhrort in den Rhein mündet.

Zeichentalent

Mancher Besucher entdeckte bei den Bildern auch Ansichten seines eigenen Hauses, wenn sich das Bauwerk durch architektonische Besonderheiten von seiner Umgebung abhob.

Karl erntete viel Lob für diesen Wandschmuck. Schon als zwölfjähriger Quintaner hatte er am 24. Oktober 1851 seinen Großvater Franz Engelbert Humann gezeichnet. Dieses kleine Porträt läßt bereits die besondere Begabung des Enkelsohnes für zeichnerisches Gestalten erkennen, die später in seinem Leben zur vollen Entfaltung kommen sollte.

Abb. 3

Die wohlgelungene Zeichnung zeigt den Großvater im Alter von 77 Jahren in sonntäglicher Kleidung. Die kinderreiche Familie lebte auf der gepachteten Spillenburg. Besitzer dieser Getreide- und Ölmühle war Freiherr von Vietinghoff-Schell. Ihm gehörte auch das Gut Schwarzmühlen, wo der Großvater 1774 geboren war.

Ein Besuch beim Großvater war für alle Enkelkinder immer ein besonderes Erlebnis. Hier herrschte stets viel Betrieb. Denn der kluge Großvater hatte sich ganz gut auf die Bedürfnisse seiner Bauern eingestellt, die ihre Produkte gern in seine Mühle brachten. Als sich der Betrieb vergrößerte, richtete er neben der Mühle auch noch eine Gaststätte ein, die sich bald eines regen Zuspruchs erfreute.

Verdanken wir Karl das lebensvolle Bildnis seines Großvaters, so läßt uns seine jüngste Schwester Marie sehr anschaulich am Leben im großelterlichen Hause teilnehmen. Sie schreibt darüber in ihrer Familienchronik: »Für uns Kinder war die Spillenburg ein Paradies. Jeden Sonntag, solange das Wetter nicht zu schlecht war, brachten wir dort zu. Im Winter war der Weg, wenn es nicht gerade gefroren hatte, unpassierbar. Ich erinnere mich noch sehr gut, daß wir zur Nikolaus-Bescherung mit dem Mühlenfuhrwerk abgeholt und abends zurückgebracht wurden. Der kleine Kutschwagen des Großvaters reichte nicht aus, um uns aufzunehmen.«

Mit Vergnügen erinnert sich Marie auch an die Mahlzeiten rund um den großen Familientisch: »Unsere Bewirtung machte nicht viel Schwierigkeiten. In dem großen, schönen Garten gab es viel Obst. Zwischen zwei mächtigen Kirschbäumen war für uns eine Schaukel angebracht. Brombeeren gab es so viele, daß man Körbe voll pflücken konnte. Am Ufer des Kanals fingen die Brüder Krebse, deren es dort viele gab; die wurden dann gekocht und gemeinschaftlich verzehrt.«

Recht lustig ging es dann auch beim Abendessen zu: »Auf dem Tisch stand eine große Schüssel Dickmilch, dazu mit Butter bestrichene Stutenschnitten. Mit seinem Löffel sah jeder zu, daß er seinen Teil Rahm mitbekam, da wir alle aus der Schüssel löffelten.«

Sehr anschaulich schildert Marie, welche Besonderheiten die Spillenburg sonst noch bot, und wie es der Großvater verstanden hat, seine Spillenburg zu einem beliebten Treffpunkt für die nähere Umgebung zu machen. »Dem Haus gegenüber«, so schildert es Marie, »lag auf der anderen Straßenseite der sogenannte Berg. Auf vielen Stufen gelangte man auf einen größeren mit Bäumen bestandenen Platz, der einen guten Ausblick auf die Ruhr und das jenseits des Flusses liegende Gelände bot. Der Platz war mit Tischen und Bänken bestellt. Des Sonntags im Sommer kamen die Honoratioren von Essen mit Kind und Kegel, um hier Kaffee zu trinken. Damals gab es derartige Lokale wenig oder gar nicht.«

Wir wissen nicht, warum Franz Wilhelm Humann (* 1808) die väterliche Mühle auf der von Marie so lebendig geschilderten Spillenburg verlassen hat und nach Steele übersiedelte. Zurück auf dem väterlichen Anwesen blieb sein älterer Bruder Anton (1808–1866). Es drängt sich die Vermutung auf, daß ein entscheidender Grund für den Ortswechsel von Franz Wilhelm seine Heirat mit Katharina vom Kolke gewesen ist. Die Hochzeit wurde in Steele am 11. Oktober 1831 gefeiert. Katharina stammte aus einer seit Jahrhunderten in Steele ansässigen Brauer-, Brenner- und Gastwirtsfamilie. Sie war eine kluge und lebenstüchtige Frau, Mutter von 8 Kindern, die das Leben im Hause entscheidend mitbestimmte.

Die junge Familie bewohnte in Steele am Markt ein großes Eckhaus mit einem Gasthof und einem Restaurationsbetrieb. Aus den erhalten gebliebenen Dokumenten geht nicht hervor, ob Franz Wilhelm das Gebäude selbst erbaut oder gekauft hat. Möglicherweise hat es auch seine Frau schon mit in die Ehe gebracht. Von Franz Wilhelm ist bekannt, daß er das Haus am Markt wiederholt umbaute, ein weiteres Stockwerk aufsetzte und für größere Veranstaltungen einen Saal einrichtete. Hier fanden Festlichkeiten und Veranstaltungen verschiedener Art statt. So wurde der Gasthof Humann zu einem Zentrum des geselligen Lebens und bald zu einem Treffpunkt für die Honoratioren der Stadt.

»Außerdem betrieb Franz Wilhelm Humann einen gutgehenden Weinhandel; er kaufte selbst mit viel Sachverstand an Rhein und Mosel den Wein in Fuderfässern, überwachte ihren Transport nach Steele und ließ den Wein in seinem Keller lagern, pflegen und auf Flaschen füllen für die Belieferung seiner Kunden in Steele, aber auch zum Ausschank in der eigenen Gaststube.«

Bald nach der Hochzeit von Franz Wilhelm Humann mit Katharina vom Kolke zog reiches Leben in das Haus am Marktplatz ein. Hier feierte man die Taufe von Franz, dem am 21. Januar 1832 geborenen ältesten Sohn, der später eine so entscheidende Rolle im Leben seines jüngeren Bruders Karl gespielt hat.

Karl wurde am 4. Januar 1839 geboren. An seinem Geburtshaus ließ die Stadt nach seinem Tode eine Gedenktafel mit folgendem Wortlaut anbringen:

Diese Tafel
widmete die Vaterstadt
dem Andenken ihres
in diesem Hause
am 4. Januar 1839 geborenen
und zu Smyrna
am 12. April 1896 gestorbenen
Ehrenbürgers

Karl Humann

Dem gelehrten und
uneigennützigen Forscher
verdankt das Vaterland
die Kunstschätze von
Pergamon

Gedenktafel

Als das Haus abgebrochen wurde, bewahrte man die Tafel vor der Zerstörung und stellte sie 1935 zusammen mit einer Büste von Humann aus dem Berliner Pergamonmuseum in der 1853 gegründeten Höheren Schule in Essen-Steele auf, die seitdem den Namen Karl-Humann-Gymnasium führt.

Der Oberbürgermeister Dr. Toussaint schrieb in seinem Geleitwort der Festschrift »100 Jahre Höhere Schule Essen-Steele, 1854–1954«: »Die Jungen der Schule sollen sich stets des großen Vorbildes bewußt sein, des gelehrten und uneigennützigen Forschers, dessen Name ihr Gymnasium trägt.«

Jugendzeit

Zwei Jahre nach der Geburt von Karl kam 1841 noch ein drittes Brüderchen Wilhelm hinzu. Nach jeweils weiteren 2 Jahren erweiterte sich der Kreis der Geschwister mit Theodor (1843) und Caroline (1845). Schließlich schloß das Töchterchen Marie (1850) die fröhliche Kinderschar; sie ist es, der wir die Schilderung des Paradieses auf der Spillenburg verdanken.

Karl verlebte im Kreis seiner Eltern und Geschwister glückliche Jugendjahre. In einem großen Garten baute die fleißige Mutter Gemüse an, mit dem der Haushalt und die Küche versorgt werden konnten. Es gab im Hof auch einen Schweinestall und allerlei Federvieh.

In Steele wie im ganzen Ruhrgebiet war damals der Zuschnitt noch sehr ländlich. Man sprach in der Familie wie überall in der Stadt das gemütliche westfälische Platt. Marie erinnert sich, daß auch die Kinder und der Lehrer in der Schule sich in Platt unterhalten hätten.

Vater Humann pflegte sich mit seinen Gästen ebenfalls plattdeutsch zu unterhalten. Sein Tätigkeitsbereich erweiterte sich mehr und mehr. Er kaufte mehrere Steinbrüche auf, in denen Baumaterial für die anlaufende Industrialisierung des Ruhrgebiets gewonnen wurde. So bekam er den Auftrag, Steine für die Pfeiler der Ruhrbrücke zu liefern. Ferner wurde er Lieferant für das Baumaterial, das von heimischen Zechen in Auftrag gegeben wurde, ebenso wie für Holz zum Ausbau der Bergwerksstollen.

Wie sehr im Lauf der Jahre das Ansehen von Vater Humann zunahm, das er in Steele genoß, zeigt das ihm übertragene Amt als Kirchenrendant, eine Aufgabe, die er ehrenamtlich ausführte und bei der er die finanziellen Angelegenheiten seiner Pfarrgemeinde zu betreuen hatte. Jahrelang war er auch Mitglied des Kirchenvorstandes ebenso wie Stadtverordneter von Steele.

Die Vitalität von Vater Humann kam voll zur Geltung, wenn er nebenbei als »Auktionator« auftrat. Bei dieser Gelegenheit entwickelte sich sein angeborenes Talent als »Strikemäker«, wie man im westfälischen Platt einen Spaßvogel nennt.

Mit Stolz erlebte Vater Humann das Heranwachsen seiner Kinder. Alle zeigten sich verschieden begabt. Verständlich, daß das Nesthäkchen Marie es besonders gut verstand, den Vater zu umschmeicheln. Franz, der älteste Sohn, ließ technische Begabung erkennen; Wilhelm erhielt eine gute kaufmännische Ausbildung und fand nach ihrem Abschluß eine Anstellung bei der Steeler Glashütte. Theodor ging schon in jungen Jahren dem Vater zur Hand und sollte später das elterliche Anwesen übernehmen.

Auf Karl war man in der Familie sehr stolz, weil er schon früh so geschickt mit Zeichenstift und Malkasten umzugehen verstand. Die Anerkennung der Talente seines Sohnes in der Familie und bei seinen Gästen erfreute den Vater sehr und ebenso, daß er ihm bei ihrer Bedienung gern behilflich war. Die Erfahrungen, die Karl dabei machte, und die Kenntnisse, die er schon in jungen Jahren im Umgang mit Menschen erworben hat, sind ihm dann in seinem Leben später von großem Nutzen gewesen.

Entscheidend für die Zukunft von Karl war jedoch, daß sein verständiger Vater ihm den Besuch des Burggymnasiums in Essen ermöglichte. Sein besonderer Schulfreund war Alexander Schnütgen, der Sohn eines Nach-

Abb. 3 Großvater Franz Engelbert Humann (1774–1851), gezeichnet von seinem Enkel Karl im Alter von 12 Jahren

barn in Steele. Dieser hat sich später für die geistliche Laufbahn entschieden, in der er bis zu der hohen Ehrenstellung eines Domkapitulars in Köln aufstieg. Bekannt wurde er als Gründer und Stifter des nach ihm benannten Schnütgen-Museums für mittelalterliche Kunst.

Schüler im Burggymnasium

In seinen Lebenserinnerungen schreibt Schnütgen, daß Karl seinem Vater besonders ans Herz gewachsen war. Diesem Sohn habe der Vater »auch mancherlei Freiheiten« gewährt, und es ist belustigend, bei Schnütgen weiter zu lesen, daß Karl damit »keinerlei Mißbrauch trieb«.

Neben seinen zeichnerischen Talenten fiel Karl durch seine Begabung für Mathematik auf und war der Primus in den Abschlußklassen des Burggymnasiums für dieses Fach. Eine Episode ist seinem Mitschüler Schnütgen in besonderer Erinnerung geblieben, und zwar aus dem Unterricht in Latein. Man war bei der Lektüre des römischen Geschichtsschreibers Titus Livius und behandelte dessen Beschreibung der berühmten Schlacht von Cannae. »Da meldete sich Karl« — so erinnert sich Schnütgen —, »ging zur Tafel und erläuterte zum großen Erstaunen nicht nur für uns, sondern auch für unseren Direktor, mit seinen Zeichnungen den genauen Verlauf der Schlacht.«

Abiturienten-examen

Mit bestem Erfolg legte Karl im Sommer 1859 am Burggymnasium in Essen seine Abiturprüfung ab. Bei den Zerstörungen im Bombenkrieg, unter denen die Kruppstadt Essen besonders zu leiden hatte, sind auch die Schulakten des Burggymnasiums verbrannt. Glücklicherweise blieb eine Abschrift des Reifezeugnisses von Karl Humann erhalten, in dem es heißt: »Humann faßt schnell und klar, wenn er nicht durch Übereilung sich verwirrt. Sein Betragen war stets anständig und gesittet. Auch verwandte er stets einen angestrengten und beharrlichen Fleiß. Seine Arbeiten zeigen klare, besonnene Darstellung, Präzision im Ausdruck, vollständige Darstellung der wichtigsten Momente des Themas. Sie zeugen von guten historischen Kenntnissen, klarer Auffassung und richtigem Urteile. Der Stil beweist im lateinischen Ausdruck eine gute und leichte Fertigkeit. Bei den vier vorzüglich befundenen Aufgaben in der Mathematik bekundet Humann Sicherheit in den einzelnen Rechnungsarten und eine große Gewandtheit beim Auflösen. In ihr erhielt er beim Mündlichen am 3. August 1859 als einziger Prüfling die Note vorzüglich, dazu in Griechisch, Latein und Geschichte gut.«

In unserer Darstellung des Lebensweges von Karl Humann wird sich zeigen, wie richtig und vorausschauend seine Lehrer Charakter und Begabung ihres Abiturienten beurteilt und mit welchem Verständnis sie bereits seine Stärken und Schwächen erfaßt hatten. Ohne die auf dem Gymnasium erworbenen historischen Kenntnisse wäre in ihm niemals die Aufmerksamkeit und das Interesse an den antiken Kulturen geweckt worden. Es ist nur seiner Beharrlichkeit und seinem angestrengten Fleiß zuzuschreiben, daß ein großer Teil des Pergamonaltars der drohenden Vernichtung der Kalköfen entgangen ist. Auch bei mancherlei übereilten Entschlüssen in seinem späteren Leben können wir an das Urteil seiner Lehrer in seinem Schulzeugnis von 1859 denken.

Unter den geretteten Dokumenten, die über die Schulzeit von Humann berichten, ist die Disposition für den Aufsatz erhalten geblieben, den sich der junge Abiturient bei seiner Reifeprüfung ausgewählt hatte. Das Thema lautete: »Undank ist der Welt Lohn.« Dazu führt Karl Humann aus: »Das erfährt sowohl jeder, als auch ganz besonders ausgezeichnete Menschen, indem sie von der Mitwelt oft viel zu gering beurteilt wurden, während die Nachwelt ihnen Gerechtigkeit angedeihen ließ.«

Es fragt sich, aus welchen historischen Ereignissen oder literarischen Zeugnissen der Abiturient dieses Urteil gewonnen hat? Glücklicherweise zeigte sich in seinem Leben, daß diese pessimistische Prognose für das eigene Schaffen und die von ihm zu Lebzeiten erzielten Leistungen nicht eingetreten ist.

Seine zeichnerische Begabung wurde auch schon von seinen Mitschülern anerkannt. Denn er erhielt in der Schülerverbindung »Arion«, in der fleißig gesungen und nach studentischem Brauch manches Glas getrunken wurde, den Beinamen »Rubens«.

Praktikum beim Eisenbahnbau

Zu größerem Reiz gehörte es, daß die Verbindung »Arion« geheim war. Das ist verständlich, wenn man bedenkt, daß die studentischen Kneipsitten keineswegs die Billigung des Lehrerkollegiums fanden.

An das Abitur schloß sich für Humann zunächst als Vorbereitung für den Besuch der Bauakademie in Berlin ein Praktikum an. Zu dieser Zeit war gerade die Eisenbahnlinie Essen—Steele—Höntrop—Bochum im Bau. Dort erhielt der junge »Bauaspirant« eine gründliche Ausbildung im Feldmesserdienst und erwarb allseitige Kenntnisse im Hinblick auf das geplante Studium in Berlin und für seine spätere, noch nicht vorauszusehende Tätigkeit im Vorderen Orient und in der Türkei.

Die Praktikantenzeit leitete den Abschied Humanns von der Heimat ein. Das Elternhaus hat ihn geprägt, mit ihm fühlte er sich zeit seines Lebens eng verbunden. Wenn später von allen Besuchern im Hause Humann in Pergamon und Smyrna die dort genossene Gastfreundschaft gerühmt wurde, so stand dahinter sicherlich das Vorbild seines Elternhauses in Steele und der freundschaftliche Umgang mit allen Gästen, die dort einkehrten.

Selten war es ihm in seinem bewegten Leben und bei den großen Entfernungen vergönnt, dorthin zurückzukehren. Sehnsüchtig erwartete er auch in der Ferne jeden Sonntag die Briefe von Eltern und Geschwistern, denen er allwöchentlich von seinem Ergehen berichtete. Wie lieb ihm seine Heimat immer geblieben ist, läßt sein Dankesbrief für die Verleihung des Ehrenbürgerrechts von Steele am 18. Oktober 1890 erkennen, in dem es heißt: »Wohin mich auch mein Weg geführt: An den Nil, an den Euphrat, den Halys, auf die Höhen des Balkan, des Taurus, des Pontischen Gebirges, tausendmal gedachte ich nach mühevollen Tagen abends im Zelte sitzend meiner kleinen friedlichen Vaterstadt, der gesegneten Fluren der Ruhr und so vieler Lieben, die ich dort gelassen. Wie ein Idyll zogen freundliche Bilder aus der Heimat auf, beruhigend und erquickend«.

II. Als Student in Berlin

Im Herbst 1860 begann Humann sein Studium in Berlin an der Königlichen Bauakademie und auf der Universität. Sein Ziel war die Laufbahn eines höheren Baubeamten.

Museen in Berlin

Begeistert schreibt er in einem Brief an seine Eltern Silvester 1860: »Ich bin den ganzen Tag über den Zeichenbrettern und die halbe Nacht über den Büchern. Jetzt habe ich 14 Tage Weihnachtsferien und bringe den Tag meist im Museum zu, wo ich mein Skizzenbuch und Zeichenmappe mit allerlei schönen und nützlichen Dingen fülle«.

Es ist kennzeichnend für die Unternehmungslust, die Humann in seinem späteren Leben auszeichnet, daß er im gleichen Brief auch seinen Eltern berichtet: »Ich besuche die mannigfaltigen hiesigen Fabriken und Mühlen, wo es gewaltig viel zu lernen gibt; also im Museum Baukunst, in den Fabriken Bauwissenschaft, zu Hause beides, bald zusammen, bald abwechselnd«.

Wir können uns gut vorstellen, daß das von Karl Friedrich Schinkel von 1822–1830 erbaute Alte Museum ein besonderer Anziehungspunkt für den jungen Studenten gewesen ist. Der klassizistische Bau, von Schinkel als Tempel der Kunst geplant und erbaut, begrenzte den Lustgarten, den schönsten Platz von Berlin. In seinen einfachen edlen Formen harmonisierte der Museumsbau mit dem gegenüberliegenden barocken Schloß und ebenso mit dem schlichten alten Berliner Dom. Dieser stand zwischen den beiden repräsentativen Bauwerken, bis er im Jahre 1905 dem viel zu anspruchsvollen Neubau des Domes weichen mußte.

Das alte Museum war für Humann eine wahre Schatzkammer. 1820 hatte der preußische König Friedrich Wilhelm III. bereits verfügt, daß die königlichen Sammlungen der Öffentlichkeit zugänglich sein sollten. Die Ausstellungsobjekte, antike Skulpturen und Vasen sowie Werke der Kleinkunst, hatten sich in den vergangenen Jahren erheblich vermehrt und füllten bald die Skizzenbücher des eifrigen Studenten.

Voller Wißbegierde besuchte Humann Vorlesungen und Übungen über Baukunst und Kunstwissenschaften. Besonders fasziniert hat ihn ein Zitat von Schopenhauer, daß »die Baukunst gefrorene Musik« sei. Dieses Zitat teilt er auch seinen Eltern mit und fügt hinzu, daß es ihn zu neuen Erkenntnissen geführt habe.

Schon in dieser Anfangszeit seines Studiums interessierten ihn besonders die Schöpfungen antiker Baukunst, die für ihn voller »Poesie« sind. Er hatte aber auch das große Glück, gleich zu Beginn seiner Studienzeit akademischen Lehrern zu begegnen, die »mit jugendlicher Begeisterung« — wie er seinen Eltern schreibt — »den tiefen Ernst der Wissenschaft verbinden«, und er rühmt gleichzeitig das »kollegiale Verhältnis zwischen Lehrern und Schülern«.

Studium an der Bauakademie

Unter diesen Lehrern an der Bauakademie war Professor Heinrich Strack, Geh. Oberhofbaurat, Erbauer der Nationalgalerie, der Siegessäule und des Kronprinzenpalais in Berlin, eine der großen Koryphäen seines Faches.

Bei den knapp bemessenen finanziellen Mitteln Humanns war die Winterkälte in Berlin nicht leicht zu ertragen. Gern hätte er sich »einen Schlafrock gegen die verfluchte Kälte angeschafft«, wie er in einem Brief an seine Eltern schreibt. Aber er weiß dieser Situation auch noch eine heitere Seite abzugewinnen, wenn er seinen Eltern gleichzeitig berichtet, daß die Bauwissenschaft, oft auch das Studium derselben im kalten Zimmer schwitzend macht. »Ich kann tagelang über einem schwierigen Problem sitzen, bis ich es gefunden. Ich möchte beinahe sagen, je schwieriger es ist, je mehr Vergnügen macht es mir und eine unnennbare Lust und Liebe zum Fache, so daß ich für nichts in der Welt ein anderes möchte eingeschlagen haben«.

Für die gesamte Altertumswissenschaft wurde es ein großer Gewinn, daß Humann diesem Ziel treu geblieben ist, soweit es ihm auf seinem ferneren Lebenswege möglich war.

Verbindungsstudent

Humann wäre nicht der Lieblingssohn seines Vaters gewesen, wenn er in Berlin nicht den Anschluß an gleichgesinnte Freunde gesucht und gefunden hätte. Am 6. Dezember 1860 wurde er in der studentischen Vereinigung »Motiv« aufgenommen, die ihr Verbindungshaus in Berlin-Charlottenburg hatte. Es spricht für Humanns Aktivität, daß er sofort nach seiner Fuxenzeit das Amt eines Schriftführers übernommen hat. Zu dessen Pflichten gehörte es, ein Tagebuch über alle Geschehnisse im Vereinsleben zu führen. Darin hatte Humann auch seine eigenen Gedichte festgehalten. Durch einen glücklichen Zufall ist das preisgekrönte Gedicht für das Stiftungsfest 1861 erhalten geblieben, in dem er in 38 Hexametern die fröhliche Studentenfeier beschrieben hat.

Es beginnt mit den Versen:

> Darauf nun setzen sich all' um die langhin gerüstete Tafel,
> Eilends flogen die Diener und brachten den durstigen Kehlen
> Edlen Bieres die Menge, es wurde behende getrunken.

In seinem Silvesterbrief hatte Humann seinen Eltern beruhigend mitgeteilt, daß sich schon früher aufgetretene Hustenanfälle und Atembeschwerden gebessert hätten. Wahrscheinlich wirkte sich das gute Sommerwetter in Berlin günstig auf seinen Gesundheitszustand aus.

Aber im Herbst traten ernstere Beschwerden auf. Der zu Rate gezogene Dr. Voß, Hausarzt der Familie Humann, stellte drohende Anzeichen einer Erkrankung der Lunge fest. Wahrscheinlich war es sein Rat, der einen Klimawechsel vor Beginn des Wintersemesters in Berlin empfahl.

Es läßt sich denken, wie tief den begeisterten Studenten Humann die Diagnose betroffen hat und wie besorgt man im Elternhaus gewesen ist.

Diesen Arztbefund teilte die Familie dem sieben Jahre älteren Bruder Franz mit. Er bekleidete eine angesehene Position auf Samos. Die Insel war zwar türkischer Besitz, besaß aber volle Autonomie mit einem eigenen Senat und eigener Verwaltung sowie einem vom Volk gewählten Parlament. Die türkische Regierung in Konstantinopel erhielt einen jährlichen Tribut und ernannte einen Statthalter auf Lebenszeit, gewöhnlich aus der aristokratischen Bevölkerung. Mit dem damaligen Statthalter Aristarchis, dessen Bruder Gesandter am preußischen Hof in Berlin war, hatte Franz sich befreundet, als er als Ingenieur bei der Munizipalität in Konstantinopel arbeitete.

Umgehend schickte Franz seinem Bruder die Einladung, auf seine Kosten nach Samos zu kommen. Es ist rührend, wie taktisch klug Franz diese Einladung abfaßte. Kein Bedauern, kein Jammern, sondern die Aufforderung: »Komm hierher! Studiere Du die Bauwerke der Alten, arbeite und lerne mit mir, jage, reite!«

Dann läßt Franz seinen Bruder in der Einladung wissen, daß er selbst bereits an dem berühmten Heiligtum, dem Tempel der Hera auf Samos, »einige Fundamente« freigelegt habe. Ihm fehle es bei der Fülle seiner Aufgaben im Dienste des Statthalters an Zeit, weitere Forschungen auszuführen, die er seinem Bruder überlassen werde.

Und dann heißt es: »Welcher Altertumsforscher kann ein Jahr lang ohne Kosten suchen und graben? Und Du besinnst Dich? Später ist vielleicht keine Zeit mehr dazu«.

Diese Einladung des Bruders sollte entscheidend für das Leben von Karl Humann sein; er beendete seine Studienzeit in Berlin vorzeitig und landete im Herbst 1861 auf der Insel Samos.

III. Lehr- und Wanderjahre im Orient

1. *Forschungen auf Samos*

Am 15. November 1861 traf Humann im Orient ein, nachdem er schon in Berlin mit Professor Strack ein Zusammentreffen auf der Insel Samos verabredet hatte.

Nach seiner Ankunft hat Humann zunächst bei seinem Bruder Franz mitgearbeitet, der auf der Insel mit dem Ausbau des Hafens Tigani im Auftrag des Statthalters von Samos beschäftigt war. Dabei war ihm die Entdeckung der antiken Kaimauer gelungen, wie er schon voller Stolz an Karl geschrieben hatte. *Abb. 4*

Von seiner eigenen Arbeit berichtet Humann sehr lapidar in der Einleitung seines ersten Berichtes über Pergamon 1878/79: »In Samos erhielt ich den Besuch des Geh. Oberbaurats Strack und verwandte meine Muße, um in seinem Auftrage mit wenigen Mitteln einen Teil des Heratempels auszugraben«.

Dieses im Altertum sehr berühmte Heiligtum der Göttermutter lag in unmittelbarer Nähe des Meeres. Jahrhundertelang war es ausgeraubt und geplündert worden und diente als bequem zu erreichender Steinbruch.

Bei Beginn der Arbeiten von Humann stand über dem Erdboden nur noch der untere Teil von einer einzigen Säule des im ionischen Stil erbauten Tempels. Den Sockel dieser Säule hatte Franz bei den von ihm ausgeführten Schürfungen schon freigelegt.

Die von Humann erzielten Ergebnisse hat der Architekt Oscar Reuther in seinem 1957 erschienenen Buch: »Der Heratempel von Samos« gewürdigt: »Es war die erste archäologische Forschungsarbeit des Entdeckers des Pergamonaltars. Die geringen Mittel, über die er verfügen konnte, erlaubten ihm nur, oberflächlich zu schürfen. Gleichwohl erschlossen sich ihm tiefere Einblicke in das Plangefüge des Tempels, als alle, die vor ihm um das Heraion bemüht gewesen waren, hatten gewinnen können. Humann erkannte, daß der Tempel acht Säulen in der Front gehabt hatte, die in verschieden großen Abständen standen. Er fand die beiden Säulenbasen der Südreihe des Pronaos wieder, die schon die Mission der Dilettanti gesehen und gemessen hatte, und legte die Antenstirnen frei. Damit gewann er die lichte Breite des Pronaos, dem er aber zwei Reihen von je vier Säulen statt fünfen gab. Er hatte zu flach über das tief ausgeraubte

Abb. 4 Franz Humann im Jahre 1862, gezeichnet von seinem Bruder Karl auf Samos

Fundament der Türwand zwischen Cella und Pronaos hinweggeschürft, so daß ihm dieses entgangen war. Die Tiefe des Pronaos glaubte er aber nach Maßgabe der damals als normal geltenden griechischen Tempel geringer als die Breite annehmen zu müssen. Humann fand ferner die Orthostatenreihe, die den Fußboden der Prostasis beiderseits begrenzten, als der Tempel während des Baues vorübergehend prostyl war, und legte ferner einige Stylobatblöcke der Säulen der nördlichen Innenperistasis frei, auf denen Dallaway anscheinend noch die Basen gesehen hatte. Als erster beobachtete er, daß in die Fundamente des Tempels Werkstücke eines älteren Gebäudes verbaut worden waren, das offenbar der Vorläufer des in der Ruine vorhandenen Heiligtums gewesen war. Humanns Bericht sowie seine Zeichnungen sind leider nicht veröffentlicht worden. Sie kamen in den Besitz Stracks und wurden nach dessen Tod von der Technischen Hochschule Berlin in einer besonderen Mappe verwahrt. Sie ist leider zugrunde gegangen, als während der Kämpfe um Berlin die Technische

Hochschule im Frühjahr 1945 ausbrannte. Ich kann deshalb der Ehrenpflicht nicht genügen, näher auf diese Erstlingsarbeit des verdienten Altmeisters der deutschen Bauforscher einzugehen und seine Zeichnungen an dieser Stelle im Druck zu bringen.«

In mühsamer Grabungsarbeit sind in den seit 1910 vom Deutschen Archäologischen Institut durchgeführten Ausgrabungen, unterbrochen durch zwei Weltkriege, viele neue Erkenntnisse gewonnen worden. Wir wissen heute, daß der Kult der Göttin bis in das 10. Jahrhundert v. Chr. zurückreicht. Der Tempel selbst ist immer wieder erweitert worden. Schließlich hatte die im 7. Jahrhundert errichtete Cella eine Länge von 100 Fuß und war von einer imposanten Ringhalle umgeben.

Zahlreiche Denkmäler wurden wieder entdeckt und eine Fülle von kostbaren Kleinfunden geborgen. Vor einigen Jahren fanden die Archäologen unter der zum Tempel führenden Heiligen Straße die monumentale, 4,75 m große Marmorstatue eines Jünglings (Kuros). Kürzlich entdeckte man im Heraion auch den fugenlos anpassenden Kopf dieser Statue, die gegen 580 v. Chr. aus einem einzigen Marmorblock samischer Herkunft gemeißelt worden war. Eigens für die Aufstellung dieser überdimensionalen Statue wurde der bereits fertige Neubau eines zweiten Museums noch um ein gläsernes Dreiecksdach erhöht. Die beiden Museen bezeugen die Wohlhabenheit der Insel in antiker Zeit. Viele Weihgeschenke lassen aber auch erkennen, daß Gläubige aus allen Teilen der antiken Welt der großen Göttin Hera ihre Opfergaben geweiht haben.

Das neue Museum wurde 1987 von dem deutschen Bundespräsidenten Richard von Weizsäcker eröffnet, als er bei seiner Griechenlandreise auch die Insel Samos besuchte.

So ist durch die Arbeit von Humann im Tempel der Hera der Name von Humann nicht nur mit Kleinasien und Pergamon, sondern auch mit den archäologischen Forschungen auf der Insel Samos eng verbunden.

2. In Smyrna und Konstantinopel

Nur kurze Zeit dauerte der Aufenthalt von Humann auf der Insel Samos. Offenbar muß das Mittelmeerklima seinem Gesundheitszustand gut bekommen sein. In der Einleitung seines ersten Pergamonberichts sagte er nur kurz: »Ich ging über das damals noch unberührte Ephesus nach Smyrna«.

Wir wissen nicht, warum Humann gerade Smyrna als seinen neuen Wohnsitz auswählte. Wahrscheinlich hatte er davon gehört, daß sich in dieser großen Handelsstadt gute Verdienstmöglichkeiten für einen unternehmungslustigen jungen Mann boten.

Neben seinen technischen und künstlerischen Eigenschaften war ihm auch eine kaufmännische Ader eigen. So lockte es ihn, sich im Handel mit Schmirgel eine Existenz aufzubauen. Anscheinend war die Marktlage für dieses Mineral günstig. Die Hauptvorkommen des feinkörnigen und sehr harten Schmirgels liegen nämlich auf der Kykladeninsel Naxos. Sie war lange in türkischem Besitz, gehörte aber seit 1829 zu Griechenland. Der Name des Minerals Schmirgel ist eine verkürzte Form von italienisch Smeriglio und erinnert an die Zeit, als Naxos den Venezianern gehörte.

Leider erfüllten sich die Erwartungen nicht, die Humann mit seinem Umzug nach Smyrna verbunden hatte. Jedoch erinnert er sich dankbar an die gastliche Aufnahme, die er im Hause des Konsuls Dr. Johannes Lührsen gefunden hatte. »Ich gedenke gerne an die frohen, geselligen Stunden, in denen der müde Wanderer dort sich erquickte«, heißt es 1880 in seinem Pergamon-Bericht.

Als neuen Aufenthaltsort wählte Humann im Herbst 1863 die Metropole am Bosporus. Hierher war inzwischen auch sein Bruder Franz wieder zurückgekehrt, da dessen Hoffnung, auf Samos eine lebenslange Existenz aufzubauen, sich nicht erfüllt hatte.

Franz war seit dem 22. 7. 1860 mit Aspasia, Tochter des verstorbenen griechischen Bankiers Toufeksoff, verheiratet. Das junge Paar wohnte in Pera, dem neben Galata von Europäern besonders bevorzugten Stadtteil von Stambul.

Voller Stolz wurde Karl bei seiner Ankunft von den Eltern der im vergangenen Jahr geborene Sohn präsentiert, nach Vater und Großvater auf den Namen Franz getauft.

Bei der ersten sich bietenden Gelegenheit wurde Karl von seinem Bruder dem englischen Botschafter Sir Henry Bulwer vorgestellt. Diesem war von der türkischen Regierung die kleine Insel Plati im Marmarameer geschenkt worden, und Karl wurde mit der Fertigstellung eines Sommerhauses betraut.

Über diese Aufgabe berichtet Humann selbst in einem Brief an die Eltern vom 26. Januar 1864: »Die Bauarbeiten auf der Insel Plati hörten gegen Mitte Dezember auf, was mich in halben Ruhestand versetzt hat. Ich sage halben; denn die Insel mit ihren notwendigen Leuten, ihrem Viehbestand, Schiffen, ihren möblierten Gebäuden, Vorräten etc. erfordert immerhin noch Aufsicht genug, und ich gehe alle Woche zwei bis drei Tage hinüber, damit, wenn Sir Henry wiederkommt, er alles in bester Ordnung findet. Ob ich noch lange bei Bulwer bleiben muß, davon weiß ich nichts; wahrscheinlich solange, bis ihm das Geld zum Bauen ausgeht, oder bis er die Insel dem Sultan schenkt, der im Juni oder Juli hinkommen wird«.

Dann teilt Humann seinen Eltern mit, daß die Brüder den Auftrag für eine Geländevermessung zum Bau einer Eisenbahnlinie von Stambul nach Büyükdere entlang der europäischen Seite des Bosporus erhalten hatten.

Vom Auftraggeber berichtet er nichts. Da diese Vermessungsarbeit für ein Honorar von 80 Sterling ausgeführt wurde, läßt sich daraus schließen, daß es sich um ein englisches Unternehmen handelte. Gebaut wurde allerdings diese Eisenbahnlinie nicht.

Die damalige Hauptstadt des türkischen Weltreiches hatte dem von Kunst und Architektur begeisterten Humann viel zu bieten. Das berühmteste Bauwerk von Konstantinopel, die unter Kaiser Justinian von 532–537 erbaute Hagia Sophia, war noch kein Museum, sondern seit der Eroberung der Stadt durch Sultan Mehmet II. im Jahre 1453 eine Moschee. Die Hagia Sophia gilt als das bedeutendste Bauwerk der frühen abendländischen Kunst. Den jungen Architekten interessierte sicherlich neben dem mit Marmor reich ausgestatteten Inneren (die Mosaiken waren damals noch übertüncht!) die ideale Verbindung von Langhaus und Kuppelrundbau des Gotteshauses.

Wie anziehend mußte für Humann die in Konkurrenz zur Hagia Sophia von Sultan Ahmet erbaute und nach ihm benannte Moschee sein, nach ihrer Innendekoration auch »Blaue Moschee« genannt! Das majestätische Bauwerk erhebt sich nicht weit von der Hagia Sophia auf dem Gelände des ehemaligen Hippodroms.

Sicher hat es Humann selbst erlebt, wenn von der Sultan Ahmet Moschee die Karawanen zur Pilgerreise nach Mekka aufbrachen. Hier konnte er beobachten, wie die Tragetiere für die monatelange Wallfahrt beladen wurden, und sehen, mit welcher Umsicht das geschah.

Der heutige Hippodrom oder At Meydanı genannte Platz umfaßt nur noch einen Bruchteil der einstigen Anlage für die in Byzanz beliebten Wagenrennen. Im Jahre 513 wurden die Rennmannschaften der in Grün und Blau gekleideten Fahrer gegründet. Die »Grünen« und »Blauen« entwickelten sich später zu den beiden großen politischen Parteien und haben oft die Geschicke von Byzanz beeinflußt.

Von den jetzt auf dem Hippodrom aufgestellten Denkmälern ist für alle Besucher besonders anziehend die antike Schlangensäule. Sie stand einstmals in Griechenland vor dem Heiligtum in Delphi. Angefertigt ist sie aus dem persischen Schatz, den die Griechen nach dem Sieg über die Perser in der Schlacht von Plataiai im Jahre 479 v. Chr. erbeutet hatten.

Auf den drei sich windenden, ehernen Schlangenleibern, die den Säulenschaft bilden, sind die Namen der 31 am Kampf beteiligten Stadtstaaten eingraviert. Auf ihren jetzt verlorengegangenen Köpfen trugen die Schlangen einstmals einen goldenen Dreifuß.

Dieses Siegesdenkmal hatte Kaiser Konstantin nach Byzanz bringen lassen. Vielleicht sollte es an seinen eigenen Sieg im Jahre 324 n. Chr. über seinen politischen Rivalen Licinius erinnern. Dieser hatte schon vorher Byzanz als seine Residenz erwählt. Konstantin, als sein Nachfolger, gab der Stadt zunächst den Namen Nova Roma. Bald erkannte er die ideale strategische und wirtschaftliche Lage der Stadt innerhalb des Imperium

Romanum. So wurde sie im Jahre 330 infolge einer »Göttlichen Inspiration« offiziell in den Rang einer Hauptstadt des römischen Weltreiches erhoben und erhielt gleichzeitig den Namen Konstantinopel, d. h. Stadt des Konstantin.

Natürlich hat Humann die einstigen Bauten in Konstantinopel aufmerksam studiert, die zahlreichen Moscheen ebenso wie die monumentalen Stadtmauern und die Ruinen der Kaiserpaläste. Von besonderem Reiz war für ihn die Halbinsel zwischen dem Marmarameer und dem Goldenen Horn. Hier lagen die Türkenviertel mit ihren winkligen Gassen und den meist aus Holz gebauten Wohnhäusern.

Eine besondere Augenweide war für Humann, wie heute noch für alle Besucher, der große, gedeckte Basar (Kapalı Çarşı). Dieser ist auf dem Gelände des einstigen byzantinischen Marktes erbaut. Hier gab es noch eine Fülle wieder verwendeter, antiker Bauelemente zu sehen und Teile der riesigen, mittelalterlichen Herbergen, in denen ganze Karawanen Unterkunft gefunden hatten. Stets waren die kleinen und großen Läden mit den Schätzen des Orients und Okzidents von kauflustigen Scharen aus aller Welt besucht.

Hier auf dem Basar war für Humann die beste Gelegenheit, mit den Umgangssprachen des Osmanischen Weltreiches vertraut zu werden. Dank seiner guten Schulkenntnisse in klassischem Griechisch war das Erlernen der modernen griechischen Handelssprache kein Problem. Erste Kenntnisse hat er sich bereits bei seiner Arbeit auf Samos erworben. Selbstverständlich lernte er bald die türkische Verkehrssprache. Später hat er sogar einmal einen amüsanten Artikel über die Anfangsgründe zur Erlernung der türkischen Sprache geschrieben, aus dem man ersehen kann, mit welchem Vergnügen er die Eigenheiten der Sprachen beobachtete.

Humann wußte bald die Vorteile der türkischen Lebensweise zu schätzen. Schon nach wenigen Monaten Aufenthalt in Konstantinopel zieht er Vergleiche zwischen Deutschland und der Türkei. Am 26. Januar 1864 schreibt er seinen Eltern: »Hier in der Türkei lebt man in der Tat viel freier als in Preußen oder irgendeinem anderen deutschen Vaterlande. Für den Europäer wenigstens existiert Presse-, Versammlungs- und Redefreiheit in vollem Maße. Steuern bezahlt er verhältnismäßig sehr wenige, wenn auch der Staat von jeder Zigarette seinen Teil hat. Mit Pässen und anderer lästiger Aufsicht wird man nicht gequält. Jeder kann sich Geld verdienen, wie er will, ohne daß der Staat sich patriarchalisch ins Mittel legt, um den einen oder anderen vor Konkurrenz zu beschützen«.

Es ist interessant, was Humann in diesem Brief von seinem persönlichen Ergehen und dem Leben in der Familie seines Bruders Franz zu berichten *Abb. 5* weiß: »Unsere Zeit hier in Konstantinopel vergeht ziemlich eintönig. Arbeit ist im Winter wenig zu machen, und die lieben, langen Abende sitzen wir in unserem Zimmer und lesen. Die Jagd ist Tagereisen entfernt,

Abb. 5 Karl Humann in Konstantinopel im Jahre 1865

also nichts, und also ist Euer Lebensgang in Steele jedenfalls unterhaltender als der eines anständigen Menschen ohne Familie in der Weltstadt Stambul. Es gehört auch nicht zur Landessitte, abends nachbarliche Besuche zu machen, wo der Hausvater sich von seiner Familie strenge absondert. Voilà unser Leben in Stambul«.

3. Aufträge von Großwesir Fuad Pascha

Durch die Bautätigkeit für Sir Henry Bulwer auf der Insel Plati wurde Humann in höchsten Regierungskreisen bekannt. Es war von schicksalhafter Bedeutung, daß er dem Großwesir Fuad Pascha vorgestellt wurde. Denn Fuad Pascha war damals der ranghöchste Beamte der türkischen Regierung. So erhielt Humann bereits 1864 den offiziellen Auftrag einer Landesaufnahme des Gebietes zwischen Jaffa und Jerusalem. Außerdem hatte er eine in Palästina geplante Eisenbahnlinie zu vermessen. Er unternahm von hier aus einen kurzen Abstecher nach Ägypten mit einer erlebnisreichen Fahrt auf dem Nil.

Vermessungsarbeiten in Palästina. Reise nach Ägypten

»Karl kennt jetzt Jerusalem und seine Umgebung fast genau so wie Steele«, schreibt Vater Humann voller Stolz an seine Tochter Marie und kündigt gleichzeitig an: »Einliegend auch ein Brief von Karl. In 14 Tagen wird wohl eine Kiste von Jaffa ankommen mit Merkwürdigkeiten aus Jerusalem. Daß auch für Dich etwas dabei sein wird, wirst Du aus seinem Brief ersehen«.

Seinen Auftrag hat Humann zur vollen Zufriedenheit der Türkischen Regierung und des Großwesirs Fuad Pascha ausgeführt. Während sein Bruder Franz mit einem jährlichen Gehalt von 3600 Talern den Hafen von Bandırma an der Küste des Marmarameeres baute, erhielt Karl nach seiner Rückkehr aus Palästina eine neue, recht umfassende und schwierige Aufgabe. Er sollte im bulgarischen Raum die Möglichkeiten für den Bau von günstigen Paßstraßen über den Hohen Balkan erkunden. Geplant war, den Verkehr zwischen den großen Ebenen nördlich und südlich des Gebirges zu verbessern. Dafür brauchte man zuverlässige kartographische Unterlagen.

Pläne für Balkanstraßen

Bei seiner Rückkehr legte Humann der türkischen Regierung detaillierte Karten dieses Gebietes vor, dazu eine weitere über den Lauf der Tundscha von der Quelle bis zu ihrer Einmündung in die Maritza bei Adrianopel (Edirne).

Die Ausführung fand volle Anerkennung. Denn später, im Jahre 1866, beauftragte man ihn erneut, die Vermessungsarbeit nach Süden fortzusetzen und mit einer Kartographierung der europäischen Türkei abzuschließen. Dieses Mal begann das Unternehmen aber an der Nordküste des Marmarameeres und führte nordwärts bis nach Adrianopel (Edirne) mit Anschluß an die frühere Balkankarte.

Kartographierung der europäischen Türkei

4. *Erster Besuch in Pergamon 1865*

Wir wissen nicht, welcher Auftrag von Großwesir Fuad Pascha für Humann damit verbunden war, im Winter 1864/65 eine Reise an die Westküste von Kleinasien zu unternehmen. Sein Arbeitsprogramm führte ihn in die antike Landschaft Äolien, gegenüber von Lesbos, und in die kleine Hafenstadt Dikili, die für Humann selbst einen besonderen Anziehungspunkt bildete. Warum das der Fall gewesen ist, erzählt er so anschaulich, daß sein eigener Bericht hierüber folgen soll:

»Dikili, der Hafenplatz des heutigen Bergama, hatte etwa 20 Hütten. Für einen Zögling der Bauakademie, der seine halbe Zeit mit Zeichnen nach der Antike im Museum verbracht, lag nichts näher, als dem nur fünf Stunden von Dikili entfernten Pergamon einen kurzen Besuch zu machen. Trotz strömenden Regens wurde er ausgeführt. Dikili, beim alten Atarneus, Mytilene gegenüber, ist der gewöhnliche Landeort, um nach Bergama zu gelangen. Die vom Kaïkosfluß durchströmte Ebene ist an zwei Stunden breit. Ich fand sie aber damals fast unbebaut. Immer unmittelbar am südlichen Fuße des Gebirges ging es diese Ebene hinauf, bis endlich an einer Wendung des Weges, eine Stunde, bevor man die Stadt erreicht, plötzlich die hohe Akropolis von Pergamon in der Ferne breit und majestätisch vor mir lag. Ihre Bildung zeigt die in Kleinasien häufig vorkommende Form. Ehe sich nämlich das Gebirge dem Flußtale zu in die Ebene senkt, nimmt es noch einmal einen Anlauf und erhebt sich zu einem hier fast genau 1000 Fuß hohen, oblongen Kegel. Auf dieser Höhe lag die Burg der Attaliden; an ihrem Südfuße, wie die heutige, so die alte Stadt.

Ich fand Gastfreundschaft bei Herrn Nikolas Rallis, einem Arzte, der in Athen seine Studien gemacht und uns und unserer Sache stets ein guter Freund geblieben ist. Bergama, wie es die Türken nennen, hatte damals 4000 griechische, 12000 türkische und etwa 1000 armenische und jüdische Einwohner.

Auffallende antike Ruinen in Pergamon

Als ich mich der Stadt näherte, lagen rechts am Wege die imposanten königlichen Grabhügel, der eine ganz nahe der Straße, geheimnisvoll verschlossen. In der Stadt, schon ziemlich weit gegen den südlichen Fuß der Burg hin, imponierte ein hochragender roter Ziegelbau mit zwei flankierenden Türmen, allem Anschein nach eine römische Basilika, die man aber unbegreiflicherweise vielfach für den Äskulap-Tempel gehalten hat, was wohl daher rührt, daß Einheimische und Reisende dem Namen nach berühmte Gebäude gern mit den ersten besten, besonders augenfälligen Ruinen identifizieren. Zunächst dieser Basilika wird man auf das 192 Meter lange, doppelte Tonnengewölbe aufmerksam, welches den die Stadt durchfließenden Selinos überbrückt. Es scheint die Absicht gewesen zu sein, dadurch einen freien Platz vor der Basilika zu schaffen. Flußaufwärts liegt die ganz aus altem Material, indes ohne Marmor, gebaute Moschee des Sultans Beyazıt Yilderim, welche die Griechen gern für eine altchristliche Kirche ausgeben. Malerisch schön und großartig, aber in einem Seitental versteckt, liegt das Amphitheater, zwischen zwei Hügeln eingeklemmt, deren Abhänge teilweise zu den Sitzen benutzt waren. Nahe daneben, auf die Stadt sich öffnend, des Theaters Halbrund, an seinen beiden Flügeln durch mächtige hohe Tore flankiert, deren östliches indessen seit meinem ersten Besuche zum Bau eines türkischen Hospitals abgerissen worden ist.

Verödeter Burgberg

Nun ging's zur Burg. Dem flüchtigen Besucher erschien sie als ein einziges Schuttfeld, von Rasen und niederem Buschwerk bedeckt, durchsetzt von Mauerzügen, die aus den verschiedensten Zeiten herrühren und deren Zusammenhang auf den ersten Blick nicht klar wird; die oberste Burgkrone schließt eine spätmittelalterliche Mauer ein, welche zuletzt, ehe der Berg seiner jetzigen Verödung verfiel, als Festung gehalten wurde. Auch auf dieser obersten Fläche ragte nach allen Seiten hin massives Fundament, oftmals sich kreuzend, aus dem Boden hervor. Namentlich aber stehen noch, im Osten wie im Westen den Abhang begrenzend, die hohen Stützmauern der Attalidenzeit. Keinen Quaderstein von ihnen haben die Jahrhunderte zu verschieben vermocht.

Oberhalb der westlichen dieser Stützmauern betrat ich den Trümmerhügel, den man den Tempel der Athena Polias hat nennen wollen [später identifiziert als Trajaneum]. Traurig stand ich da und sah die herrlichen, fast manneshohen korinthischen Kapitelle, die reichen Basen und andere Bauglieder, alles um- und überwuchert von Gestrüpp und wilden Feigen; daneben rauchte der Kalkofen, in den jeder Marmorblock, welcher dem schweren Hammer nachgab, zerkleinert wanderte. Einige tiefe, frisch gezogene Gräben zeigten, welche Fülle von Trümmern unter der öden Bodenfläche lagerte; je kleiner zersplittert, desto angenehmer waren sie den Arbeitern.

Kalkbrenner am Werk

Das also war übrig geblieben von dem stolzen, uneinnehmbaren Herrschersitz der Attaliden! Barg der Boden noch Reste von all den Kunstschätzen, welche diese Medicäer der Diadochenzeit hier zusammengetragen und errichtet hatten? In weiten Zickzacklinien verließ ich, immer über Bauschutt hinabsteigend, die Burg; über tausend Rätseln sinnend gelangte ich mißmutig wieder zum Meere. — Den Kalkbrennern aber war nach vierzehn Tagen ihr Handwerk gelegt.«.

5. *Neue Unternehmungen im Auftrage des Großwesirs Fuad Pascha*

Durch den mißlungenen Start im kaufmännischen Geschäftsbetrieb war Humann um eine Erfahrung reicher geworden. Das zeigt seine Reaktion auf ein Angebot, das ihm sein Vater machte. Dieser hatte bei seinem Sohn brieflich angefragt, ob er damit einverstanden sei, ihn Alfred Krupp zu empfehlen, mit dem er gut bekannt war. Er wolle Krupp vorschlagen, seinen Sohn mit dem Aufbau einer Agentur für den Verkauf seiner Stahlprodukte in der Türkei zu betrauen.

Glücklicherweise ist der Brief mit der ausführlichen Antwort vom 3. August 1865 erhalten geblieben. Für uns ist es interessant, daß Humann darin zunächst auf die allgemeine wirtschaftliche Situation in der Türkei und speziell in Konstantinopel eingeht, die er folgendermaßen beurteilt:

Verzicht auf eine Krupp-Agentur

»Was Deine Unterredung mit Herrn Krupp anbelangt, lieber Vater, so ist es sehr gut, daß Du mit ihm nicht über die Agentur gesprochen hast. Die Türkei hat keine Industrie, keinen Ackerbau außer patriarchalischen und hat keine Fabriken. Die 4 Eisenbahnen des Reiches: Smyrna-Aydın, Smyrna-Kasaba, Kustendje und Varna-Rustschuk sind in englischen Händen und stehen mit ihren heimischen Fabriken in engster Beziehung. Der Absatz an Stahl- und Eisenwaren ist gering, und die wenigen Agenturen englischer Häuser, die hier sind, geben sich erdenkliche Mühe, irgendwelche kleinen Geschäfte zu kontrahieren; und diese erfordern einen ganzen Mann, und zwar einen tüchtigen Kaufmann und seine ganze Tätigkeit.«

Dem folgenden Teil kann man entnehmen, wie stark sich auf Humann die Erfahrungen ausgewirkt haben, die er in Smyrna im Schmirgelgeschäft gemacht hat:

»Gesetzt nun Herr Krupp, der übrigens die hiesigen Verhältnisse wahrscheinlich sehr gut kennt, wollte hier eine Agentur errichten, gesetzt, dieselbe lohnte sich so, daß er seinem Agenten könnte 4000 Taler bieten, so würde ich sie dennoch nicht annehmen wollen oder können. Erstens bin ich nicht Kaufmann und kenne mich nicht aus auf Stahl und Eisenwaren, würde also nur ein Stümper im Fache sein. Zweitens, warum soll ich ein gutes, lohnendes Fach, das mir eine glänzende Karriere öffnet, aufgeben und umsatteln? Mein ganzes jetziges Einkommen beläuft sich auf etwa 3000 Taler jährlich und wird bald steigen. Ja, in meinem Fache kann sich jeden Tag die Gelegenheit bieten, einen Hauptschlag auszuführen und plötzlich zum reichen Manne zu werden. Deshalb bin ich fest entschlossen, lieber Vater, bei meinem Leisten zu bleiben, und bitte Dich, nicht mehr an die Kruppsche Agentur zu denken.«

Der Brief schließt mit der Einschätzung Humanns über die damalige Lage: »Die Beziehungen zu meinem Prinzipal sind die besten der Welt, und in meinen Geschäften habe ich Glück und noch im Laufe dieses Jahres hoffe ich, die festen Fundamente für meine Zukunft zu legen.«

Man geht wohl nicht fehl in der Annahme, daß mit dem »Prinzipal« der Großwesir Fuad Pascha gemeint ist. Humann selbst verdanken wir wenigstens einen kurzen Hinweis auf ihre Beziehungen, über die es in der Einleitung zu seinem ersten Bericht über Pergamon heißt: »Von Konstantinopel aus unternahm ich häufige Reisen, meist unter der Ägide des mir persönlich sehr zugetanen Großwesirs Fuad Pascha, ohne aber jemals in türkische Dienste zu treten.«

Einen größeren Auftrag erhielt Humann im Sommer 1865. Dieses Mal ging es darum, geographische Unterlagen für die Südküste des Marmarameeres und für die anschließenden Gebiete der ehemaligen antiken Landschaft Bithynien zu erstellen. Von Nikomedeia, der antiken Hauptstadt des Landes, dem heutigen Izmit, bereiste er die anschließenden Regionen der Landschaft, besuchte Bursa am bithynischen Olymp und kehrte von dort wieder nach Stambul zurück.

Vermessungen in Kleinasien

Im Sommer 1866 gab es einen neuen Auftrag des Großwesirs. Humann, der schon ein guter Kenner der geographischen Struktur der türkischen Westküste geworden war, sollte die beste Landverbindung zwischen der Stadt am Goldenen Horn und Smyrna erkunden. Für diese Aufgabe legte Humann nach seiner Rückkehr seinem Auftraggeber detaillierte Kartenaufzeichnungen mit verschiedenen Möglichkeiten für die Routenführung vor.

Zweiter Besuch von Pergamon

Bei diesem Unternehmen konnte Humann — wie er berichtet — »dem Drange nicht widerstehen, Pergamon nochmals aufzusuchen. Die Kalkbrenner hatten ihr Geschäft wieder aufgenommen, aber diesmal wurde dem gründlich und für immer ein Ende gemacht, und zwar direkt durch den Großwesir.«

Über seine zahlreichen Reisen und Fahrten kreuz und quer durch die verschiedensten Gebiete des Osmanischen Reiches hatte Humann ausführliche Aufzeichnungen angefertigt. Diese sind leider nicht erhalten geblieben, aber von ihm wurden seine Routenaufnahmen und Tagebücher Heinrich Kiepert für dessen Kartenwerk über Kleinasien 1 : 400 000 zur Verfügung gestellt.

Zusammenarbeit mit Kiepert

Von Kieperts geographischen Plänen und Arbeiten über Kleinasien hat Humann allerdings erst bei seinem ersten Besuch in Deutschland 1869 erfahren. Er nahm sofort Verbindung mit ihm auf und bot brieflich das seit 1864 gesammelte Material an. Es entwickelte sich ein reger Briefwechsel zwischen beiden Männern und eine lebenslange Freundschaft.

Glücklicherweise hat Kiepert selbst in verschiedenen Artikeln über die geographischen Reisen von Humann und ihre Ergebnisse berichtet. So verdanken wir unsere Kenntnisse über diese arbeitsreiche Periode im Leben Humanns den Veröffentlichungen von Kiepert.

Bei seinem Unternehmen zur Erkundung einer Straßenführung nach Izmir hatte Humann einen willkommenen Begleiter in seinem jüngeren

Bruder Wilhelm (geb. 1841). Er hatte sich für den Kaufmannsberuf entschieden und war Teilnehmer am Krieg gegen Dänemark gewesen. Lungenbeschwerden stellten sich ein. Als seine beiden Brüder im Orient davon erfuhren, haben sie Wilhelm sofort zu sich eingeladen.

Zur Freude seiner Brüder besserte sich der Gesundheitszustand von Wilhelm zusehends. Ihm verdanken wir Mitteilungen über den Tätigkeitsbereich seiner Brüder in einigen an seine Eltern geschriebenen Briefen. So berichtet er im August 1866 von seinem Erkundungsritt mit Karl nach Izmir aus der Stadt Balıkesir:

»Die Reisen hier im Innern Kleinasiens gehören nicht zu den Annehmlichkeiten. Vorgestern saßen wir elf Stunden zu Pferde und hatten dabei eine unausstehliche Hitze; jetzt haben wir acht Ruhetage in der Sommervilla des Paschas und bereiten uns zu der zweiten heißeren Hälfte der Reise vor. Von wegen der Räuber macht Euch keine Sorgen; das Gesindel greift so leicht keine Franken an; denn sie wissen, daß man stets gut bewaffnet ist und wir unsere Waffen nicht wie zum Staat tragen. Wir haben nämlich vier Revolver und jeder Diener eine Doppelflinte. Smyrna erreichen wir erst in zwanzig Tagen.«

Anfang November 1866 unternahm Wilhelm zusammen mit Franz eine weitere Reise in das Innere von Anatolien, um ausstehende Gelder einzutreiben. Aber dieses Mal hatte sich Wilhelm zuviel zugemutet. Die Unbilden der Witterung, Regen und Kälte, dazu mangelhafte Beheizung in den aufgesuchten Quartieren führten zu einem schweren Rückfall.

Auf Initiative von Karl und ausgestattet mit dessen Empfehlungsbriefen suchte und fand Wilhelm Besserung und Erholung von seiner Erkrankung im Libanon und in Ägypten, worüber er beruhigende Briefe an seine Eltern geschrieben hat.

IV. Das grosse Fernstrassenprojekt der Brüder Humann

1. *Abschluß eines Abkommens mit der Türkischen Regierung*

Während Karl mit der Ausführung der ihm von Großwesir Fuad Pascha übertragenen Aufgaben einer großzügigen inneranatolischen Verkehrsplanung beschäftigt war, machte sich sein Bruder Franz Gedanken über ihre Realisierung. Ausgangspunkt seiner Überlegungen war dabei die Welle der industriellen Entwicklung in weiten Teilen Europas und ihre Auswirkungen im Osmanischen Reich. In erster Linie sind es Europäer gewesen, die hier Möglichkeiten witterten, schnell zu Geld zu kommen. Wie Karl seinem Vater schon am 3. August 1865 geschrieben hatte, gab es damals in der Türkei keine nennenswerte Industrie, keine Fabriken, die imstande waren, irgendwelche technischen Produkte herzustellen.

So war man in der Türkei vollkommen auf die Einfuhr notwendiger Stahl- und Eisenwaren angewiesen. Den Markt aber beherrschten englische Kaufleute, ebenso wie englische Unternehmer, die die ersten Eisenbahnlinien im Osmanischen Reich ausführten.

Neuland war die vom Großwesir Fuad Pascha geplante Erschließung von Inneranatolien durch ein großzügiges Straßennetz. Hatte nicht — so sagte sich Franz — sein Bruder Karl durch seine Kartierungsarbeiten die notwendigen Ausgangspositionen für ein anatolisches Straßennetz geschaffen?

Hier setzten die Überlegungen von Franz ein. Verfügte er doch selbst ebenso wie sein Bruder über persönliche Beziehungen zu reformfreudigen Männern in der türkischen Regierung. Franz selbst hatte durch seine Aufträge von türkischen Behörden in Pera und Galata tiefe Einblicke in die Verwaltungsarbeit gewonnen und war als Tiefbauunternehmer vertraut mit dem türkischen Geschäftsleben. Sollte nicht hier ein gewaltiges Projekt auf seine Realisierung warten? Die Erschließung von Anatolien mit Hilfe eines modernen Straßennetzes, geplant und ausgeführt durch das Konsortium der drei Brüder Humann?

Straßenbaukonzession der türkischen Regierung

Welche Wege dazu geführt haben, die Genehmigung der türkischen Regierung zur Durchführung der Straßenbaukonzession zu erhalten, darüber besitzen wir keine Nachrichten. Aber erhalten geblieben ist der Kaiserlich-ottomanische Ferman, d. h. der Erlaß des »immer siegreichen Sultans Abdul Aziz ben Mahmut, ausgeführt in der Residenz, dem wohlbeschützten Konstantinopel am 2. April 1867«.

In diesem Ferman heißt es:

Ferman des Sultans

»Der preußische Staatsangehörige Humann hat schriftlich gebeten, von den gemäß den Wege- und Brückenvorschriften mit Unterstützung der Bevölkerung zu bauenden Straßen ihm den Bau der Chaussee Izmit-Ankara, mit den Abzweigungen nach Adapazar und Hendek, von Dikili nach Kırkağaç und von Bandırma nach Balıkesir zu übertragen.«

Es folgen die Angaben über den Ausbau des Straßennetzes. Ferner verpflichtet sich der Sultan, gewisse Tagesleistungen seiner Untertanen an die Straßenbauer je hergestelltem Kilometer abzutreten. Dann heißt es im Ferman weiter:

»Die im übrigen entstehenden Kosten und die Aufwendungen für zukünftige Wiederherstellungsarbeiten fallen Humann zur Last. Als Gegenleistung für seine Ausgaben und Bemühungen wünscht er eine Konzession von 20 Jahren für den Betrieb von Zugwagen, die mit Lokomobilen betrieben werden sollen.«

Sehr interessant im Ferman ist der Passus, daß die zur Arbeitsleistung von 7500 Tagesleistungen verpflichtete Bevölkerung nicht selbst zu arbeiten braucht, sondern sich durch Zahlung von 7 Piastern anstelle jeder Tagesleistung freikaufen kann. Aber dieses Geld ist keineswegs an den Bauherrn zu zahlen, sondern — so verfügt der Sultan — »an meine kaiserliche Schatzkammer.«

Sehr positiv klingt die dem Antragsteller gewährte Vergünstigung:

»Der für die eigentliche Chaussee erforderliche Grund und Boden wird der Gesellschaft von Staats wegen kostenlos überlassen werden. Auch der für die Zwischenstationen nötige Grund und Boden wird, soweit es sich um unbebautes Staatsland handelt, unentgeltlich überlassen werden; Grund und Boden aus Privatbesitz muß durch den Konzessionsinhaber angekauft werden. Holz und Steine werden aus den in der Umgebung des Straßenzuges befindlichen staatlichen Steinbrüchen und Wäldern unentgeltlich geliefert.«

Außerdem verfügt der Sultan, daß für die Kontrolle seiner Maßnahmen eine kaiserliche Kommission eingesetzt werde. Zunächst aber wird der Antragsteller zur Kasse gebeten: »Für jede Straße ist eine Kaution von 20 000 Piastern bei der Kaiserlichen Schatzkammer zu hinterlegen. Wenn — vom Tage dieses Kaiserlichen Fermans an gerechnet — nicht binnen sechs Monaten eine Gesellschaft gebildet und mit den Arbeiten begonnen worden ist, verfällt diese Kaution, und es kann an die Kaiserliche Regierung keinerlei Schadensersatzanspruch geltend gemacht werden.«

Sehr beruhigend für den Antragsteller klingt der Passus am Schluß des Fermans.

»Alle sich aus dem Vertrag oder aus dem Lastenheft ergebenden Meinungsverschiedenheiten oder Streitigkeiten müssen durch eine Schiedskommission bereinigt werden. Die endgültige Entscheidung obliegt der Brückenbaukommission.«

Mit dem Erhalt dieses Fermans war der erste erfolgreiche Schritt getan, und mit großen Hoffnungen gingen die Brüder an die Arbeit.

2. Besuch von Vater Humann in Konstantinopel und Beginn der Straßenbauarbeiten

Die Söhne Humann hatten ihren Vater immer wieder zu einem Besuch nach Konstantinopel eingeladen, der aber stets von neuem hinausgeschoben wurde. Als das Straßenbauprojekt sich zu realisieren schien, da kündigte Vater Humann seinen Söhnen definitiv seine Abreise nach Konstantinopel an.

Gleich nach seiner Ankunft berichtete er in einem aufschlußreichen Brief an die Familie in Steele von seinem Empfang und den ersten Eindrücken in der Stadt am Bosporus:

Pera, den 7. Juni 1867

»An meine Vielgeliebten zu Hause, Mutter und Kinder!

Montag gegen 11 Uhr morgens langten wir hier an, und ich bin bei Franz abgestiegen. Denkt Euch, als Vater werde ich als Herr des Hauses angesehen, das ist orientalische Sitte. Franz' Diener, ein schöner Türke, küßt mir jeden Morgen mit Mund und Stirne meine Hand und spricht dabei etwas, was ich aber nicht verstehe. Karl kam von Izmit am folgenden Tage an. Abermals große, große Freude!! Er sieht ganz gesund und rotbackig aus und ist auch in Wirklichkeit gesund. Er freut sich gar sehr, daß ich da bin. An Wilhelm haben sie gleich, als meine Depesche aus Wien meine Ankunft angezeigt, nach Beirut telegrafiert, und er wird am Montag ankommen. Dann sind wir alle zusammen. Nach den neuesten Nachrichten von ihm gehts ihm ganz gut. Er ist vom Davut Pascha eingeladen worden und sitzt ganz gemütlich in dessen Palast im Libanon, der Schwerenöter!

Mit Karl fuhr ich ins Goldene Horn spazieren. Schöner ist es wohl nirgends auf der Welt! An der einen Seite liegen Pera, Galata, Topkapı und das türkische Arsenal, an der anderen Seite Konstantinopel (Stambul) mit seinen vielen Moscheen und Minaretts, Palästen, Serail, die Hohe Pforte usw. Aber es ist hier eine wahre babylonische Sprachen- und Völker-Verwirrung. In Gesellschaften hört man hier in einem Atem französisch, griechisch, türkisch, englisch und deutsch sprechen. Ich freue mich immer, daß die deutsche Sprache hier doch auch ziemlich vertreten ist, und es wohnen hier in Pera sehr viel Deutsche.«

Abb. 6 Der Vater Franz Humann mit seinen Söhnen Karl, Wilhelm und Franz (von links nach rechts) im Jahre 1867 in Konstantinopel

Für uns sind die anschließenden Mitteilungen besonders aufschlußreich. Erfahren wir doch, welche großen Gewinne Franz sich von seinem Straßenbauprojekt erhoffte. Denn es heißt in dem Brief des Vaters weiter:

»Und nun, meine liebe Mutter, noch etwas von unseren Söhnen!

Hoffnung auf erfolgreichen Straßenbau

Es wird mir hinter diesem Aufenthalt recht jämmerlich vorkommen, wenn ich wieder in Steele sein werde. Nicht weil diese Gegend so unsäglich schön hier ist, nein: Die Geldverhältnisse bei uns nehmen einen so geringen Maßstab an, wenn man die Großartigkeit der Geschäfte hierorts dagegen vergleicht. Man spricht von 100 Pfund Sterling wie von einer Bagatelle; [ich zögere] fast, die Summe zu nennen, welche unsere [Söhne mit dem] Straßenbau zu verdienen hoffen, [und bekomme] Schwindel! Was sie am Bau der verschiedenen Straßen verdienen, ist es nicht allein. Die Konzession, welche gleichzeitig damit laut Ferman verbunden ist, auf 20 bis 40 Jahre diese Straßen mit Frachtfuhren und Lokomobilen allein zu befahren — natürlich mit Ausnahme der anwohnenden Landleute, die ihr eigenes Produkt darauf fahren dürfen —, und das Recht, eine Eisenbahn darauf anzulegen, kann schon jetzt zu einem hohen Preise verkauft werden; und es sind 1500 Kilometer oder 500 Wegstunden, und Franz meint, für jeden Kilometer 200 Pfund Sterling als Minimum zu bekommen. Ich mag die Summe, die da herauskommt, gar nicht ausrechnen.

Den großherrlichen Ferman habe ich nun gesehen. Dieser ist der erste, welchen ein Franke erhalten hat, mit Ausnahme des an die Gesellschaft, welche die Smyrna-Aydın- und Rustschuk-Varna-Bahn erbaut hat. Er sitzt in einem mit Gold gestickten grünseidenen Futteral; an den vier Ecken hängen Goldtroddeln. Übrigens ein komisches Schriftstück. Es wird ablithographiert, und ich bringe ein Exemplar mit. Die Unterschrift des Sultans steht oben an.«

Abb. 6

Große Aufregung herrschte in der Familie Humann, als für den 18. Juni 1867 die offizielle Einladung zu einer privaten Audienz im kaiserlichen Palast Dolmabahçe für Vater Humann und seine drei Söhne eintraf. Natürlich hat Vater Humann seiner Familie einen ausführlichen Bericht über dieses Erlebnis geschrieben. Wir können es nur bedauern, daß dieser Brief anscheinend nicht erhalten geblieben ist. Denn Vater Humann war ein guter Briefschreiber. Wie lebendig er seine Erlebnisse zu schildern verstand, zeigt sein Brief vom 25. Juni 1867 über seinen Besuch beim Großwesir Fuad Pascha:

Besuch beim Sultan und Großwesir

»Am Sonntag vor acht Tagen hatte Franz beim Fuad Pascha zu tun. Wir nahmen ein doppelruderiges Kaik, und los ging es! So ein Kaik rudert fast gegen ein Dampfschiff an. Die Sommerresidenz Fuads liegt ungefähr in der Mitte des Bosporus an der asiatischen Seite und heißt die Perle des Bosporus. Franz brachte mich zu dem Gartendirektor. Der biedere Süddeutsche führte mich nun überall in diesen großartigen Anlagen umher, und namentlich auch zu dem Kiosk, welches Karl für den Fuad voriges Jahr erbaut hat. Die schöne Lage und die Beschaffenheit dieses Kiosk soll Euch Karl selbst beschreiben, der versteht das besser. Schließlich führte mich der Direktor auch in den Glas-Pavillon. Dieser prangte von den schönsten tropischen und inländischen Gewächsen, von schwellenden Diwans, Spiegelwänden, Springbrunnen usw. Ich stand da in Verwunderung versunken, ob dieses wirklich orientalischen Luxus. Da öffnete sich neben mir eine Tapetentür, und herein trat ein Mann, angetan mit einem blendend weißen, seidenen Schlafrock, gehalten von einem purpurroten Gürtel mit Goldquasten. Das war der Fuad Pascha in eigener Person!

Der Gartendirektor sagte ihm etwas in französischer Sprache, worauf er auf mich zukam und mir die Hand gab. Ich verstand natürlich nichts von dem, was er mir sagte, machte aber eine Verbeugung so tief, als es mein Bauch erlaubte. Darauf klatschte er in die Hände, und herein sprang ein Diener, welchem er einige Worte sagte. Er grüßte nochmals mit einer Hand, ging zu seinem Arbeitszimmer. Jetzt wollte ich mich auch entfernen, aber da trat herein der Diener und präsentierte mir auf einem goldenen Teller eine Tasse Kaffee, und gleich darauf brachte er einen Tschibuk und mit einer silbernen Zange eine glühende Kohle.

Da saß ich nun auf dem Diwan, schlürfte den schönsten Mokka und rauchte den besten Tabak, mit einem unterschlagenen Beine. An dem Tschibuk war ein Bernsteinknopf von der Größe und Gestalt einer großen, gelben Gurke. Spitzen hat man hier nicht an den Pfeifen, sondern Knöpfe, welche man an den Mund setzt.

Der Gartendirektor hatte noch mehr Freude als ich über die freundliche Behandlung, welche mir zuteil geworden; er meinte, das wäre noch nicht vielen Franken passiert.«

Im gleichen Brief läßt der Vater seine Familie daheim auch wissen, wie sich seine Söhne bemühen, ihm alle Schönheiten von Stambul zu zeigen:

»Die lieben Jungens bieten alles auf, um mir den Aufenthalt so angenehm als möglich zu machen. Es gibt keinen interessanten Punkt am ganzen Bosporus bis ins Marmarameer hinein, wo wir nicht gewesen sind. Gestern sind wir zu den Süßen Wässern geritten, bald zwei Stunden von hier, wo sich zwei Flüsse ins Goldene Horn ergießen. Da hättest Du uns mal sehen sollen, liebe Mutter, wie wir da auf schönen, prächtig geschirrten Pferden durch die Straßen Peras ritten, der Vater stolz an der Spitze.«

Chausseebau in Bursa

Humanns Söhne waren natürlich sehr glücklich, ihrem Vater zu zeigen, wie das große Straßenbauobjekt zügig in Angriff genommen wurde. Der Vater berichtete stolz am 1. August 1867 nach Hause von der Rückkehr von Franz aus Bursa. Dort sei, wie er schreibt, in Anwesenheit des Pascha von Bursa, der englischen, französischen und persischen Konsuln sowie der Spitzen der islamischen Geistlichkeit der erste Spatenstich für den Bau der Chaussee von Bursa nach Bandırma und Balıkesir unter Beachtung der religiösen Gebräuche erfolgt.

Im gleichen Brief konnte Vater Humann seiner Familie weiter mitteilen: »Karl ist seit der vorigen Woche in Ayvalık, um den Bau der Chaussee von dort nach Bergama in Angriff zu nehmen.«

In seinem Brief vom 1. August hatte Vater Humann seinen Angehörigen daheim noch keine Mitteilung gemacht, daß ihnen der Gesundheitszustand von Wilhelm große Sorgen machte. Folgendes hatte sich zugetragen: Bei einem Ritt des Vaters mit seinen Söhnen zur Besichtigung der großen Stadtmauer wurde die Gruppe von einem heftigen Sturzregen überrascht. Das war an sich nichts Ungewöhnliches in dieser Jahreszeit. Die stolzen Reiter hatten sich aber nicht darauf vorbereitet und fanden auch keinen Unterschlupf im Gelände. Bald waren sie völlig durchnäßt. Wahrscheinlich geschah die Rückkehr in scharfem Trabe. Jedenfalls stellten sich bei Wilhelm sofort schwere gesundheitliche Beschwerden ein. Er wurde zwar ins Krankenhaus gebracht. Aber jede ärztliche Hilfe versagte, und Wilhelm verstarb dort am 7. August 1867.

Tod des Bruders Wilhelm

3. Erfolgreiche Fortführung der Straßenbauarbeiten und ihr Ende

Leitung des Straßenbaus in Ayvalık

Ein großes Problem für eine zügige Fortführung des Straßenbaues war es, tüchtige Mitarbeiter zu finden. So hatte Franz für die Trasse Bandırma-Balıkesir als Chef den Engländer Bilsen eingestellt.

»Aber dieser hatte«, so berichtet Karl seinen Eltern am 26. Juli 1868 aus einem neuen Standquartier in Ayvalık, »so gewirtschaftet, daß einem Hören und Sehen verging, noch zudem schlecht gebaut. Franz entließ ihn und forderte mich auf, auch die Direktion zu übernehmen.«

Sehr weitsichtig hatte Karl selbst begonnen, in Ayvalık Bauführer auszubilden, die er — wie er seinen Eltern berichtet — in den Bauzentren von Ayvalık, Pergamon, Balıkesir und Bandırma einsetzte. Lassen wir ihn selbst über seine Tätigkeit berichten:

»Anfangs wollte ich die Direktion der beiden Straßen nicht übernehmen, weil ich fürchtete, es würde mir zuviel, und weil die Entfernung (die Länge der beiden Linien und ihr Abstand) 50 Stunden beträgt. Die Distanz ist noch das Wenigste, aber die ganze Disposition über die kolossalen Arbeitskräfte — an 2000 Menschen, 500 Paare Ochsen mit Wagen, 500 Kamele und Pferde und Esel — muß ich allein arrangieren; alle Pläne, Nivellements ruhen auf mir allein; denn ich finde keinen einzigen gelernten Ingenieur, der Zuverlässigkeit, Tatkraft und Landeskenntnis genug hätte, um mich längere Zeit zu vertreten. Dazu die zeitraubenden Unterhandlungen mit den Regierungsorganen, dem Generalgouverneur von Bursa, dem Pascha (Regierungspräsidenten) von Balıkesir, dem Gouverneur von Smyrna, mit 8 Kaymakam (Landräten), die Müdür (Bürgermeister) nicht zu zählen.

Als ich indes nach Ayvalık zurückkehrte, war ich statt müde elastischer und frischer als zuvor, von unbändiger Arbeitslust beseelt; das Fieber war wie weggeblasen durch Luft- und Klimawechsel, und ich schrieb an Franz, ich würde die Direktion der beiden Straßen den Sommer durchführen.

Am 18. Juni war ich also nach Ayvalık zurückgekommen, wo mir der Pascha ein Rendezvous gegeben hatte, das meine Gegenwart mehrere Tage in Anspruch nahm. Am 28. Juni ging's wieder zurück nach Pergamon. Am 1. Juli nach Balıkesir, am 4. nach Bandırma, dort kam Franz am 9. an von Konstantinopel, um sich die Arbeiten anzusehen, begleitet von einem Freunde, dem Baron Sternberg von unserer Gesandtschaft, der eine kleine Tour durch Kleinasien machen wollte. Am 11. Juli mittags ritten wir aus Bandırma und kamen am 12. mittags in Balıkesir an, wo die Geschäfte uns bis zum 18. aufhielten. Am 19. mittags waren wir in Pergamon, wo wir uns prächtig amüsierten, und ritten am 21. wieder nach Ayvalık, von wo Franz und Baron Sternberg vorgestern nach Smyrna und Konstantinopel gefahren sind.

‚Das ist ja ein Hundeleben!' werdet Ihr ausrufen, und ein Königlich-Preußischer Baumeister würde sagen: ‚Danke für Obst und andere Südfrüchte!' So schlimm ist es nun gerade nicht: Ich habe 4 prächtige Reitpferde; Davud, den Mohren, hat mir Franz überlassen; der Bursche ist ein guter Reiter; außerdem begleiten mich stets 2 riesige Kawassen; wie in Ayvalık so habe ich auch mein Wohnhaus in Pergamon, Balıkesir und Bandırma.

Manche Nacht zwar schlafe ich in den Zelten der Yürüken, die mit ihren Viehherden im Gebirge sind; oft ruhe ich auch bei den Räubern aus, mit denen ich auf dem besten Fuße lebe; ich bin weder ein Wucherer noch sonst bekannter reicher Mann, ich führe sechsläufiges ‚Spielwerk' bei mir und bin als stets Reisender quasi Stammgast. Als ich mit Franz und Baron Sternberg von Pergamon hierher ritt, lagen 7 Mann hinter einem Felsen auf der Lauer. Als wir vorbei kamen, grüßten sie ehrerbietig, worüber der Baron eine Eselsfreude hatte, weil er zum ersten Male in seinem Leben Räuber sah.

In jedem Dorfe, das ich passiere, bin ich bekannt und wohlempfangen. Die Hitze ist, wenn ich bei Tage reise, oft etwas zu wohlmeinend. Mache mir übrigens nichts daraus, und die größte Beschwerde ist aber nur die Sorge, die Ruhelosigkeit und das drückende Gefühl der Verantwortlichkeit, die an meiner einzigen Person haftet. Das hebt sich aber wieder auf im Gefühle der Kraft und des Selbstbewußtseins. Wenn ich von Pergamon nach Balıkesir reise über das hohe Gebirge, das die Wasserscheide zwischen dem Marmara- und Mittelmeere bildet, und 20 Stunden weit rückwärts und 20 vorwärts schaue und mir sage, daß auf 1000 Quadratstunden alle erwachsenen Männer nach meinem Willen arbeiten, daß ungefähr 40 von mir angestellte Beamte aller Länder Europas meine Befehle auszuführen bestrebt sind, daß ich mit jedem meiner Beamten und mit jedem Arbeiter *seine* Sprache spreche, daß die ganze große Maschinerie auf 50 Stunden Länge glatt läuft, dann schlage ich mir stolz auf die Brust und denke: Euer Sohn wird Euch Ehre machen und Freude!«

Kenntnis des Landes und der Sprache

Es läßt sich denken, daß diese anstrengende und aufreibende Tätigkeit auch schwere Schattenseiten hatte, daß ihn vor allem die große Verantwortung bedrückte, die auf beiden Brüdern ruhte. Diese Sorgen klingen im Schlußteil seines Briefes auf:

»Und doch wieder, wenn ich an Euch denke, möchte ich den ganzen Krempel über Bord werfen und zu Euch kommen, je eher, je lieber und bei Euch bleiben. Dann tröstet mich doch wieder der Gedanke, daß ich Euch unbedingt dieses Jahr sehen werde, gehe es, wie es wolle. Franz hat diese großen Geschäfte mal begonnen; sie müssen mit Ehren durchgeführt werden, und wenn ich ihn jetzt verlassen wollte, täte ich ein schweres Unrecht. Franz zählt die Tage, wo er nach Hause kommt, um Euch seinen Jungen zu bringen.«

Wie die moderne Technik auch das Innere Anatoliens zu erobern beginnt, berichtet Humann recht lustig seinen Eltern am Ende des Briefes:

»Eine große Erleichterung bei der Arbeit ist mir auch, daß in allen vier Orten Telegraph existiert. So ein türkisches Telegraphenbüro ist eine gemütliche Anstalt, nicht streng geschnürt wie in Preußen. Wenn ich ins Büro gehe, so sage ich bloß: ‚Lieber Freund, sei so gut und rufe mal meinen Bauführer in Bandırma aufs dortige Büro.' Ebenso den in Balıkesir. Die kommen, ich frage, ordne an, und es wird eine halbe Stunde verplaudert, und obendrein bekomme ich noch einen Tschibuk.«

Humann weiß, wie sehr seine Eltern sich auch um seine Gesundheit Sorgen machen, zumal wenn er ihnen sein aufreibendes und anstrengendes Leben schildert. Um sie zu beruhigen, schließt er seinen Brief mit dem Nachsatz:

»Ich reise heute nach Pergamon. An meiner Gesundheit braucht Ihr wohl jetzt nicht mehr zu zweifeln; ein Kranker macht das nicht. Seid nicht ungeduldig, beste Mutter, und vergib mir das Vertrösten mit meiner Hinkunft. Die Pflicht und das Kismet. Laßt Euch von den bevorstehenden Erinnerungstagen nicht so traurig stimmen.«

[Vor fast einem Jahr war am 7. 8. 1867 Wilhelm in Konstantinopel gestorben.]

Hauptquartier in Pergamon

Der Bau des neuen Straßennetzes machte gute Fortschritte. Pergamon blieb für Humann jedoch immer ein magnetischer Anziehungspunkt. So faßte er den Entschluß, sein Hauptquartier zu verlegen. In seinem Grabungsbericht heißt es:

»Seit 1869 in Pergamon konnte ich dort nach und nach eine hübsche Sammlung von Arbeiten in gebranntem Ton anlegen und teils selbst, teils durch meine Beamten dafür sorgen, daß fürder so wenig wie möglich zerschlagen wurde. Dennoch kam es vor, daß ich auf der Burg eines Tages ein großes ausgegrabenes Hochrelief fand, einen Gott darstellend in voller Figur. — Jetzt kann ich es sagen: zur Gigantomachie gehörend, und daß, als ich nach zwei Tagen mit Arbeitern hinaufging, um es zu bergen, dasselbe zu einer Treppenstufe zugehauen war. Ich ließ den Täter einsperren, was wohl manchen von ähnlichem Tun abgeschreckt haben mag.«

Offensichtlich hatte sich Humann »bei der Überfülle von Arbeit« zuviel zugemutet. Immer wieder kam es zu Fieberanfällen, die ihn sehr behinderten. Dennoch konnte er sich seinen lange gehegten Wunsch erfüllen und im Winter 1869/70 die Reise nach Deutschland unternehmen.

Auf der Rückreise legte Humann im März 1870 eine Zwischenstation in Wien ein. Er machte dort Herrn Prehsel, dem Generalbaudirektor der türkischen Bahnen, seinen Besuch. Von ihrer interessanten Unterredung berichtete Humann seinen Eltern:

»Herr Prehsel sprach viel von Franz, der ihm sehr viel unbezahlbare Dienste erwiesen, und forderte mich auf, die Chausseebauten aufzugeben und mich bei den Eisenbahnen zu beteiligen.«

Abb. 7 Das Asklepieion von Pergamon. Zustand bei seiner Entdeckung durch Humann (nach einer Zeichnung von Ch. Wilberg 1879)

Die Entscheidung über dieses verlockende Angebot war nicht leicht. Denn Schwierigkeiten aller Art hatten sich mehr und mehr bei dem Straßenbauprojekt eingestellt. Vor allem waren die Rückstände von Zahlungen bedrohlich, zu denen die türkische Regierung verpflichtet war, die aber trotz ständiger Mahnungen nicht gezahlt wurden.

In dieser Zeit erhielten Humanns Hoffnungen für die Ausführung von systematischen Ausgrabungen in Pergamon einen unerwarteten Auftrieb. Er traf im Sommer 1871 bei einem zufälligen Besuch in Konstantinopel mit Professor Ernst Curtius zusammen, damals Direktor des Antiquariums der Kgl. Museen in Berlin. Voller Begeisterung erzählte ihm Humann von seinen bisherigen Forschungen in Pergamon, und es wurde ein Besuch verabredet.

Humann ließ es sich nicht nehmen, Curtius in Dikili abzuholen, der zusammen mit Baurat Friedrich Adler und Heinrich Gelzer eine Reise in Kleinasien durchführen wollte. Gern erinnerte sich Humann an diese Tage:

»Der Besuch regte mich überhaupt lebhaft an. Das ideale Streben, das unter dem Druck der Tagesarbeit, weit ab von jedem geistigen Austausch so leicht in den Hintergrund tritt, brach wieder frisch hervor; ich konnte meine Entdeckungen und Bestrebungen Männern mitteilen, die ihnen warme Teilnahme schenkten, und hoffte, was meiner Natur am meisten zusagte, einen Weg gefunden zu haben, meine Kenntnis der Ruinenstätten praktisch zu verwerten.«

Abb. 8 Das Asklepieion von Pergamon heute

An diesen Besuch knüpfte Humann selbst große Hoffnungen. Erwartete er doch von Curtius, sich tatkräftig für Pergamon einzusetzen und für die mit ihm besprochenen Pläne:

»Da ich befürchten mußte, als Privatmann so ohne weiteres nichts Größeres bewerkstelligen zu können, drang ich schon damals darauf, daß sich das Königliche Museum einen Ferman für Ausgrabungen in Pergamon geben lasse. Die gefundenen Stücke waren ja offenbar Teile eines sehr großen Kampfbildes, in denen wilde Tiere, Pferde und Männer erschienen, und von denen die mächtige Mauer sicher mehr enthalten mußte als die paar aus der einen Ecke herausgebrochenen Stücke.«

Nach der Abreise seiner Besucher begann Humann sofort, nach einer Anregung von Curtius, einen Plan des Stadtgebietes von Pergamon aufzunehmen. Dieser ist dann auch in den Abhandlungen der Kgl. Akademie der Wissenschaften zu Berlin 1872 als Tafel III erschienen.

Diese Vermessungsarbeit brachte Humann selbst noch eine besondere Überraschung, die zu einer bedeutenden Entdeckung führte. Er berichtet darüber:

Abb. 7 »Bei der Aufnahme des Planes hatte ich noch das Glück, eine halbe Stunde westlich von der Stadt das Asklepieion zu entdecken, förmlich hingeleitet zu seiner Stelle von einem alten, durch das westliche Theatertor der Unterstadt führenden zerfallenen Säulengang.«

Abb. 8 Ausgrabungen in dem Asklepieion wurden erst in unserem Jahrhundert durchgeführt. Sie begannen im Jahre 1928 auf Initiative von Theodor

Wiegand. In einer Reihe von Grabungskampagnen legte man einen großen Tempelbezirk frei. Hauptanziehungspunkt für die Kranken im Altertum war die Heilige Quelle, die ebenfalls wieder entdeckt wurde.

Zunächst hatte der Straßenbau gute Fortschritte gemacht. Aber dann gab es ernste Schwierigkeiten. Denn die Gelder, die vertragsmäßig von der türkischen Regierung zu zahlen waren, blieben aus. Vorgebrachte Beschwerden waren erfolglos. Jetzt zeigte sich, wie unzureichend die finanziellen Absicherungen im Vertrag mit der türkischen Regierung gewesen waren. Ohne Erfolg blieb auch eine Bitte um Hilfe und Unterstützung an die Deutsche Botschaft. Die Löhne an die Arbeiter konnten nicht mehr gezahlt werden.

So blieb den Brüdern Humann keine andere Wahl, als den mit soviel Tatkraft begonnenen anatolischen Straßenbau im Jahre 1873 aufzugeben.

4. Aufbau einer neuen Existenz in Smyrna

Die Enttäuschung über die nicht erfolgreich abgeschlossene Arbeit war sicher groß. Aber Humanns Wagemut war ungebrochen. Nach Aufgabe des Straßenbauprojektes wollte er nicht mehr länger seinen Wohnsitz in Pergamon behalten. Seine Wahl fiel auf Smyrna, eine Stadt, die für den Aufbau einer selbständigen Tätigkeit die besten Voraussetzungen zu bieten schien.

Smyrna war seit antiker Zeit ein berühmter Handels- und Hafenplatz. Obwohl im Lauf der Jahrhunderte immer wieder von Erdbeben und Kriegszügen zerstört, erholte es sich stets durch seine günstige Lage am Meer. Während die anderen antiken, einst so bedeutenden Hafenstädte an der kleinasiatischen Westküste, wie Ephesos und Milet, rettungslos versandeten und die von Fiebermücken heimgesuchte Bevölkerung den Kampf mit der Natur aufgab, überflügelte Smyrna die einstigen Rivalen. Man leitete den Hermosfluß (Gedizçay) mit seinen Geröll- und Schlammassen, der den Hafen zuzuschütten drohte, in ein neues Bett und erhielt so einen geschützten Ankerplatz. Der Handel mit den Erzeugnissen des Landes, mit Rosinen, Feigen, Tabak und Teppichen, zog die Frachtschiffe und Handelsherren aus ganz Europa an, die hier Geschäfte, Banken und Konsulate gründeten.

Mehr noch als in Konstantinopel spielte der christliche Bevölkerungsteil eine große Rolle. Griechen, Armenier und Katholiken besaßen hier Kirchen, Schulen und Klöster. Von Smyrna aus, das in einer außerordentlich schönen Meeresbucht liegt, führen sternförmig die Straßen in das anatolische Hinterland, so daß die Märkte immer von den Bauern des Landes besucht wurden. Zur Zeit Humanns lebte dieses bunte Völkergemisch friedlich miteinander, bis im September 1922 das

Unglück über die nichttürkische Bevölkerung hereinbrach. Im Kampf der Griechen gegen die siegreichen Truppen Kemal Atatürks gingen die wohlhabenden Wohnviertel der Fremden in Flammen auf. Zu Tausenden flüchteten die überlebenden Griechen auf die Schiffe und verließen für immer die kleinasiatische Heimat.

Es glückte Humann, sich in Smyrna bald eine Existenz aufzubauen. Seit seinem ersten Aufenthalt hatte er die Türkei, ihre Eigentümlichkeiten und Besonderheiten durch eigene Erfahrungen beim Straßenbau bestens kennengelernt. So gelang es ihm, sich schnell und mit Erfolg in das Geschäftsleben, besonders in den Import und Export von Schmirgel, einzuschalten.

Ausfuhrgenehmigung von Antiken für das Museum in Berlin

Nach Smyrna hatte Humann inzwischen seine Privatsammlung von antiken Denkmälern transportieren lassen. Diese waren zum großen Teil nach Absprache mit Curtius für das Antiquarium in Berlin bestimmt, und Humann hatte es übernommen, für die Genehmigung zur Ausfuhr durch die türkische Regierung Sorge zu tragen. Ebenso war von ihm durch seine guten Beziehungen zu Konsul Lührsen der Transport von Smyrna nach Deutschland in die Wege geleitet worden.

In seinem Brief vom 19. Dezember 1871 an Curtius zeigte sich Humann sehr großzügig in der Regelung der Kostenfrage und teilte Curtius mit:

»Sollte, ich weiß nicht wo, zufällig die Rede auf den Kostenpunkt kommen, so erkläre ich hiermit, daß bis heute gar keine Kosten für die Regierung erwachsen sind, jedoch alles, was ich zusammengebracht, für die Regierung geschehen ist und deren freies Eigentum ist.«.

V. Gründung einer Familie und eines gastfreien Hauses in Smyrna

Kaum war Humann nach Smyrna übergesiedelt, wurde er schon zu einem beliebten Mitglied der dortigen deutschen Kolonie. Er schrieb im Januar 1873 an seine Mutter:

»Ich hatte in Smyrna dauernden Wohnsitz aufgeschlagen, versäumte aber unter Arbeiten anderer Art auch die archäologischen Interessen nicht, nahm gelegentlich Philadelphia auf, entdeckte das zweite Sesostrisrelief und erwarb hier und da unserem Museum Antiken, die gerade auf den Markt kamen.«

Der österreichische Generalkonsul Dr. Carl von Scherzer gab ein Buch »Smyrna, mit besonderer Rücksicht auf die geographischen, wirtschaftlichen und intellektuellen Verhältnisse in Vorderasien« heraus, an dessen Entstehung Humann wesentlichen Anteil hatte. Dem Text war eine große Karte von Vorder-Kleinasien beigefügt, deren nördliche Hälfte von Scherzer, deren südliche von Humann nach der Vorlage der Kiepertschen Karte gezeichnet war, zu der er seine Vermessungen beigesteuert hatte.

Besuch von Ernst Haeckel

Auf Grund seiner guten Landeskenntnisse wurde Humann als Begleiter für einen berühmten Gast ausersehen; denn im Frühjahr 1873 kam Professor Ernst Haeckel, der viel bewunderte, aber auch heftig angegriffene Verfechter darwinistischer Weltanschauung über die natürliche Entstehung des Kosmos, nach Smyrna. Er kehrte von einer naturwissenschaftlichen Studienfahrt zum Roten Meer zurück, wofür ihm der türkische Kedive Ismail Pascha ein Staatsschiff zur Verfügung gestellt hatte. Vor allem führte ihn Humann durch die historischen und archäologischen Sehenswürdigkeiten der Stadt und ihrer Umgebung. Besonders begeistert war der Gast von den Ausflügen nach Ephesos und nach Magnesia, zum Felsbild der Niobe; doch nicht nur von der Landschaft und den Ruinen, sondern ebenso von der Flora und der Fauna. Anregend für Humann wurde wiederum eine kleine zoologische Exkursion im Fischerboot durch den Golf von Smyrna. Mittags oder auch am Abend beschloß jedesmal solch eine etwas anstrengende und heiße Besichtigung ein fröhliches Essen in deutsch-österreichischer Runde. Aus dieser erlebnisreichen Woche entstand zwischen den beiden Männern eine aufrichtige Freundschaft, und der Abschied fiel Haeckel sichtlich schwer.

Urlaub in Deutschland

Als Humann im August 1873 zu einem Heimaturlaub nach Deutschland reiste, führte er nicht nur in seinem Gepäck sein Smyrnabuch für den Professor Haeckel in Jena mit, sondern auch zwei lebende Chamäleons, die er in Wien an ihn aufgab:

»Wenn Sie die Blätter Ihrer Erinnerung umschlagen und denken an die Bootfahrten auf dem Golf von Smyrna und an naturwissenschaftlichen Krötenfang bei der vorsintflutlichen Niobe, so fallen Ihnen vielleicht auch wieder die Züge des Unterzeichneten ein und sein Versprechen, Ihnen ein paar lebendige Chamäleons mit nach Hause zu bringen. Ich habe dieselben glücklich bis nach Wien gebracht, wo ich vorgestern angekommen bin. Ich schicke sie Ihnen beifolgend zu in der Hoffnung, daß sie wohlbehalten ankommen. Ich habe sie genährt, indem ich sie so lange in der Seite kitzelte, bis sie das Maul aufsperrten, und ihnen dann rasch einige Fliegen oder etwas Wasser hineingetan. Ohne Zwang fressen und saufen sie in der Gefangenschaft nicht. Mögen dieselben Ihnen eine kleine Freude bereiten.«

Der Dank kam umgehend; es waren die ersten Chamäleons, die nach Jena reisten, und sie fanden überall hohes Interesse. Haeckel hatte Humann sein neuestes wissenschaftliches Werk und einige Familienfotografien übersandt, womit er ihm eine große Freude machte; er schrieb:

»Ihr Buch mit den freundlichen Zeilen und Ihr wohlgetroffenes Bild sollen mir zeitlebens eins der kostbarsten Andenken sein, sollen mich überallhin begleiten und über viele Widerwärtigkeiten des Lebens forthelfen . . . Leider kann ich noch immer nicht zu einer Frau kommen und jetzt sogar, wo ich in Deutschland bin, habe ich Unglückskind nicht einmal die Zeit, mich umzuschauen.«

Humann ist in Deutschland so sehr mit geschäftlichen Besprechungen und Familienangelegenheiten in Anspruch genommen, daß es nicht zu dem geplanten persönlichen Wiedersehen mit Haeckel kommt. Dafür entschuldigt er sich im Oktober 1873 und drückt sein Bedauern über diese Verhinderung aus. Allerdings hat er sich in dem letzten Teil seines Briefes berichtigt:

Verlobung mit Louise Werwer

»Dann muß ich Ihnen doch mitteilen, daß ich mich vorige Woche mit Fräulein Louise Werwer, Tochter eines hiesigen Gutsbesitzers und alter Jugendliebe, verlobt habe und meine Braut nächsten Sommer nach Smyrna heimführen will.«

Umgehend kommt die Antwort aus Jena:

»Zu Ihrer Verlobung, die mich sehr überrascht und erfreut hat, sende ich meinen herzlichsten Glückwunsch. Ich freue mich sehr, daß Sie sich nun im Morgenlande eine deutsche Häuslichkeit schaffen werden, die doch am Ende durch nichts zu ersetzen ist, selbst wenn man, wie Sie, das Glück hat, in Pergamon als Pascha so und so viele edle Rosse, Sklaven, Kamele und Hunde zur Verfügung zu haben.«

Auch der junge Freund Gustav Hirschfeld gratuliert begeistert:

»Ich schrie laut auf vor Überraschung und Vergnügen, als ich Ihre ganz beiläufig gehaltene Verlobungsmitteilung las. Curtius werde ich morgen mit der Mitteilung überfallen, und er wie meine Eltern werden sehr vergnügte Gesichter machen, wie alle, die Ihnen recht von Herzen wohl wollen. . . . Im Ernst, Sie hätten gar nichts Gescheiteres tun können, als sich an eine Frau zu bringen.«

Humann, dessen Herz zeitlebens an seiner Familie in Essen und an Westfalen hing, hatte auch seine Lebensgefährtin aus dem heimatlichen Kreis gewählt. Als er sich im Winter 1869/70 kurz in Deutschland aufhielt, traf er Louise Werwer und schrieb im Dezember 1871 an seine Schwester Caroline:

»Von allen Mädchen, die ich drüben kenne, steht Louise am höchsten in meiner Achtung und Verehrung. Grüße sie aufs herzlichste von mir.«

Hochzeit in der Heimat

Am 24. November 1874 fand im Wattenscheider Standesamt die Trauung statt. In der Getrudiskirche segnete der Kaplan Werner Freiherr von Haxthausen, ein Neffe der Dichterin Annette von Droste-Hülshoff, das Paar ein.

Humann hatte eine glückliche Wahl getroffen. Als sein Tod nach 22 Jahren die Freunde tief erschütterte, fand Richard Schöne in seinem Nachruf die ehrenden Worte für Louise Humann: »Selbst Humanns zähe Arbeitskraft und Zähigkeit wäre schwerlich der so weit verzweigten Aufgabe gewachsen gewesen ohne den Beistand seiner treuen Gattin, die in gleicher Hingabe wie er selbst das große Unternehmen überall hilfreich zu fördern verstand und sich gerechten Anspruch auf Dank erworben hat.«

Über zwanzig Jahre lang waltete Louise als umsichtige Hausfrau in ihrem Heim in Smyrna, in dem zahlreiche Gäste aus aller Welt aus und ein gingen. Dabei war es ihr gewiß nicht leichtgefallen, sich in die völlig fremden Verhältnisse zu schicken, alle Klimabeschwerden und Dienstbotensorgen tapfer auf sich zu nehmen. 12 Jahre lang blieb sie der Heimat fern, und die Sehnsucht überfiel sie oft. Aber wie Conze 1896 schrieb, »trat sie sorgsam und energisch voll in den Beruf ihres Mannes ein und stand, so seine Kraft verdoppelnd, ihm zur Seite.«

Wenn ihre Tochter Maria in ihrem hohen Alter des Elternhauses in Smyrna gedenkt, so liegt noch über dieser Schilderung der Zauber des Lebens im alten Orient:

»Als wir in Smyrna wohnten, kamen tagtäglich aus dem Hinterlande, weit aus Kleinasien, Karawanen von Kamelen in die Stadt, beladen mit Produkten, die hier verschifft werden sollten. An der Spitze schritt ein Leittier, das an seinem langen zottigen Halse eine bronzene Glocke hängen hatte. Wenn es für die Tiere des Tages zu heiß war zu ziehen, wanderten die Karawanen nur des Nachts. Weithin legte sich dann das Bim-Bim der Leittiere über die schlafende Stadt. Draußen aber, in den Niederungen, gaben ungezählte Frösche ihre Konzerte.

In Smyrna bewohnten wir eines der größeren Reihenhäuser, wie sie dort landesüblich sind. Zur Straße hin zeigte es nur zwei Stockwerke. Die steinernen Mauern waren weiß getüncht. Vor den Fenstern konnte man große Blendladen, die grün gestrichen waren, gegen die starke Hitze schließen. Den Eintretenden empfing vorn eine geräumige Halle, die mit marmornen Fliesen ausgelegt war. Von dieser Halle aus ging man in die Wohnräume und führte eine Kolonnade nach hinten, wo ein Flügelbau die Wirtschaftsräume aufnahm, die Küche, die Vorratskammer und einen Raum, wo in einfacher Form auch gebadet werden konnte. Darüber lagen die Schlafzimmer. Jener Kolonnade entlang zog sich ein kleiner Garten hin, in dem Sträucher und Blumen standen, die der Vater gern pflückte. So glichen sich in Fassade und Grundriß die meisten besseren Häuser.«

Es sind außer diesen Erinnerungen auch noch weitere Briefe und Berichte erhalten, die die Häuslichkeit der Familie Humann schildern. Anschaulich schrieb ein Besucher 1880 in der »Gartenlaube«.

»Allen Deutschen, die im Laufe des letzten Jahrzehnts Smyrna besuchten, ist ein in der Frankenstraße gelegenes freundliches Haus wohlbekannt, welches häufig den Sammelpunkt für die dortigen Kolonisten bildet. Auf den Schlag des schweren Türklopfers öffnet sich die eiserne Eingangspforte, und wir treten in einen geräumigen Vorplatz. Marmorfliesen bedecken den Boden. Vor den Wänden stehen Statuen, auf deren Sockel sich grüner Efeu emporrankt, und daneben laden bequeme Sitzbänke zur Ruhe ein. Zwischen den teils orientalisch, teils in europäischem Geschmack eingerichteten Zimmern führt ein Hofraum, von Rebengeländern und lila blühenden Akazien überdacht, zum Garten hinaus, der vom immergrünen Laub der Palmen, Granaten- und Zitronenbäume geschmückt wird. Das ist Humanns trauliches und gastfreies Heim, und manchem Kleinasienpilger, besonders aber den Offizieren der deutschen Marine, werden die Stunden, welche sie im Kreis der Humannschen Familie in der Rosenlaube jenes Gartens, vor der plätschernden Fontäne verlebten, deren weites Wasserbassin zumeist als Wein- und Bierkühler dienen mußte, liebe und angenehme Erinnerungen sein.«

Humanns Haus stand Freunden und Gästen jederzeit offen. »In der Regel höchst aufgeräumt, in gesunden Tagen von unverwüstlichem Humor, auch ein großer Freund heimischen Gerstensaftes, liebte er heitere Geselligkeit und trug immer sehr wesentlich dazu bei, das Zusammensein behaglich und zugleich anregend zu gestalten. Selbst poetisch veranlagt, war Humann ein großer Verehrer der deutschen Dichter. Wenn er im Freundeskreis so recht in Stimmung kam, dann konnte er Goethesche Strophen mit großer Begeisterung vortragen.«

So schreibt Ernst Fabricius rühmend in der »Allgemeinen Deutschen Biographie« im Jahre 1910.

Der Humannsche Garten hatte noch einen besonderen Schmuck. Es war die Figur einer antiken Tänzerin, die Conze der Hausfrau als Dank für ihre Betreuung der Pergamon-Ausgräber in gesunden und kranken Tagen überreicht hatte. Auch die Tochter hatte sich in ihrer Jugendzeit stets so sehr an dieser schönen Plastik erfreut, daß ihr Mann, Friedrich Sarre, in späteren Jahren für sie eine Kopie anfertigen ließ.

Pergamonzeichnungen als Wandschmuck

Vor allem erinnert sich Tochter Maria an die Zeichnungen des Vaters vom Pergamonaltar, die an den Wänden der Gesellschaftsräume des Hauses in Smyrna zu sehen waren. Sie regten die Kinder und die Besucher zu immer neuen Fragen an, die der Hausherr bereitwillig beantwortete.

Ein schwedischer Besucher, der Gymnasialdirektor Julius Ebbe, rühmt nicht nur die Behaglichkeit des Hauses, sondern den besonderen Geschmack, mit dem es ausgestattet war:

»Humann besaß einen wirklich künstlerischen Blick, den am eindringlichsten sein schönes Haus zum Ausdruck brachte, das er, von seiner intelligenten und liebenswürdigen Gattin unterstützt, sich in Smyrna geschaffen hatte. Er war ein ausgezeichneter Kenner in der Frage der Beurteilung der prachtvollen Textilarbeiten und Stickereien, die früher und auch heute noch überall in Kleinasien angefertigt wurden. Prächtigere und besser arrangierte Teppiche und Goldstickereien sieht man nirgends. Pergamon war auch bis in die ältesten Zeiten einer der vornehmsten Fundorte für solche Handarbeiten.«

Im September hatte der deutsche Botschafter Joseph Maria von Radowitz der Ausgrabung in Pergamon einen ausführlichen Besuch abgestattet und schloß daran einen Besuch in Smyrna und im Hause Humann an. Als er am 1. Oktober nach Konstantinopel zurückgekehrt war, richtete er sogleich ein Dankschreiben an seinen Gastgeber:

»Die Episode Pergamon-Smyrna bleibt unvergeßlich, und der rote Faden, der sich durch das Ganze zieht, ist die Humannsche Liebenswürdigkeit.«

Und nochmals schreibt er eine Woche später:

»In meinem ganzen Leben bin ich einer so herzlichen Gastfreundschaft nicht begegnet, und das tut in dieser egoistischen Zeit unaussprechlich wohl.«

10 Jahre später traf der Nachfolger von Radowitz, der deutsche Botschafter Fürst Radolin, zu einem Besuch in Smyrna ein, und zwar mit seiner Familie und einem kleinen Gefolge. Humann unterstützte den deutschen Konsul in den Pflichten als Gastgeber und führte durch alle Sehenswürdigkeiten. Er schrieb an den Archäologen Reinhard Kekulé von Stradonitz:

»Wir hatten unsere ganze Etage geräumt und sind in die Entresole gezogen. Die vier Damen und eine Zofe wohnten bei uns, der Fürst und die anderen Herren gehen zum Schlafen ins Hotel. Alle sind in der besten Stimmung, und das Wetter ist wie bestellt. Mit dem Vali wurde Besuch ausgetauscht und dann Spazierfahrt über den Kai gemacht. Gestern waren wir fünf Stunden in Ephesos. Heute ist Smyrna, Bazar, Kastell, Karawanenbrücke etc. Morgen, Samstag: Extrazug nach Aydın, Frühstück, dann eingehende Besichtigung unserer Ausgrabungen in Tralles

Abb. 9 Frau Louise Humann mit ihren Kindern Maria und Hans sowie dem früh verstorbenen Sohn Karl im Jahre 1883 in Smyrna

und Magnesia usw. Am Mittwoch, Donnerstag und Freitag nach Pergamon.«

Organisationstalent der Hausfrau

Nicht zum wenigsten war dieser gelungene Besuch dem Organisationstalent der Hausfrau zu verdanken. Sie schrieb einer Freundin nach Deutschland: »Die Gäste blieben neun Tage, und die Sache hat mir wirklich sehr viel Vergnügen gemacht; aber eine große Last war es doch, umsomehr, da auch das Gefolge, das im Hotel logierte, bei uns speiste. Ich dachte unwillkürlich an unseren langen Tisch in der Küche auf Sevinghausen zur Erntezeit; es war ungefähr dasselbe, nur in verfeinerter Auflage. Zudem waren es so liebenswürdige Menschen, dabei so einfach und dankbar, daß es uns immer in angenehmer Erinnerung bleiben wird. Auch wollen sie im Frühjahr wiederkommen!«

Oft vergingen allerdings für Louise Humann viele Wochen, ja Monate der Einsamkeit und des Wartens, wenn ihr Mann zu anstrengenden Forschungsreisen in das Innere des Landes aufgebrochen war. Selbst in das verhältnismäßig nahe gelegene Pergamon konnte sie ihn nicht jedesmal begleiten, da sie der kleinen Kinder wegen vor allem zu Hause bleiben mußte. Aber sie bereitete umsichtig die Abreise mit Lebensmitteln, Wäsche und Haushaltsgegenständen vor. Sie packte vorsorglich neben dem Notwendigsten auch Cognac, Wein, Kaffee und Tee ein. Ihre Tochter erinnert sich, daß jede Woche ein reitender Bote nach Magnesia, Ephesos oder Priene mit Proviant abgeschickt wurde.

Während der Abwesenheit des Hausherrn ordnete Louise sorgfältig die Posteingänge und schickte manche wichtige Nachricht durch einen Kurier an die entlegensten Plätze der Türkei.

Natürlich kam das Gepäck der Anatolienreisenden nicht wieder so wohlgeordnet wie vor der Abreise zurück, und etwas entgeistert schrieb Louise Humann am 10. August 1888 an ihre Tante in Buer: »Wie sie alle aussahen bei ihrer Rückkehr, kann ich nicht beschreiben! Und die Sachen! Vier Monate keine Frauenhand, das Leinenzeug nicht gewaschen! Es war entsetzlich! Übrigens ist das bereits die dritte große Expedition, die mein Mann machte, außer seinen Ausgrabungen in Pergamon, und so bin ich es teilweise gewöhnt. Aber so schlimm war es noch nie! Es war ein vollständiger Haushalt, den sie von hier mitnehmen mußten: Tisch, Stühle, Betten, Bettwäsche, Küche, Lampen, Lebensmittel und Getränke auf 4 Monate, Koch und Diener. Das zu beschaffen, war meine Sache.«

Ergänzend erzählt dazu die Tochter:

»Zwei Drittel manchen Jahres weilte der Vater nicht bei uns in Smyrna, sondern auf seinem Ausgrabungsgelände. Oft mußte er in so entlegene Gebiete reiten, daß er dort keine Banken vorfand und deshalb alles Geld in bar bei sich zu tragen hatte. Das war nicht ohne gewisse Gefahr. Hernach erzählte er uns von verwegenen Gestalten, von dunklen Existenzen, die ihn unterwegs aushorchen wollten. Wenn sie ihn befragten, ob er denn auch Geld bei sich habe, erwiderte er: Nein, aber eine Pistole! Auf solchen Forschungsfahrten war Vater auch ein begeisterter Liebhaberphotograph geworden, was damals noch eine große Seltenheit bedeutete.«

Dem Ehepaar Humann wurden im Lauf der Jahre vier Kinder geschenkt, von denen sie eine kleine Tochter und einen hochbegabten kleinen Sohn zu Grabe tragen mußten. Wieder schrieb Humann von diesem großen Schmerz, den sie erfahren hatten, an den Freund Ernst Haeckel: *Abb. 9*

»Als ich am 17. April 1890 von Konstantinopel nach Smyrna heimkehrte mit der frohen Hoffnung, nunmehr, nachdem ich im letzten Jahre 9 Monate abwesend war, etwas mit den Meinen leben zu können, fand ich meine Frau krank im Bett. Sie hatte am 1. April heftiges Blutbrechen aus dem Magen gehabt und mir das in ihrer tapferen Weise verheimlicht, um mich nicht an der Abwicklung meiner Geschäfte zu stören. Die größte Gefahr war vorüber, aber sie war noch sehr schwach.

Neben ihr in seinem Bettchen lag unser Herzblatt, der siebenjährige Carl, der mich jubelnd empfing, doch hieß es, er sei seit drei Tagen unpäßlich. Der Arzt erklärte mir dann seine Besorgnisse; das Kind habe unregelmäßigen Puls, leichtes Fieber bis 38 Grad, das keinem Chinin weichen wolle, und Kopfschmerzen. Er fürchte eine herankommende Meningitis. Sie kam wirklich, mit Riesenschritten verfiel das blühende, kräftige Kind, glücklicherweise schmerzlos. Am 27. April früh nach Mitternacht stand sein Herz still. Was wir gelitten, kann ich niemandem sagen, noch was wir verloren und was wir an Liebe und herrlichen Hoffnungen zu Grabe getragen.«

Die Eltern verdoppelten ihre Liebe und Sorgfalt für die beiden ihnen verbliebenen heranwachsenden Kinder, die das Haus mit Leben und Frohsinn erfüllten.

Besonders dankbar hatte die junge Mutter die Geburt ihres ersten Töchterchens Maria begrüßt, das am 6. Oktober 1875 zur Welt kam. Jetzt fühlte sie sich nicht mehr so einsam in dem fremden Land und in dem großen Haus, wenn ihr Mann auf Reisen war. Das kleine Mädchen lief ein Jahr später auf eigenen Füßen durch die Räume und fing munter an zu sprechen, aber im Anfang nur griechisch wie die Dienstboten und Nachbarsleute. Doch die Mutter ließ nicht nach, ihr die deutschen Worte einzuprägen. Sie trieb auch ein Weihnachtsbäumchen für die Familie auf, das in Smyrna unbekannt war.

Als vier Jahre später der Bruder Hans geboren wurde und an der Seite der älteren Schwester aufwuchs, erzählten Vater und Mutter so viel von Deutschland, daß die Kinder glaubten, es sei Gottes Land. So schrieb die Mutter an ihre Cousine in Deutschland:

»Wenn ich zuweilen den Kindern von meinem Jugendland erzähle, so lauschen sie ganz andächtig und fragen ganz sehnsüchtig: Mama, wirst Du uns auch einmal dorthin führen?«

Als dieser Wunsch in Erfüllung ging und Maria, 14 Jahre alt, zum erstenmal den so oft gepriesenen Rhein sah, war sie allerdings tief ent-

Abb. 10 Hafenstraße in Smyrna um die Jahrhundertwende

täuscht; denn er schien ihr ein bescheidener Wasserlauf, gemessen an der weiten blauen Bucht von Smyrna. Die Humannschen Kinder verlebten glückliche Jugendjahre an der kleinasiatischen Küste, auch wenn in den Monaten der großen Hitze das Leben dort nicht leicht war. Damals erschien aber allen das Meer noch klar und sauber, und so genossen die Kinder das Baden und Schwimmen im Mittelmeer. *Abb. 10*

Als die Kinder etwas größer waren, konnte die Familie den Vater nach Pergamon begleiten. Louise Humann schildert ihrer Cousine, Marie Pöppinghaus, diesen Aufenthalt am 6. Juli 1881: »Du siehst, es ist von Pergamon aus, daß ich Dir schreibe, liebe Marie. Carls Arbeiten häuften sich, da die Ausgrabungen zu Ende gehen, in der letzten Zeit so, daß er auch nicht mal mehr für drei oder vier Tage nach Smyrna kommen konnte; und so habe ich mich kurz entschlossen und bin mit den Kindern hierher gereist, um so mehr, da für die Monate Mai, Juni, Juli und August keine Fieber zu fürchten sind. Nun bin ich schon seit Mitte Mai hier und befinde mich ganz wohl hier; das Klima ist prachtvoll, lange nicht so heiß wie in Smyrna; wir haben stets einen frischen Wind, der gegen Abend sogar sehr kühl wird, und dann gibt es hier keine Moskitos, diese große Plage für alle Eingewanderten. *Abb. 21*

Wir bilden hier einen großen Haushalt; denn außer meinem Mann ist auch noch seit drei Monaten der Direktor des Berliner Museums, Profes-

Abb. 11 Carl Humann im Jahre 1880 in Smyrna

sor Dr. Alexander Conze, und ein Regierungs-Baumeister, Herr Bohn aus Berlin, hier; zudem haben wir viel Besuch aus Smyrna, aus Konstantinopel und auch aus Deutschland — auch Engländer und Franzosen, die die Neugierde hertreibt, sind nicht selten. Das Ausgrabungsjahr ist, Gott sei Dank, wieder ein recht reiches gewesen.«

Den Kindern blieben die Tage in Pergamon unvergeßlich. Maria er-
Abb. 11 innert sich, daß der Vater mit ihnen auf die Bäume stieg und weite Ritte unternahm.

Dem Bild der Persönlichkeit ihres Vaters vermag die Tochter noch manche liebenswerten Züge anzufügen. In ihrem hohen Alter besuchte Eduard Schulte sie in Locarno und verzeichnete alles, was sie ihm gesprächsweise mitteilte, sorgfältig in seinem Tagebuch:

»Vater war ein wunderbarer Erzähler, dem alle still zuhörten, besonders die vielen, vielen Besucher, in deren Fragen natürlich Pergamon eine besondere Rolle spielte. . . .

Im Gegensatz zur Mutter hatte Vater eine recht scherzhafte Natur. Wenn er in einem Weihnachtsbrief 1871 aus Pergamon sein Abendessen in Form eines opulenten Menüs vor Augen geführt hat, so möchte ich das nur als Witzmacherei verstehen; denn solche Sachen gab es dort gewiß nicht auf einmal für einen Junggesellen, auch keinen alten Rheinwein, zumal der sich dort nicht halten konnte. . . .

In allen Dingen des Lebens glaubte mein Vater an das Romantische; gewissermaßen verkörperte er selbst ein Stück Spätromantik. In eigenen Angelegenheiten fehlte ihm sogar die rechnerische Ader, die mehr unserer Mutter lag, während er durch und durch Idealist war und als solcher das Leben und die Umwelt betrachtete. Er freute sich an allem Schönen auf dieser Welt, auch darüber, daß in der Levante so viele schöne Frauen zu sehen waren. . . .

Mutter war sehr musikalisch, während Vater nur Studentenlieder und Volksweisen gut wiederzugeben vermochte.

Dagegen kannte er Goethes Faust so gut, daß er oft, wenn er abends Skat spielte, ihn frei aus dem Gedächtnis zitierte. Seine Glückwünsche verfaßte er gern in Versen. Als ich 17 oder 18 Jahre alt wurde, dichtete er zu meinem Geburtstag:

Körperschöne hat gegeben Dir der Himmel klar und rein,
Sorge, daß in dem Gefäße perle echter, edler Wein.

In Smyrna gab es kein öffentliches Theater. In unserem Hause mußten wir uns damit begnügen, Schillers Wallenstein mit gemischten Rollen nur vorzulesen.

Für sein Leben gern sprach unser Vater Westfälisch Platt. Eine Kostbarkeit für den Eßtisch bedeutete uns der Westfälische Schinken, den es sonst im Lande gar nicht zu kaufen gab. Auch war es schwierig, ihn aus Deutschland zu schicken und aufzubewahren. Vater schnitt ihn selbst gern an, was für ihn eine feierliche Handlung bedeutete, da sie ihn immer an seine Heimat erinnerte.

Berühmte Besucher

Daß unseres Vaters bester Freund aus Steele, Domkapitular Schnütgen, jedes Jahr von Köln ein Fäßchen Rheinwein nach Smyrna geschickt hat, wie Schuchhardt/Wiegand mitteilen, stimmt gewiß nicht ganz. Wohl weiß ich noch, daß unser Vater für besondere Fälle Flaschensorten im Keller vorrätig hatte. Von diesem überaus findigen Kunstsammler erinnere ich mich, wie er uns in Smyrna besuchte, auf dem berühmten Bazar herumstöberte und uns dann im Hause einen großen Lappen irgendeines alten Stoffes ausbreitete mit dem pfiffigen Bemerken: ‚So, meine Reise zu Euch hat sich schon heute morgen gelohnt!‘«

In das gesellige Leben der gastfreien Eltern waren die Kinder schon früh mit einbezogen worden. Zwar entsinnt sich Maria nicht mehr an den Besuch des Kaisers Pedro von Brasilien, der sie oft auf dem Arm herumgetragen hatte, aber um so mehr an die fröhlichen jungen Marineoffiziere, Deutsche und Franzosen, Engländer und Italiener. Auf der von Handelsschiffen und Fischerbooten belebten Reede von Smyrna wechselten sich nämlich die ausländischen Kriegsflotten ab, und so gab es immer wieder Gesellschaften und Bälle, auf denen Maria schon als Backfisch tanzte.

Im Gegensatz zu den arbeitsreichen Sommerwochen bildeten diese gesellschaftlichen Veranstaltungen auch für Humann besonders im Anfang des Winters ein wirkliches Vergnügen, bis sie sich bei zu häufiger Wiederholung auch etwas schwer ertragen ließen. Am 1. Februar 1893 schreibt er einem Freund:

»Gestern abend hatten wir hier große Futterung bei uns der verheirateten Deutschen, und nachher kamen die, die noch zu haben sind. Es war sehr fidel. Ich hatte wieder ein paar mächtige Maibowlen gemacht, à la Weihnachten. Es wurde geulkt, gesungen und sogar getanzt. Das verheiratete Publikum ging um 2 Uhr, das leichtsinnige um $2^{1}/_{2}$. Köpfe sehr leicht, heute wahrscheinlich etwas schwer. Heute abend sollen wir bei Clemms essen und trinken. Mit etwas gutem Willen bringt man doch viel zustande.«

Aber schon 8 Tage später klingt ein Brief nach Berlin etwas erschöpfter:

»Uns geht es, Gott sei Dank, gut, nur die vielen Diners und sonstige Abendunterhaltungen, bei denen man teils essen, teils plaudern, teils figurieren muß, sind eine Saisonlast und -qual und im Leben häßlich eingerichtet. Meine Frau und Tochter, noch etwas matt — denn wir hatten gestern das ganze hohe Konsularkorps zum Futtern bei uns —, senden besten Gruß.«

Nach der Wintergeselligkeit kommt der Frühling, »die Zeit der Zugvögel«, d. h. der Kleinasien-Reisenden. So trafen 1892 einmal 380 sächsische Turner ein, denen ein großes Fest gegeben wurde. Es gab ein kaltes Büfett, Wein und Musik. Humann mußte die Festrede halten.

Zu Ostern 1893 kamen zwei Extrazüge mit Besuchern nach Smyrna, bei Humanns wurden 16 davon gastlich aufgenommen und vom Hausherrn durch die antiken Stätten geführt.

Umfangreiche Korrespondenz

Am Ende des Jahres 1893 nimmt Humann in einem Brief an seinen Neffen Adolf Ledschbor zu dem Vorwurf Stellung, daß er zu wenig schreibe: »Ich bin Vorwürfe aus aller Herren Länder schon gewohnt, trotzdem ich im Jahr 500 bis 700 Privatbriefe schreibe und eine amtliche Tätigkeit habe, die mich oft wochenlang hintereinander so vollständig konsumiert, daß mir für nichts anderes Raum noch Zeit bleibt. Ich stehe aber auf einem weit vorgeschobenen Posten, und es treten viel Anforderungen an mich heran, von denen die Leitung der Ausgrabungen eine der geringeren ist. Wären nicht die großen Erfolge, ich wäre längst müde.«

An dem Heranwachsen seiner schönen und klugen Tochter hatte er große Freude; sie war, wie seine Frau einmal schrieb, sein Augapfel, die ihn nie enttäuscht hat. So nahm er sie im Februar 1895 mit nach Konstantinopel; denn dort waren sie herzlich und dringend im Haus des Deutschen Botschafters, des Fürsten Radolin, eingeladen. Maria konnte 8 große Bälle mitmachen.

1896 schrieb Humann an den früheren Botschafter von Konstantinopel, v. Radowitz, der jetzt in Madrid amtierte:

»Söhne bringen eine Tochter ins Haus, Mädchen verlassen das Elternhaus, wer weiß, in welche Ferne; und mit einer wahren Angst sehe ich dem Tag entgegen, wo unsere einzige Tochter die beiden Alten allein in dem öden Haus lassen wird. Sie ist 20 Jahre alt, viel umworben, aber sehr reserviert, und glücklicherweise ist der Rechte noch nicht gekommen.«

Humann hatte das leere Haus zu seinem Leidwesen schon kennengelernt, bevor er dies schrieb. 1890 hatte sich die Familie für mehr als zwei Jahre trennen müssen. Die Eltern strebten eine deutsche Schulbildung für ihre Kinder an, die ihnen in Smyrna nicht geboten werden konnte. Nach reiflichem Überlegen wurde Wiesbaden als Wohnsitz und Schulort für die Mutter mit Maria und Hans gewählt. Den Ausschlag gab, daß dort das Klima milder war als im übrigen Deutschland; denn man fürchtete den Klimawechsel nach den heißen Temperaturen in Kleinasien.

Schulbesuch der Kinder in Deutschland

Beide Kinder sprachen, lasen und schrieben Deutsch, Französisch und Griechisch. Maria hatte begonnen, Englisch zu lernen, Hans Lateinisch.

Der Winter in Deutschland brachte für die Geschwister den ersten Schnee und den ersten Frost. Das Schlittschuhlaufen machte ihnen großen Spaß, aber freilich blieben die Erkältungen nicht aus. Als der Frühling kam, waren sie von den Wanderungen durch die Wälder, Felder und Blumenwiesen begeistert. In der Schule mußten sie fleißig arbeiten. Dann aber schloß Maria zu Ostern 1892 die Töchterschule mit einem glänzenden Zeugnis ab.

Louise Humann kehrte mit ihrer Tochter nach Smyrna zurück, mußte sich aber zu ihrem großen Schmerz von ihrem Sohn Hans trennen, der, viereinhalb Jahre jünger als seine Schwester, das Gymnasium in Wiesbaden noch nicht beendet hatte und dort in Pension gegeben wurde.

1891 hatte Louise an ihre Verwandten geschrieben: »Früher beneidete ich die Mausefallenhändler und Zigeuner um ihr freies Leben und das Hin- und Herziehen durch die ganze Welt. Jetzt möchte ich gern ein eigenes kleines Heim besitzen, wo ich mit meinem Mann und den Kindern endlich ruhig wohnen könnte; das wird wohl freilich ein frommer Wunsch sein und bleiben; indessen, wenn wir nur gesund sind, dann geht es überall.«

VI. Grabungskampagnen in Pergamon

1. Hoffen und Warten auf den Beginn der Ausgrabungen in Pergamon (1873–1877)

Aufnahme und Beschreibung von Philadelphia

Bei seinem Besuch in Pergamon im Jahre 1871 hatte Curtius davon gesprochen, wie wünschenswert eine topographische Aufnahme von Philadelphia sei. In dem Brief an seine Mutter erwähnte Humann, daß er »gelegentlich« Philadelphia aufgenommen habe. Diese antike Stadt, heute Alaşehir, erinnert mit ihrem Namen an den Gründer Attalos II. Philadelphos von Pergamon (159 bis 138 v. Chr.). Ihre Bewohner erhielten im Sendschreiben in der Offenbarung des Johannes die Mahnung: »Halte, was du hast, daß niemand deine Krone nehme« (Kap. 3,11).

Humann begnügte sich nicht nur mit einer topographischen Aufnahme der Stadt und ihrer Umgebung. Er fertigte auch eine baugeschichtliche Beschreibung der erhaltenen Teile der Stadtmauer, von Toren und Türmen an, ebenso von der Akropolis, dem Stadion sowie vom Theater und den Kultbauten.

Den Bericht von Humann legte Curtius am 5. Mai 1873 der Akademie der Wissenschaften in Berlin vor und nahm ihn außerdem in seine Publikation: »Beiträge zur Geschichte und Topographie Kleinasiens« auf. Wie umfangreich die von Humann unternommenen Erkundungsreisen für die historische und geographische Forschung in Kleinasien gewesen sind, verdanken wir wieder dem Bericht, den Heinrich Kiepert darüber veröffentlicht hat: »In Sardes untersuchte Humann die Königsgräber und den Gygäischen See und ging wieder nach Thyatira. Nachdem er die Konturen der Hyrkanischen Ebene aufgenommen, untersuchte er den heutigen Kumçay (Sandfluß) und konstatierte, daß der alte Hyllus und Phrygius ein und derselbe Fluß sei. Hierauf umreiste Humann den Sipylos und ging von Nymphios durch den Karabel-Paß in den Fitrekçay nach Torbalı, dem alten Metropolis, und zurück nach Smyrna. Somit nahm Humann auch den von dieser Tour umgangenen Olympos auf. Das wichtigste Ergebnis dieser Expedition aber war, daß er am Karabel-Paß das zweite, von Herodot erwähnte Bild des Sesostris fand. Hieran schloß sich eine Reise in das Kaystros-Tal bis Tire, Bayın und Ödemiş, und von hier aus eine Untersuchung der Übergänge über das Tmolosgebirge nach Sardes zu [dessen Grundriß und Akropolis er zeichnete].«

Mit Ernst Curtius entwickelte sich nach dessen Besuch eine lebhafte Korrespondenz. Humann erfüllte, so gut er es konnte, die Wünsche und Bitten von Curtius. Ein Brief, datiert vom 31. Dezember 1872, zeigt die Wertschätzung, die Curtius ihm entgegenbrachte:

»Ehe das Jahr schließt, sollen Sie, mein teurer Freund, Grüße und Dank haben für alle Liebe, die Sie mir erwiesen haben und die, je unverdienter sie ist, desto mehr mich beglückt.«

Ein weiterer Brief vom 29. Januar 1873 schließt mit den Worten: »In treuer Anhänglichkeit Ihr dankbarer Curtius.«

Der zunächst sehr intensive Briefwechsel begann zu erlahmen. Vor allem bekümmerte es Humann, daß Curtius keinerlei Anzeichen erkennen ließ, die besprochenen Pläne für systematische Ausgrabungen in Pergamon zu realisieren. Curtius seinerseits versuchte, sich Humann dadurch erkenntlich zu zeigen, daß auf seine Initiative Humann zum korrespondierenden Mitglied des Deutschen Archäologischen Instituts ernannt wurde. Im Jahre 1879 erfolgte seine Wahl zum ordentlichen Mitglied. Ebenso erwirkte Curtius für Humann beim Kronprinzen Friedrich Wilhelm die Verleihung des Königlich Preußischen Kronenordens vierter Klasse.

Mangelnde Unterstützung durch Curtius

Trotzdem entschloß sich Humann zu einem letzten Vorstoß in Sachen Pergamon. Bei seinem Aufenthalt in Deutschland im Herbst 1873 suchte er Curtius in Wiesbaden auf. Zu seiner Enttäuschung ließ ihn Curtius jetzt klipp und klar wissen, sein einziges Ziel sei die Freilegung der Altis von Olympia!

Das Ergebnis dieser Unterredung faßte Humann selbst in seinem Bericht über Pergamon in einem Satz zusammen:

»Herr Curtius mußte bedauern, durch diese gewaltige Aufgabe zu sehr in Anspruch genommen zu sein, um gleichzeitig auch in Pergamon Fuß zu fassen.«

Da schien sich eine neue Möglichkeit zu ergeben. Im Sommer 1874 erhielt Humann den Besuch von Gustav Hirschfeld. Gemeinsam reisten sie von Smyrna nach Pergamon. Zur Freude von Humann war Hirschfeld damit einverstanden, daß für ihn bei der Türkischen Regierung ein Ferman zur Ausführung von Ausgrabungen in Pergamon beantragt werden solle. Doch kurz darauf zog Hirschfeld eine Mitarbeit in Olympia vor, »wo ja Hoffnungen und Aussichten viel glänzender waren als anderswo; und Pergamon blieb liegen«, wie Humann resigniert in seinem Bericht feststellte.

Die Jahre 1876 und 1877 benutzte Humann, um seine archäologischen Kenntnisse zu erweitern. Von ihm selbst wissen wir nichts über die näheren Umstände dieser Unternehmungen. Wieder sind es Kieperts Berichte, durch die wir folgendes erfahren:

Reisen in Griechenland

»In den Jahren 1876 und 1877 durchreiste Humann Nordgriechenland, wo er zunächst von Athen aus Euripos, Lamia, Oeta-Gebirge, Karpenissi,

Livadia und Theben besuchte. Dann ging er von Athen auch nach Korinth und Naupaktos, von hier aus direkt nach Karpenissi und zurück über Lamia, Euripos und Theben nach Athen.«

2. Ausgrabungen in Pergamon von 1878/79 Offizielle Einladung nach Berlin

Alexander Conze setzt sich für Pergamon ein

Von größter Bedeutung für Humann und die Erfüllung seines Wunsches nach systematischen Ausgrabungen in Pergamon war ein Brief von Alexander Conze vom 7. Dezember 1877. Dieser teilte Humann mit, daß er seit September die Direktion der Skulpturenabteilung der Königlichen Museen in Berlin übernommen hatte, und bedankte sich für die Bereicherung seiner Abteilung.

Im nächsten Brief, datiert von 2. Januar 1878, schrieb Conze: »Ich schätze mich glücklich im Interesse meiner Abteilung, der ich mit frischem Eifer meine Kräfte widmen will, mit Ihnen in Verbindung getreten zu sein.«

Conze hat sein Versprechen erfüllt, und sein erster Brief an Humann stand am Beginn einer idealen Zusammenarbeit und lebenslangen Freundschaft. Als Conze nach Berlin berufen wurde, konnte er bereits auf eine erfolgreiche akademische Laufbahn zurückblicken. In Hannover im Jahre 1831 als Sohn eines Offiziers geboren, begann er zunächst ein Jurastudium, um jedoch bald zur Altertumswissenschaft überzuwechseln.

Für die spätere Laufbahn von Conze war entscheidend, daß er nach erfolgreich abgeschlossenem Studium als erster Stipendiat mit dem neugeschaffenen Reisestipendium des Archäologischen Instituts in Berlin ausgezeichnet wurde. Die dadurch zur Verfügung stehenden Geldmittel erlaubten eine zweijährige Studienreise (1859–1861) durch Griechenland. Nach seiner Rückkehr erfolgte nach Habilitation in Göttingen (1861) schon bald eine Dozentur in Halle (1863), und im Jahre 1869 wurde er als Professor nach Wien berufen.

In Wien gründete Conze das Archäologisch-Epigraphische Seminar, und sehr bescheiden schreibt er an Humann: »Sie wissen vielleicht, daß ich mich auch mit Ausgrabungen in der Türkei abgegeben habe«, damit meinte er seine Forschungen auf der Insel Samothrake in den Jahren 1873 und 1875.

Bei der Übernahme der Skulpturenabteilung fielen Conze sofort die von Humann vor den Kalköfen in Pergamon geretteten Reliefplatten auf. Diese wurden nach ihrer mit großem Erfolg durchgeführten Ausstellung im Depot aufbewahrt. Von Gustav Hirschfeld erfuhr Conze, daß er bei seinem Besuch in Pergamon noch weitere, dort befindliche Skulpturen gesehen habe.

Conze berichtete Humann über die von Hirschfeld erfahrenen Informationen und fragte an, ob es nicht möglich sei, auch diese Reliefs für seine Skulpturenabteilung zu erhalten.

Sobald es sich ermöglichen ließ, hat Humann die Wünsche von Conze erfüllt. Lassen wir Humann selbst berichten, welche glücklichen Folgen sich aus diesem ersten Kontakt ergeben haben:

»Bei dieser Gelegenheit war es natürlich, daß ich Conze von meinem chronischen Pergamonleiden aufs neue des weiteren erzählte; durch ihn fand ich endlich Erlösung. Er erklärte sich sogleich bereit, die Sache durchzufechten, bat um nähere Ortsbeschreibung und Anschlag einer Versuchsarbeit, vorläufig für einen Monat berechnet, die ich indes selbst leiten müsse, was ich gern zusagte.«

Mit aller Energie und großer Umsicht ging Conze an die Realisierung des geplanten Vorhabens. Schon im März 1878 wurde auf dem Dienstwege die Ausstellung eines Fermans bei der Türkischen Regierung beantragt. Conze konnte Humann berichten, daß »im Kultusministerium die gestellten Anträge die geneigteste Aufnahme gefunden hätten.« Außerdem teilte er Humann mit, daß der preußische Kronprinz Friedrich Wilhelm dem Unternehmen gewogen sei.

Ein anregender Briefwechsel über Planung und Gestaltung der Ausgrabungen in Pergamon zwischen Humann und Conze folgte in den nächsten Wochen. Am 1. Juli 1878 brachte ein Brief aus Berlin eine Nachricht von größter Wichtigkeit. Conze konnte Humann auf eine Mitteilung des antiken Schriftstellers Lucius Ampelius hinweisen. Dieser berichtet in seiner Schrift: »Liber memorialis« im 8. Buch »von einem sehr großen Marmoraltar in Pergamon, 40 Fuß hoch, mit sehr großen Marmorskulpturen, die einen Gigantenkampf (gigantomachia) darstellen«, und er zählt ihn zu den Sieben Weltwundern.

Die Reliefs stammen von einem Altar!

Das war des Rätsels Lösung! Die bisher bekanntgewordenen Reliefs gehörten nicht zu einem Tempel, sondern zu dem berühmten, von Ampelius beschriebenen Altar.

In seinem nächsten Brief zog Conze die Folgerung:

»Der Altar wird eine Kultstätte des (Himmelsgottes) Zeus unter freiem Himmel *ohne* Tempel gewesen sein, ganz wie der kolossale Zeusaltar unter freiem Himmel in Olympia, bei Gelegenheit dessen Pausanias den pergamenischen als Analogie erwähnt.«

Das war sozusagen der Schlüssel zu der geheimnisvollen Welt von Pergamon, den Conze an Humann überreichte. An Humann lag es nun, die Stelle des einst so berühmten Altars wieder zu finden. Er allein war seit vielen Jahren mit allen Gegebenheiten des Geländes vertraut. Das wußte Conze, wenn er ihm schrieb:

Humann als Leiter der Ausgrabungen vorgesehen

»Der Mann am Platze muß erwägen und handeln. Die Ausgrabung wird immer Ihre, nicht irgendeine sein.«

Abb. 12 Humann in Smyrna

Inzwischen hörte Humann durch seine persönlichen Beziehungen, daß bald die Grabungsgenehmigung eintreffen würde:

Ausgrabungsgelände ist Krongut

»Unterdessen war durch Anfrage des türkischen Unterrichtsministers an den Generalgouverneur (Vali) von Smyrna festgestellt worden, daß die Burg Krongut sei, die Genehmigung zur Ausgrabung also ganz in der Hand der Regierung liege, und bald darauf, am 6. August, verfügte der Unterrichtsminister Munif Efendi, daß dem Königlichen Museum für die Dauer eines Jahres das Graben nach Antiken auf der Burg von Pergamon gestattet sei, und zwar auf Grund des Antikengesetzes, welches ein Drittel der Funde für den Finder, ein Drittel für den Bodeneigentümer und ein Drittel für die türkische Regierung, welche in diesem Falle zugleich die Bodeneigentümerin war, bestimmt. Wir erfreuten uns hierbei also keiner besonderen Begünstigung; denn wenn sonst fremde Regierungen nach Antiken gruben, erhielten sie gewöhnlich, wenn nicht das Ganze mit Ausschluß von Dubletten, so doch wenigstens zwei Dritteile der Funde. Letzteres erwirkte denn auch die Kaiserliche Botschaft noch nachträglich für uns.«

Der Hinweis, daß kein Tempel, sondern ein großer Altar unter freiem Himmel zu suchen sei, erreichte Humann genau zur richtigen Zeit. Denn

Amtliche Grabungserlaubnis

endlich war es soweit! Am 17. August 1878 traf die amtliche Grabungserlaubnis beim deutschen Konsulat in Smyrna ein. Humann berichtet:

»Bis ich selbst mit der Stellvertretung des Konsulats betraut und weitere Formalitäten erledigt waren, verging noch einige Zeit und erst im Anfange des Septembers konnte ich nach Pergamon abreisen.

Mit gutem Werkzeug hatte ich mich in Smyrna möglichst versehen, wie Hacken, Schaufeln, Hebebäumen, Winden, Ketten, Hämmern, Keilen, Schiebkarren und einigen alten Eisenbahnschienen; außerdem hatte ich zwei Arbeiter aus den Marmorbrüchen von Tinos, die mit größeren Blöcken zu hantieren verstanden, bei mir, ferner meinen Diener und Koch und den vom Pascha bestellten Kommissar der Regierung, einen gewissen Ali Riza Efendi.

Beginn der Ausgrabungen

Am 5. September früh fuhren wir ab, mit einem Lokaldampfer, der aber erst nach Lesbos und von da am anderen Morgen nach Dikili fuhr. Dort fanden wir nur ein paar Fischerboote, kaum genügend, um die wenigen Passagiere auszuschiffen, nicht aber mein Werkzeug; doch wurden die vorhandenen Boote aneinander gebunden, und so ging's. Am Ufer fehlte es an jedem der landesüblichen Beförderungsmittel: kein Ochsenwagen, kein Kamel war aufzutreiben; ohne mein Werkzeug aber nach Pergamon reiten mochte ich nicht. Gegen Abend kamen endlich Transportmittel und am nächsten Morgen konnte sich unsere kleine Karawane in Marsch nach Pergamon setzen, welches wir in fünf Stunden erreichten. Die Entfernung beträgt 28 Kilometer. In Pergamon mietete ich ein kleines Wohnhaus, installierte mich so einfach wie möglich mit Feldbett, Tisch und einigen Stühlen, empfing und machte verschiedene Besuche (im Orient empfängt der Ankommende den ersten Besuch) und machte am folgenden Tage, dem 8. September, es war ein Sonntag, einen Gang zur Burg, wo ich alles mit gespannter Aufmerksamkeit musterte.«

Wo sollte man nun beginnen? Humann berichtet, welche Überlegungen schließlich seine Entscheidung bestimmten:

»Oben im Norden hatte ich den Altar nicht zu suchen, auf der eigentlichen Burgkrone auch wohl kaum; denn dann hätte ich irgendwo einen Schutthügel des mächtigen Baues erkennen müssen; unterhalb der byzantinischen Mauer auch nicht; denn bei der Fülle von Baumaterial würde man doch nicht die großen Blöcke bergauf geschleppt haben. Es blieb also nur der Raum übrig zwischen der byzantinischen Mauer und der oberhalb gelegenen dritten Festungsmauer. In der Tat fand sich nahe am Westrande ein hügelartiger Schutthaufen; von ihm aus hatte man eine nach Osten, Süden und Westen reichende Fernsicht; es war eine, wenn auch etwa 40 Meter tiefer als die höchste Kuppe der Burg gelegene, doch immerhin dominierende Position. Hier beschloß ich am nächsten Morgen die Arbeit zu beginnen und zugleich das westliche Stück der byzantinischen Mauer in Angriff zu nehmen.«

In seinem Bericht schildert dann Humann den Beginn der systematischen Ausgrabungen in Pergamon. Am Montag, dem 9. September, stieg er mit 14 Arbeitern auf den Burgberg und eröffnete mit dem ersten Spatenstich im Namen des Kronprinzen Friedrich Wilhelm und einem feierlichen Segensspruch die Ausgrabung. Dann begann die Arbeit:

»Vier Arbeiter zogen zwei Gräben von Süd nach Nord und von Ost nach West gegen den Schutthügel und zehn arbeiteten daran, die byzantinische Mauer westlich vom aufgeschwemmten Schutte zu reinigen. Am nächsten Tage war griechischer Feiertag, und ich hatte nur vier Arbeiter, doch wurden am selben Abend zwei Hochreliefs sichtbar, jedes über 2 Meter lang; sie waren an der Innenseite der Mauer auf die hohe Kante gestellt, die Bildfläche vermauert, die Platte nach außen gerichtet. Am nächsten Abend waren ihrer elf sichtbar, und die Erdarbeiter waren in ihren Gräben auf kompaktes Fundamentmauerwerk gestoßen, wo sie abgebrochene Schuppenschweife und andere Fragmente fanden. So rasch hatte niemand die Lösung erwarten können; ich sandte deshalb ein Telegramm mit der frohen Nachricht ab.«

Der erste große Fund

Telegramm an Alexander Conze in Badgastein am 12. September 1878: »Elf große Reliefs, meist mit ganzen Figuren, dreißig Bruchstücke und Ara gefunden. Schreibe heute Gastein.«

Conze befand sich damals in Badgastein. Das Original des angekündigten Briefes ist mit vielen anderen Dokumenten bei Kriegsende vernichtet worden. Eine Abschrift dieses Briefes blieb jedoch erhalten. Diese Kopie lag in dem von Carl Schuchhardt und Theodor Wiegand herausgegebenen Buch: »Der Entdecker von Pergamon Carl Humann«. Es ist das Widmungsexemplar von Schuchhardt für seinen Freund Carl Watzinger. Wir konnten es aus dem Nachlaß dieses Gelehrten in Tübingen erwerben, als wir begannen, dort unsere im Kriege ebenfalls vernichtete Bibliothek wieder aufzubauen.

Dieser Brief von Humann, datiert vom 12. September 1878, ist für uns besonders wichtig. Zeigt er doch Humann in dem ersten großen Glücksgefühl, wenn er — trotz Ermüdung — voller Stolz an Conze schreibt und mit dem alten Bergmannsgruß beginnt: »Glück auf, mein lieber verehrter Herr Professor! Der Telegraph ist meinem Briefe weit voraus und hat Sie über die Hauptsache schon unterrichtet. Vorgestern abend schrieb ich Ihnen hundemüde, und das Schreiben wird auch wohl demnach konfus ausgefallen sein. Heute abend ist dasselbe der Fall, und ich bitte um Nachsicht. Diesen Brief erhalten Sie mit dem vorgestrigen zusammen, wenn er bis Samstag morgen meiner Frau zugestellt wird.

Abb. 14

Also gestern morgen begann die Abräumung des Stückes Mauer, worin die früheren Reliefs gefunden waren, und gleich nach der Fortschaffung der oberen Erde und Trümmer zeigte sich eine ganze Reihe 1 bis 2 Meter langer Blöcke, die, auf die hohe Kante gestellt, nach innen zu die Mauerfläche bilden. Die Mauer ist 4 bis 5 Meter dick, nach außen zu einige

Abb. 13 Straßenbild aus einer kleinen türkischen Stadt

Fuß hoch sichtbar, von innen mit Schutt und Erde bis oben zugefüllt. Um die Reliefs freizulegen, mußte ich also an der Innenseite einen Graben ziehen, und die Erde ließ ich über die Mauer hinüberschaffen und nach außen werfen.

Ein Stein liegt mit der Bildfläche nach außen und stellt eine Göttin dar, die mit einem Fuße auf einen Schuppenschweif eines Giganten tritt und mit ihrer linken Hand von hinten ihm ins krause Kopfhaar greift; der

Abb. 14 Die byzantinische Mauer, Fundort der ersten Reliefplatten des Großen Altars (nach einer Zeichnung von Ch. Wilberg, Pergamon 1879)

Gigant umklammert mit seiner Linken das Handgelenk der Göttin, seine Rechte ging ins Freie und ist am Ellenbogen abgebrochen; das Gesicht ist bartlos, häßlich und schmerzdurchzogen mit halboffenem Munde; sein Körper ist nackt und wunderschön modelliert. Die Göttin ist im fliegenden Gewande, der Fuß in einer Sandale; nur die linke Hälfte ist auf dieser Platte, Kopf und rechte Hälfte gehören einer anderen Platte an. Gewandung und Formen sind von unvergleichlicher Schönheit — man kann sich nicht satt daran sehen. Doch die Zeit drängt, und ich darf heute bei den Details nicht verweilen.

Wir haben also einen unerwartet glänzenden Erfolg, und nun lassen Sie mich Ihnen und Herrn Geheimrat Schöne von Herzen Glück wünschen.

Wir haben nicht ein Dutzend Reliefs, sondern eine ganze Kunstepoche, die begraben und vergessen war, aufgefunden.

Bis heute abend waren elf große Reliefs sichtbar, aber da, wo der innere Graben schon tief genug ist, zeigt sich, daß eine andere Reihe ebenfalls auf die hohe Kante gestellter Blöcke unter der obern Reihe steht. Wer weiß, wie tief die Fundamente dieser Mauer gehen, und dann habe ich auch noch nicht ihre halbe Länge in Angriff genommen. Auf 20 bis 30 große Blöcke können wir mit Sicherheit hier rechnen. Nur sind sie in verschwenderisch viel Mörtel verbaut, und dieser ist steinhart, so daß jedes Steinchen der kolossalen Mauer mit Keilen und schweren Hämmern abge-

Abb. 15 Fundament des Pergamonaltars auf der Höhe des Burgberges

hoben werden muß. Die besten Dienste tut mir meine englische Handwinde von 12 Tonnen Hebekraft — sie hebt die dicksten Granitquadern aus ihrer Mörtellage. Pulver werde ich nicht anwenden, sondern nur durch Handarbeit die Mauer soweit abtragen, daß die Bildfläche der Blöcke frei wird. Ein gewaltsames Umreißen der Reliefs könnte sie zu sehr beschädigen. Ich kann die Arbeiter keine Minute allein lassen; denn auch in der Mauer finden sich fortwährend Fragmente und andere Skulpturen, so z. B. gestern eine sehr schöne sitzende Frauengestalt in halber Lebensgröße. Wann soll ich die Aufnahmen und Zeichnungen herstellen? Bitte um Nachsicht!

Abb. 15 Fundament des Altars gefunden

Die Ara habe ich wohl gefunden; denn an der vorgestern beschriebenen Stelle im Trümmerhaufen habe ich einen massiven Unterbau von Quadern entdeckt; seine Ausdehnung ist noch unbekannt. Ringsherum werde ich den Schutt aufräumen müssen, und wäre auch nur *ein* Relief dort zu erwarten.

Dann brauche ich aber eine Stellvertretung hier; denn der Transport wird mich ganz in Anspruch nehmen, und an ein Schließen der Arbeiten nach Ablauf des ersten Monats ist doch wohl nicht zu denken. Auch muß der Transport vor Eintritt der Regenzeit, Mitte November gewöhnlich, bewerkstelligt sein. All diese Sorgen der Bergung des Gefundenen lassen in mir keine rechte Freude aufkommen und rauben mir den Schlaf. Wollen Sie nicht auch selbst herkommen? Das wäre prächtig!

Abb. 16 Transport der großen Reliefplatten (nach einer Zeichnung von Ch. Wilberg, Pergamon 1879)

Mir ist fast zumute, als hätten wir für den Anfang zu viel auf einmal gefunden; indes können wir uns auch leicht trösten, wenn wir mal 14 Tage lang gar nichts finden. Den Aesculap-Tempel habe ich noch nicht besuchen können. Das Iradé enthält nichts über den Teilungsmodus; doch ist es Brauch, daß in solchen Fällen zu gleichen Hälften geteilt wird. Das Gesetz sagt, 1/3 für den Finder, 1/3 dem Staat, 1/3 dem Grundeigentümer. Wollen Sie nicht die ganze Akropolis kaufen? Das kann Hamdi Pascha allein abmachen. Für ein paar hundert Pfund möchte ich es auf mich nehmen, die Sache zu erledigen.

Neue Funde des Gigantenfrieses

Da Papier und Kerze noch langen, will ich Ihnen noch eben sagen, daß die Göttinnen mir günstig zu sein scheinen (von den Göttern hoffe ich es auch). Außer dem oben beschriebenen Relief stellen nämlich die zwei andern bis jetzt aufgedeckten jedes eine ganze Göttin dar von der Sandale bis zum Scheitel, beide in der lebhaftesten Kampfbewegung. Die eine hält eine mit einer Schlange umwundene Urne hoch in der Rechten. Vor dem unteren Teil ihres Gewandes steht ein prächtiger Mannesfuß, als ob er einem Stürzenden angehöre. Der andere Stein zeigt eine ganze weibliche Figur mit wehenden Gewändern und langen fliegenden Haaren; noch ist er nicht ganz bloßgelegt, und es ist nicht zu unterscheiden, welche Göttin es ist.

Auch fand sich heute ein sehr schönes Hochrelief eines auf seine Keule gelehnten Herakles in halber Lebensgröße, von sehr schöner Muskulatur. Zu seinen Füßen sitzt (anscheinend) ein Hund, von dem die Platte aber nur das Hinterteil enthält, und an seinen Zitzen saugt ein kleiner Kinderkopf.

Nun gehts nicht mehr. Gute Nacht!
Herzliche Grüße von Ihrem treu ergebenen
Carl Humann.«

In seiner Grabungspublikation beschreibt Humann, wie die großen Schwierigkeiten bei der folgenden Freilegung der Reliefs bewältigt werden mußten:

Schwierige Mauerabtragung

»Ich begann ernstlich den Mauerabtrag. Das ganze Mauerwerk war außerordentlich fest und lückenlos vermörtelt; jedes Steinchen mußte mit Keilen und schweren Hämmern einzeln gelöst werden, jeder zutage tretende Marmor wurde in gewissem Abstand umgangen und, wenn er ganz frei lag, mit der Winde langsam gelöst. Bis zum 18. September lagen die gefundenen elf Reliefs nördlich der Mauer auf dem Rasen und bis zum 24. war ihre Zahl auf siebzehn gestiegen, da beim Abbrechen der Mauer sich sechs weitere platt in derselben liegend gefunden hatten.

Es waren jene Platten, die jetzt die Heliosgruppe bilden, ferner die Selene, sodann die Göttin der Nacht, welche die Schlangenvase schleudert, die große von Löwen begleitete Göttin mit den Locken, die Göttin, welche jetzt als ein Teil des Reliefs der linken Treppenwange erkannt ist, und die auf dem Löwen reitende Göttin; gleich darauf kam Apollon dazu, dieser aber nicht in der Mauer verbaut, sondern im Erdreich bei dem Altar liegend. Außerdem fand ich schon die Torsen mehrerer Statuen, zwei Reliefs der später sogenannten Telephos-Serie und eine Menge großer und kleiner Fragmente. Ich begann, sofort alles zu zeichnen, und je mehr ich die Funde betrachtete, desto erregter wurde ich. Wir haben eine ganze Kunstepoche gefunden, schrieb ich, das größte aus dem Altertum übriggebliebene Werk haben wir unter den Händen.

Mitten in dieser Arbeit schenkte meine Frau mir den ersten Sohn; doch ich konnte nicht nach Smyrna eilen. Schlag auf Schlag kamen die Funde. Ende September waren 23 Gruppen der Gigantomachie gefunden.«

Diese großen Erfolge ermutigten Conze bei seinen Aktivitäten in Berlin. Zunächst wurden die Mittel für eine Verlängerung der Ausgrabungen in Pergamon im Herbst 1878 bewilligt. Es ist großartig zu verfolgen, wie es Conze in Zusammenarbeit mit Richard Schöne, dem Generaldirektor der Königlichen Museen in Berlin, gelang, über das Pergamon-Projekt den preußischen Kronprinzen Friedrich Wilhelm zu informieren. Erhalten geblieben ist ein nach der Audienz von Conze gefertigter Runderlaß vom 10. Oktober, in dem der Kronprinz verfügte:

Unterstützung durch den Deutschen Kronprinzen

»Ich habe heute den Vortrag des p. Conze entgegengenommen, widme jenen Ausgrabungen mein ganzes Interesse und wünsche, daß mit allen aufzutreibenden Mitteln in schleunigster Weise die erforderlichen Schritte geschehen, um zu jenem sicher großartigen Erfolge zu gelangen.

10/1878 gez. Friedrich Wilhelm Kronprinz.«

Es läßt sich denken, daß Humanns größte Sorge nach seinen erfolgreichen Funden das Problem der Teilung mit der türkischen Regierung war. Lassen wir Humann berichten, wie es ihm gelungen ist, eine befriedigende Lösung zu erreichen:

»Mit der Einheitlichkeit und Größe der Funde stellte sich die Sorge ein, daß alles im ganzen bewahrt bleiben, nicht etwa bei einer Teilung ein zurückbleibender Bruchteil der Vernichtung anheimfallen möchte. Das uns schon jetzt Zukommende wünschte ich, wenigstens vor der beginnenden Regenzeit zu transportieren. Es konnte doch nicht bis zum nächsten Sommer liegen bleiben! Ich hatte keine Ruhe, bis die Sachen gesichert waren, schrieb über den Teilungsmodus an die Botschaft und reiste am 3. Oktober nach Smyrna, um eine vorläufige Teilung durchzusetzen. Der Generalgouverneur (Vali) war dazu nicht imstande; er telegraphierte um Erlaubnis nach Konstantinopel. Sie kam glücklicherweise alsbald, und der Vali ernannte seinen ersten Sekretär Diran Efendi zum Teilungskommissar und ersuchte den Direktor der Ottomanischen Bank W. Heintze aus Göttingen als Unparteiischen mitzugehen. Wir machten uns sofort reisefertig. Noch ehe wir abreisten, sandte Graf Hatzfeld, der Kaiserliche Botschafter in Konstantinopel, ein Billet Saffet Paschas, des Großwesirs, ein, durch welches uns zwei Drittel der Funde zuerkannt wurden. Wir reisten ab, teilten der Vorschrift gemäß, ich selbst eilte gleich wieder nach Smyrna, erwirkte die Genehmigung für das Geschehene und empfing sofort die nötigen Befehle für die Zoll- und anderen Behörden, die uns zugeteilten Stücke frei passieren zu lassen. Dann eilte ich nach Pergamon zurück.«

Teilung der Funde mit der türkischen Regierung. Ausfuhrgenehmigung

Bei den Ausgrabungen wurde auch eine größere Anzahl von antiken Inschriften gefunden, wichtige Dokumente für die Geschichte von Pergamon in allen Bereichen. Um diese zu bearbeiten, kam am 1. November Gerardus Lolling durch Vermittlung von Conze vom Deutschen Archäologischen Institut in Athen zu Hilfe. Er konnte allerdings nur bis Weihnachten in Pergamon bleiben, »mein treuer Gefährte«, wie Humann dankbar anerkennt.

Am 31. Dezember war Humann noch ein besonders schöner Jahresabschluß beschieden. Es wurde die 39. Platte geborgen, »der herrliche Gigant von der rechten Treppenwange.«

Humann hat nicht versäumt, uns zu berichten, wie er es geschafft hat, einen Stamm von zuverlässigen Arbeitern heranzubilden, eine wichtige Voraussetzung für eine erfolgreiche Arbeit:

»Die geschicktesten Arbeiter, fast nur Griechen, waren an der Mauer beschäftigt, die etwas unbehilflicheren Türken, meist bulgarische Flüchtlinge, die der Krieg zu uns getrieben, und Armenier bei den Erdarbeiten und beim Fortkarren des Schuttes. Vorsicht war allen Arbeitern vom Beginn an zur ersten Regel gemacht; sowie sich im Schutt oder in der Erde eine Marmorecke zeigte, wurden hölzerne Werkzeuge zur Hand genommen, Winden und Hebebäume durften den Marmorstücken mit Bildwerk nur auf den unbearbeiteten Stellen angesetzt werden. Bald war es auch gelungen, allen Arbeitern eine solche Liebe zur Arbeit einzuflößen, daß man sie mit einer gewissen Ruhe konnte hantieren lassen. Da ich jeden Faulenzer bald ausmerzte, so bildete sich nach und nach ein Stamm zuverlässiger Leute. Sie waren leicht zu regieren; denn Widerspruch oder absichtliche Unfolgsamkeit gehörten zu den unbekannten Sachen, ebenso Streit oder Trunk. Der Tagelohn betrug 1 bis 1 1/2 Mark. Man wird beim Beschauen der vielen pergamenischen Marmore kaum einen frischen Bruch oder eine verletzte Stelle finden; wo wirklich geschunden ist, da geschah es auf dem Transporte. Die trefflichsten Dienste leistete der Aufseher Jani Laludis, ein Marmorarbeiter aus Tinos, der Tag und Nacht überall war, beim Heben, Herabschleifen, Verladen und Transportieren.«

Sorge um den Transport

Die große Erfahrung von Humann kam voll zur Geltung, als es galt, die bisherigen Funde für den Transport nach Berlin vorzubereiten. Lassen wir Humann selbst schildern, wie er dabei vorgegangen ist:

»Nachdem im Oktober die Teilung gemacht und genehmigt worden war, nahm der Transport die meiste Sorge in Anspruch. Zunächst ließ ich Pfosten und Bretter zur Burg bringen und begann, solide Kisten um die Reliefs zu machen, um sie auf der langen Reise gegen jedes Verletzen zu schützen. Dann baute ich einen starken Schlitten und in Schlangenwindungen, unter teilweiser Benutzung des alten Plattenweges, einen Weg vom Altar bis an den Fuß der Burg, östlich der Stadt ins Ketiostal, 1500 Meter lang und etwas über 700 Fuß ansteigend. Nun begann das Hinabschleifen der Kisten. Einen Versuch, dies mit Büffeln zu tun, mußte ich wieder aufgeben, da der Schlitten auf dem frischen, an den äußeren Rändern neu aufgeschütteten Wege oft einsank und, wenn die Tiere nicht sofort konnten zum Stehen gebracht werden, umzuschlagen drohte, um mit den Tieren in die Tiefe zu rollen.

Abb. 16

Ich mußte also die Mannschaft anspannen. Einen Block von etwa 20 Zentnern brachten wir in einem halben Tage mit 20 Mann nieder, die unzerschlagenen Reliefplatten, deren jede 40 bis 60 Zentner wiegt, erforderten 30 bis 40 Mann und zwei bis drei Tage Arbeit. Erst als der Weg fest geworden und bis auf zwei Meter verbreitert war, konnte ich für die kleineren Stücke wieder Büffel verwenden. Ohne Unfall kam alles herunter. Bis zum 1. Dezember waren zwölf Kisten unten, bis zum 1. Januar 33.

Nun kam der Transport nach Dikili. An die Straße, die ich vor zehn Jahren dorthin gebaut, hatte sich nie eine reparierende Hand gelegt, auch waren die Brücken dieser Strecke damals gegen meinen Rat kontraktlich aus Holz ausgeführt worden. Dies war längst von Kameltreibern, wenn sie in der Nähe der Straße ihr Nachtlager aufschlugen, zur Feuerung verwendet und somit die makadamisierte Straße nur streckenweise benutzbar geblieben. Im Sommer fährt und reitet man längst wieder über die alten Feldwege, die dann ja recht hübsch sind, im Winter aber einen endlosen Morast darstellen, nur unterbrochen von den im Sommer trockenen Gebirgsbächen, welche im Winter brausend aus ihren Schluchten stürzen und nach allen Richtungen hin das Land überfluten. Die kleineren Brückenöffnungen ließ ich jetzt mit Erde zuwerfen, um die größeren mußte im Bogen herumgefahren werden, was nur ging, wenn es nicht regnete.

In Smyrna hatte ich mir eiserne Achsen gekauft und einen vierrädrigen Wagen bauen lassen, da die im Lande gebräuchlichen Wagen nur hölzerne Achsen haben und zweirädrig sind. Eine aus Brettern und Pfosten konstruierte Platte ruhte auf der Achse, unter der die Deichsel befestigt ist. An diese lange Deichsel werden die Büffel geführt und das auf ihrem Nacken ruhende Joch wird an dieselbe angebunden, genau so, wie man es in der Biga der Gigantomachie sieht. Trotz dieser schwerfälligen Konstruktion tragen diese Wagen doch bis 15 Zentner.«

Schwere Regenfälle verzögerten den Transport. Wagen blieben im Sumpfe stecken. Es regnete so stark, daß — »von der Akropolis gesehen — die ganze Kaikosebene bis Soma wie ein einziger See erschien.«

Endlich waren im Anfang des Jahres 1879 alle Kisten glücklich in Dikili. Um den Transport der schweren Lasten nach Smyrna durchzuführen, hatte Humann um Hilfe der in der Türkei stationierten Marine gebeten; denn Dikili besaß keinen Hafen, sondern nur eine offene Reede.

Die Transporte von Dikili nach Smyrna mit der »Comet« unter dem Kommandanten Kapitänleutnant von Senden-Bibran dauerten fast einen Monat. In Smyrna wurde umgeladen auf die in wöchentlichen Abständen regelmäßig verkehrenden Lloyddampfer nach Triest.

Bewunderung der Reliefs in Berlin

»Die Reliefs gelangten im Februar glücklich nach Berlin«, schreibt Humann, »und erregten bei den wenigen, die sie zunächst sehen konnten, den höchsten Enthusiasmus. Ich aber legte mich, nachdem ich noch Pergamon inspiziert, ins Bett, aus dem mich der Arzt erst nach drei Wochen entließ.«

Die Freude von Humann war groß, als Conze seinen Besuch in Pergamon für April 1879 ankündigte. Er ließ es sich nicht nehmen, Conze schon in Mytilene am 19. April abzuholen. Eine kleine, von Humann

Conzes erster Besuch in Pergamon

gemietete Dampfbarkasse brachte die Gäste, neben Conze auch noch den Maler Christian Wilberg, »über den spiegelglatten Golf« nach Dikili. Natürlich bestieg man sogleich nach der Ankunft die Burg. »Als ob das

Abb. 17 Pergamon-Ausgräber 1879 vor der Grabungsbaracke am großen Altar. Von links: Otto Raschdorff, Carl Humann, Alexander Conze, Hermann Stiller, Richard Bohm

Glück, das uns bisher begünstigt, mit sich selbst noch unzufrieden sei und nun erst recht zeigen wollte, was es vermöge, so hagelten jetzt die Funde«, berichtet Humann, glücklich über die Ankunft seines Besuchers.

Erstaunlich ist die Liste der Funde, die Humann am 1. Mai aufstellen kann, darunter auch »Platte für Platte die genaue Athenagruppe. Daneben eine Fülle von selbständigen Figuren, wie Statuen, Büsten und Pferden.« Sehr aufregend waren für Humann und Conze »die Funde von Inschriften der zu den Reliefs gehörenden Götter- und Gigantennamen, von denen eine Zeitlang täglich neue konstatiert werden konnten«, schreibt Humann. Er fügt hinzu: »Wir blieben gesund trotz der glühenden Sonne, und dieses, sowie das spätere, nie von einem Mißton getrübte Zusammenleben und Schaffen, gehört zu den liebsten Erinnerungen meines Lebens.«

Im April machte die weitere Freilegung des Altars gute Fortschritte, da alle Arbeiter hier eingesetzt wurden. Conze beteiligte sich nach Kräften bei der Leitung. Er schrieb sehr lebendige Briefe an seine Frau, erzählte ihr darin die Geschehnisse in der Grabung und schilderte amüsant das alltägliche Leben der Ausgräber. Voller Lob berichtet er über »Humanns gute Verpflegungsfürsorge« und fügt bescheiden hinzu: »also anders als ich es auf Samothrake zu machen wußte.«

Ebenso unterrichtete Conze die amtlichen Stellen vom glücklichen Fortgang der Ausgrabungen. Er bat in einer Eingabe den Preußischen Kultusminister Adalbert Falk, offizielle Schritte in die Wege zu leiten, um eine Verlängerung der türkischen Ausgrabungserlaubnis zu erreichen.

Abkommen über die Funde

Ende Mai verließ Conze Pergamon. Er reiste zunächst nach Konstantinopel. Hier wurden immer noch Verhandlungen mit der Türkischen Regierung über den Erwerb des ihr zustehenden Drittels geführt. Auf türkischer Seite war man schließlich mit einer finanziellen Abfindung einverstanden. Sie endete zufriedenstellend, und Kaiser Wilhelm I. dankte dem türkischen Sultan für die von ihm erteilte Genehmigung des getroffenen Abkommens.

Humann hatte zunächst auf der Ostseite des Altars einen Erdblock stehen lassen, der noch Reste der Reliefs vom Altar zu enthalten schien. Am 21. Juli begann man mit der Abtragung der Erdmassen. Dieser Tag wurde in den Annalen der Ausgrabungsgeschichte von Pergamon ein besonderer Höhepunkt. Fanden sich doch hier die vier herrlichen, aneinander passenden Platten der Zeusgruppe. Am nächsten Tag schon schrieb Humann an Conze einen ausführlichen Brief über die Fundumstände. Glücklicherweise ist er erhalten geblieben, und wir geben ihn in § 19 bei der Beschreibung der Zeichnungen von Humann wieder.

Der August begann. Der Ferman endete am 6. des Monats. Humann sah sich gezwungen, die Arbeiten einzustellen. In der Hoffnung, daß der Ferman doch noch verlängert wurde, entließ er seine Leute nicht, sondern beschäftigte sie mit der Fertigstellung der Kisten und dem Transport von der Burg.

Wirklich traf am 9. August die Depesche mit der Nachricht ein, der Ferman sei um vier Monate verlängert. Da die Regenzeit wieder näher kam,

Abb. 18 Der Pergamonaltar. Erster Versuch einer Rekonstruktion von Richard Bohn

sorgte Humann zunächst für einen zügigen Transport auf verbesserten Straßen bis nach Dikili. Außerdem waren von ihm die Verlademöglichkeiten auf der Reede verbessert worden.

Natürlich nahmen wieder die Sorgen für den Transport der Kisten und ihre Verladung von Dikili nach Smyrna sowie die Verschiffung von dort nach Triest Humann voll in Anspruch. Er konnte sich dieser schwierigen und zeitraubenden Arbeit voll und ganz widmen. Denn genau zum richtigen Zeitpunkt war Regierungsbaumeister Richard Bohn angekommen. Dieser hatte in Olympia mehrere Jahre mitgearbeitet und anschließend die Propyläen auf der Akropolis von Athen vermessen. Durch seine Mitarbeit wurden Humann »die lokalen Pergamonsorgen von den Schultern genommen.«

Trotz günstiger Wetterbedingungen dauerte es doch bis Ende September, bevor die letzte Sendung von Smyrna nach Berlin via Triest verschifft war, alles in allem etwa 200 Kisten. Mitte November traf diese Sendung wohlbehalten dort ein.

Bewährte Mitarbeit von Bohn

Bei seiner Rückkehr nach Pergamon fand Humann alles in bester Ordnung. Architekt Bohn, der die griechische Umgangssprache gut beherrschte, hatte sich bestens bewährt, und es waren gute Ergebnisse erzielt worden.

Gleichzeitig bei Humanns Rückkehr traf in Pergamon ein Telegramm von Conze mit der Nachricht seiner Ankunft in Mytilene am 2. Oktober ein. Dieses Mal gelang Humann dabei eine besondere Überraschung. Wieder war eine größere Anzahl von Kisten zum Transport bereit. Das deutsche Kanonenboot »Loreley« leistete mit seiner Mannschaft beim Ein- und Ausladen der Kisten in Dikili und Smyrna unermüdlich Hilfe. Es lag soeben für einen Transport nach Smyrna in Dikili vor Anker. Als Humann dem Kommandanten von Wietersheim den Vorschlag machte,

Zweiter Besuch von Conze

vorher gemeinsam Conze in Mytilene abzuholen, kam dieser der Bitte sofort nach.

Rechtzeitig traf die »Loreley« in Mytilene ein. »Kaum dunkelte es, da kam langsam der Dampfer aus Konstantinopel dicht um unser Heck gefahren«, erzählt Humann. »Ein Zuruf — ein Hier von drüben — und eine dreifache Hurrasalve dröhnte über die stille Wasserfläche. In fünf Minuten hatten wir die Herren an Bord, der volle Mond ging auf, und noch lange nach Mitternacht saßen wir auf dem Hinterdeck der ,Loreley' und freuten uns des Wiedersehns zu gemeinsamer Arbeit.«

Conze war sehr überrascht von den Fortschritten der Ausgrabungen in den vier Monaten seiner Abwesenheit. Mit ihm kamen noch weitere Mitarbeiter, der Baumeister Hermann Stiller und Bauführer Otto Raschdorff. Beide übernahmen die Leitung bei der Freilegung des Trajaneum, während Richard Bohn speziell die Aufnahme des Altars und die Arbeiten am Gymnasium weiterführte. Außerdem war noch als Photograph Konstantin Athanasios aus Athen im November damit beschäftigt, spezielle Aufnahmen »verschiedenzeitiger Konstruktion des Befestigungsmauerwerks« herzustellen.

Abb. 17

Abb. 18

Planaufnahme der Burg

Als dann Anfang November alle Transporte nach Berlin abgegangen waren, begann Humann selbst damit, »den detaillierten Plan der Burg im Maßstab 1 : 1000 aufzunehmen, um durch Eintragung eines jeden versprengten Mauerrestes und sämtlicher Höhen ein übersichtliches Bild des Ganzen zu gewinnen.«

Alle Mitarbeiter waren bemüht, die von ihnen übernommenen Aufgaben nach besten Kräften durchzuführen. Lassen wir Humann selbst schildern, wie der Abschluß der 1. Grabungskampagne vor sich gegangen ist:

»Das Wetter begann jetzt allmählich unangenehm zu werden, und besonders waren es die heftigsten Nordstürme, die oftmals alle Arbeiten jeder Art unmöglich machten. So gingen wir in den Dezember, in dessen erster Woche es uns nur noch erlaubt war, Grabungen zu veranstalten, da am 6. Dezember die vier zugegebenen Monate abliefen. Mit einer letzten Kraftanstrengung brachten wir es bis auf 150 Arbeiter, und die Ausgrabung am Trajaneum wurde am 6. Dezember im Abenddunkel nach Feierabend mit Freilegung der Nordostecke des Peribolos auch wirklich glücklich erledigt. Von nun an hielten wir nur durchschnittlich 25 Mann pro Tag fest; es wurden hier und da noch Fundamente geputzt, Blöcke, um genaue Aufnahme möglich zu machen, umgekehrt. Es wurde verpackt, gezogen und expediert.

Am 10. Dezember feierten wir Conzes Geburtstag und freuten uns noch einmal des frohen ungetrübten Zusammenlebens und Schaffens . . .

Am 11. begleiteten wir Conze vors Tor, der über Dikili, Smyrna, Brindisi, Rom der Heimat zueilte und Weihnachten wohlbehalten bei den Seinigen anlangte. Mit ihm zugleich verließ Pergamon der Photograph Konstantin . . .

Nach acht Tagen war auch mein Plan der Akropolis so weit fertig, daß ich annehmen durfte, ihm die letzte Ausführung in Smyrna geben zu können. Da ging denn auch ich Weihnachten zu meiner Familie.«

Im Januar kehrten Stiller und Raschdorff nach Hause zurück. Bohn kam nach Beendigung seiner Arbeiten ebenfalls nach Smyrna. Humanns Sorge war, daß eine größere Zahl von Kisten noch nach Berlin verladen werden sollte. Wieder erbat er die Hilfe der bewährten »Loreley« und ihrer Mannschaft. Am 16. Januar 1880 traf die »Loreley« von Konstantinopel ein. Geradezu dramatisch schildert Humann den Verlauf dieser Fahrten im Januar von Dikili nach Smyrna und zurück:

»Der Winter war aber diesmal ein sehr stürmischer. ‚Loreley' allein fürchtete ja kein Wetter, aber ein offenes Schleppschiff kann keine hohe See vertragen. Die schlimmste Passage ist durch den Golf von Çandarlık, wo der Nordost die Kaïkosebene hinunterfegend wie aus einem Trichter herauskommt und manchmal, ohne sich anzukündigen, plötzlich mit aller Kraft einsetzt. Wiederholt haben wir tagelang in Phokaia gelegen und vergebens eine zwei- bis dreistündige Stille abgewartet, um diesen Golf passieren zu können. Wiederholt haben die Offiziere mit dem Enterbeil am Heck gestanden, jeden Augenblick gewärtig, die Taue des Schleppkahns kappen zu müssen, aber das Glück blieb uns hold. Früher hatten wir auf dem regelmäßigen, aber teuren Wege über Triest versandt; jetzt, da das Figürliche bereits in Berlin war und fast nur Architektur und Inschriften expediert wurden, zogen wir den billigeren Weg über Rotterdam und Hamburg vor, von wo die Kisten auf Flußschiffen bis Berlin, also von Dikili bis zum Königlichen Museum ganz zu Wasser gelangten.«

Alle Transporte sind glücklich in Berlin eingetroffen. Ein großes Ziel der Ausgrabungen war erreicht. Aber Humann hoffte, daß die Arbeiten in Pergamon weitergehen würden. Das zeigen die von ihm getroffenen Maßnahmen:

Sicherung des antiken Geländes

»Bevor ich Pergamon verließ, hatte ich unser gesamtes Werkzeug in ein Magazin gebracht, den Kawassen Mustafa mit Genehmigung des Vali als Wächter auf der Burg installiert und zur größeren Sicherheit gegen etwaige Verschleppung den Weg zur Burg an mehreren Stellen durchschlagen und unbenutzbar gemacht. Denn die Verwüster von unten in der Stadt, Türken und Griechen ohne Unterschied, warten nur darauf, die neu freigelegten Marmorblöcke für ihren Hausbedarf zu verwerten.«

Es war sicher Ergebnis vieler Gespräche, was sich allmählich als Vision vor Humann und Conze abzuzeichnen begann. Conze hat dieses gemeinsame Ziel in seinem Nachwort zum 1. Bericht von Humann formuliert:

»Neben unserer nächsten Aufgabe schwebte uns bald eine umfassende Endaufgabe vor, der wir wenigstens vorbereitend schon jetzt zustreben konnten und welche den Vorsatz nährte, auf lange hin, wie es uns gegeben sein möchte, Pergamon nicht außer Augen zu lassen. Das topographisch-monumentale Bild der alten Stadt in den verschiedenen

Abb. 19 Ernst Curtius (1814–1896). Professor für Archäologie in Berlin

Phasen ihres Bestehens ist in festeren Zügen, als frühere Zerrbilder und Skizzen es bieten, nach und nach herauszuarbeiten.«

Arbeiten am Fries in Berlin

In Berlin waren inzwischen die italienischen Bildhauer Antonio Frères und Temistocle Possenti fleißig bei der Arbeit, um die erste Ausstellung der Reliefs des Pergamonaltars vorzubereiten. Mit Bedacht hatten sich Conze und Humann aller Mitteilungen an die Presse und an die breite Öffentlichkeit bisher enthalten.

Ausstellung in Berlin

Dann wurden am 26. November 1879 von Richard Schöne bei einer Führung im Alten Museum den eingeladenen Gelehrten, an ihrer Spitze Rudolph Virchow, sowie zahlreichen Künstlern und Vertretern der Presse die neuen Erwerbungen vorgeführt, die in zwei Sälen ausgestellt waren. Jetzt öffnete man die Ausstellung auch für das Publikum. Der Erfolg in der Öffentlichkeit war überwältigend, und Ernst Curtius schreibt: *Abb. 19*

»Pergamon ist jetzt in aller Munde. Man schwelgt in dieser Masse von Originalen und fühlt sich London ebenbürtig.« Unter den ersten Besuchern der Ausstellung war der berühmte russische Dichter und Schriftsteller Iwan Sergejewitsch Turgenjew. Ihn beeindruckten zutiefst diese Meisterwerke hellenistischer Bildhauerkunst. Erhalten geblieben ist der Brief, den er an den Schriftleiter der Zeitschrift »Vestnik Jevropy« (Europäischer Bote) in Petersburg am 18. März 1880 geschrieben hat:

»Überlassen Sie mir bitte zwei bis drei Seiten Ihrer Monatsschrift, damit ich Ihren Lesern von dem Gefühl meiner starken Eindrücke erzählen kann, die ich empfing, als ich neulich auf einer Reise durch Berlin einige von der preußischen Regierung erworbene Marmorhochreliefs betrachtete, die aus einer der besten Perioden griechischer Bildhauerkunst stammen (3. Jahrh. v. Chr.). Sie kommen aus den Ruinen von Pergamon, der ehemaligen Hauptstadt eines kleinasiatischen Kleinstaates griechischen Ursprungs.

Turgenjews Beschreibung der Skulpturen

Jetzt füllen sie im Museum mehrere Säle, auf deren Fußboden sie hingelegt sind, und das Publikum kann sich schon jetzt von einem etwas erhöhten Umgang eine Vorstellung davon machen, was für einen überwältigenden Anblick sie darbieten werden, wenn sie zusammengestellt und in einem besonderen Bau senkrecht aufgestellt vor den verwunderten Augen der heutigen Menschen in ihrer ganzen unsterblichen Schönheit hervortreten.

Welches Glück muß es für ein Volk sein, eine Reihe so poetischer und mit tiefem Gedankeninhalt durchdrungener religiöser Legenden zu besitzen, wie es die Griechen, diese Aristokraten des Menschengeschlechtes, besaßen!

In der Mitte des Frieses trifft Zeus mit seinem dröhnenden Donnerkeil, der einem umgekehrten Szepter ähnelt, einen Giganten, welcher kopfüber, mit dem Rücken zum Zuschauer, in den Abgrund stürzt. Auf der anderen Seite reckt sich ein anderer Gigant empor, mit dem Ausdruck unbezähmbarer Wut im Gesicht — er scheint der Vorkämpfer zu sein. Seine letzten Kräfte sammelnd und bis zum äußersten gespannt, zeigt er eine Muskulatur der Arme und einen Torso, welcher einen Michelangelo entzückt hätte. Über Zeus schwebt die Siegesgöttin, ihre Adlerschwingen ausbreitend und die Palme des Triumphes hoch emporhebend.

Unmöglich ist es, alle diese bald von Sonne strahlenden, bald drohenden, lebendigen und toten, siegenden und fallenden Figuren zu schildern; diese Windungen von schuppigen Schlangenleibern, diese ausgebreiteten Schwingen, diese Adler, Pferde, Waffen, Schilde, fliegenden Gewänder, Palmenzweige und Körper, wunderschöne Menschenkörper in allen Stellungen, kühn bis zur Unwahrscheinlichkeit und harmonisch wie Musik, alle diese verschiedenen Gesichtsausdrücke, unmittelbaren Bewegungen der Gliedmaßen, diesen grimmigen Trotz, die machtlose Verzweiflung, die Freude der Götter und ihre Strenge, diesen Himmel und diese Erde. — Ja, es ist eine Welt, vor deren Offenbarung ein unfreiwilliger Schauer der Begeisterung und leidenschaftlicher Ehrfurcht den Beschauer durchzuckt.

Dieser Götterkampf ist wahrlich eine Offenbarung, und wenn dieser Altar sich wiederhergestellt vor unseren Augen erhebt, werden alle Künstler, alle wahren Freunde des Schönen, verpflichtet sein, dorthin zu pilgern und sich davor zu beugen.

Aber genug davon. Ich möchte nur noch hinzufügen: Als ich das Museum verließ, dachte ich: ‚Wie glücklich bin ich, daß ich nicht starb,

Abb. 20 Alexander Conze (1831–1914). Direktor der Sammlung der antiken Skulpturen in Berlin

bevor ich einen solchen Eindruck mitnehmen und all diese Herrlichkeit sehen durfte.'«

Abb. 20 In Berlin war Conze inzwischen unverzüglich an die Arbeit gegangen. Zunächst erstellte er einen Plan für die neue Kampagne in Pergamon mit einem Kostenvoranschlag. Am 26. Februar 1880 übersandte er dem Preußischen Kultusminister von Puttkamer seinen Antrag. Darin schilderte er die bisherigen Ergebnisse, begründete ausführlich die neue wissenschaftliche Aufgabe und die für die nächste Kampagne gesteckten Ziele.

Schließlich bat Conze den Minister, »die deutsche Botschaft in Konstantinopel ersuchen zu lassen, auf ein Jahr vom 1. 9. 1880 einen großherrlichen Ferman zu erwirken« und die Ausführung der Arbeiten Humann und Bohn unter seiner Leitung zu übertragen.

Eine besondere Ehre wurde Humann zuteil, als ihm durch »Allerhöchsten Erlaß das Kreuz der Ritter des Hausordens von Hohenzollern« verliehen wurde.

In Berlin hatte man den Wunsch, den Entdecker und Ausgräber des Pergamonaltars persönlich kennenzulernen. So erreichte Humann schon im

Bodens. Nachdem zuerst nur der Hauptschutt entfernt worden war, wurde ein sorgfältiges Putzen von auserlesenen Arbeitern unter steter persönlicher Aufsicht vollzogen. Schon war es Bohn gelungen, in der Nordhalle die Standplatten der inneren Säulen zu erkennen, versprengte Stufen nach Maßgabe der Dübellöcher wieder an ihren ursprünglichen Platz zu legen, auf der obersten Stufe die für die vordere Säulenstellung leicht vorgerissenen Kreise zu finden und nach und nach ziemlich den ganzen Aufbau der Halle zu rekonstruieren. Spuren der Postamente, welche unmittelbar vor den Stufen der Halle gestanden hatten, kamen zum Vorschein und wurden von Bohn in Anbetracht ihrer starken Längsausdehnung mit den sogenannten Schlachtenmonumenten in Verbindung gebracht. Als das sorgfältige Putzen auch nach Süden des Platzes hin ausgedehnt wurde, war Bohn endlich so glücklich, das Fundament und von da aus weiter beobachtend und schließend die hauptsächlichen Werkstükke des Athenatempels wiederzuerkennen.« *Abb. 2*

Mit der Identifizierung des Tempels der Athena hatte »eine wichtige Aufgabe dieser Kampagne ihre Lösung gefunden.« In Berlin hoffte man natürlich auf die Entdeckung weiterer Fundstücke von der Gigantomachie und bedrängte Humann, »die gänzliche Durchforstung der Umgebung des Altarbaus nach Skulpturresten nicht zu lange zurückzusetzen.«

Diesem Auftrag kam Humann gerne nach. Bei der Abtragung des östlich vom Altarbezirk liegenden Schuttberges fand man nicht nur Reste der Architektur, sondern zur Freude von Humann und Bohn noch einige Marmorfragmente, auf denen weitere Namen von kämpfenden Giganten verzeichnet waren.

Die Witterungsverhältnisse in den ersten Monaten des Jahres 1881 waren denkbar ungünstig mit Kälte und zahlreichen Sturmtagen, »so daß man zu keiner zusammenhängenden Tätigkeit auf der Burg kommen kann«, wie Bohn an Schöne schreibt. Trotzdem wurde bis Mitte März der innere Torhof freigelegt. Es zeigte sich, daß das byzantinische Tor, selbst wieder tief verschüttet, sich genau auf der Stelle des antiken Tores befunden hatte. Zusammenhängend schreibt Humann:

»Schließlich fanden sich, fast sämtlich im Süden der Terrasse, bis zu mehreren Hunderten Gigantomachiefragmente, manche so groß und bezeichnend, daß wir sofort ihre Zugehörigkeit an die betreffenden Stükke in Berlin erkennen konnten.«

Conze erneut in Pergamon

Conze hatte seine dritte Reise nach Pergamon für das Frühjahr geplant; infolge einer Erkrankung traf er aber erst am 29. Mai 1881 in Pergamon ein. Dieses Mal bereitete Humann für ihn wieder eine besondere Überraschung vor, über die Conze berichtet:

»Die Arbeiter hatten das obere Burgtor bekränzt, den inneren Torplatz, den Tempelplatz und seine Hallenfunde sorgfältig gefegt und gesäubert, und schwerlich sind alle alten Wallfahrer zum Heiligtum in so gehobener Stimmung gewesen wie wir, da wir jetzt zusammen durchs Tor eintraten und den Gang um den Tempel der Burggöttin machten. Nicht mehr wie früher war der Platz von den byzantinischen Mauern eingeschlossen, sondern unbehindert überflogen die Blicke die blühende Kaïkosebene hoch oben von Soma bis an die blaue Bucht von Elaia.«

Nach eingehender Besichtigung der Burg schreibt Conze an seine Frau: »Was wir alles aus den brieflichen Berichten und den eingesandten Zeichnungen schon wissen, summierte sich doch, so mit einem Male wirklich gesehen, zu einem höchst erfreulichen, befriedigenden Eindruck.«

Türkische Regierungskommission in Pergamon

Conze fiel zunächst die Aufgabe zu, eine Auslese zu treffen für Objekte, die das Museum in Berlin erhalten sollte. In Konstantinopel verhandelte die Kaiserliche Botschaft bereits seit Mai mit der Türkischen Regierung, »die gesamten Funde wieder dem Königlichen Museum als Ergänzung dessen, was sich bereits dort befand, zu sichern.« Die Türkische Regierung verlangte jedoch ein eigenes Gutachten und entsandte eine Kommission nach Pergamon.

Diese Kommission brachte große Unruhe in das friedliche Leben im Ausgrabungshaus in Pergamon. Conze hat seiner Frau in seinem Brief am 13. Juni 1881 sehr humorvoll die dadurch hervorgerufene Änderung geschildert:

»Wir sind in einer seltsam schwebenden und für mich doch recht fremdartigen Lage. Unsere ruhige pergamenische Existenz ist aus den Fugen. Die ausschließliche Beschäftigung mit unserm Studiengegenstande hat aufgehört. Wir kommen kaum täglich einmal zur Burg hinauf. Dafür ist das Haus ein geselliger Mittelpunkt: drei, vier Kawassen stehen am Eingange, die Dienerschaft hat vermehrt werden müssen. Frau Humanns Anwesenheit ist für die Bestreitung der laufenden Unterhaltung wie für die Sorge um die materiellen Bedürfnisse der Gesellschaft doppelt gut. Der Kommissionär aus Smyrna Diran Efendi, Konsul Tettenborn, jeder eine Art lokaler Großmacht, dazu ein netter Engländer, Vizekonsul in Aydın, der neulich angeritten kam und bei uns vor Anker liegt, bilden mit uns das jetzt volle Haus. Visiten, geschäftliche Besprechung, Telegramme mit den üblichen Mißverständnissen, Mahlzeiten, Nachmittagsschlaf, Whistpartien, Biertrinken, bunte Konversation, französisch, englisch, türkisch, griechisch, deutsch natürlich, einmal ein Gesang — man muß sich ordentlich am Ohr zupfen und sich erinnern, daß man damit jetzt seine amtlichen und wissenschaftlichen Pflichten erfüllt; und nebenher ist es so bekömmlich, daß ich es mir entschieden wie eine Badereise gutschreiben kann. Denn über dem ganzen Getriebe, das, wenn es in Europa stattfände, vielleicht aufreibend wäre, liegt die orientalische Lässigkeit gebreitet. ‚Pazienza!' ist wiederholtes Motto der Situation. Der Pferdeführer wartet stundenlang, weil er nach Dikili soll. Es wird nichts daraus. Man schickt ihn weg. ‚Auch gut', sagt er und geht.

Die ganze Lage ist dadurch herbeigeführt, daß — nachdem Diran Efendi vom Pascha in Smyrna nur allein die Begutachtung unsrer Sache

Abb. 22 Richard Schöne (1840–1922). Generaldirektor der Kgl. Museen in Berlin

auszuführen mit der freiwilligen Begleitung Heintzes und des Konsuls hierhergekommen war — plötzlich ein Telegramm aus Smyrna nachkam, es sei noch ein Beamter von der Regierung geschickt, mit dem Diran die Sache gemeinsam ausführen sollte.«

Als die Kommission wieder abgereist war, kam von der Botschaft kurz darauf die Mitteilung, daß »die Erwerbsverhandlungen« so gut wie erledigt seien. Sofort begann Humann mit der Anfertigung neuer Kisten. Für die Bewältigung des Transportproblems erfand er folgende Lösung:

Lösung des Transportproblems

»Ich baute ein neues Stück Weg vom oberen Burgtore direkt südlich, übersprang dabei die byzantinische Mauer und ging von da die Mulde hinab bis zum unteren Osttore der Burg. Hier holten dann Bauernwagen die leichteren Kisten ab, und nur die schwersten mußten wir ganz bis an den Bergesfuß schleppen. Im ganzen wurde damit eine große Ersparnis erzielt. Ich hatte die Einrichtung getroffen, daß jedesmal bei Feierabend die Arbeiterkolonne die zwei vorher beladenen Schlitten bis ans Tor hinunterzog. Bei der Steilheit des Weges, und da weder rechts noch links abschüssiges Terrain war, ging das unter Hurra und Hallo im Galopp oft in fünf Minuten. Daß dabei keiner unter den Schlitten geraten, ist das Merkwürdigste bei dieser Art des Transports. Des Morgens wurden dann die beiden Schlitten von den zu Berg steigenden Arbeitern wieder hinaufgetragen; je acht Mann trugen einen Schlitten.«

Am 2. Juli 1881 reiste Conze von Smyrna über Athen nach Berlin zurück. Humann hatte ihn bis Smyrna begleitet. Hier traf er mit der österreichischen Expedition von Benndorf und Niemann zusammen, die soeben aus Lydien zurückkehrte. Diese Begegnung stand am Beginn einer später sehr erfolgreichen Zusammenarbeit.

Zurück in Pergamon wartete Humann »sehnsüchtig auf die endgültige Nachricht aus Konstantinopel.« Großes Glück, als am 2. August die Mitteilung über eine abgeschlossene Vereinbarung eintraf ebenso wie die Nachricht, daß der Chef der deutschen Admiralität wieder den Transport der Kisten von Dikili nach Smyrna mit der »Loreley« genehmigt habe.

Es gab jedoch eine neue Verzögerung. Denn Ali Pascha, der Generalgouverneur von Smyrna, bat ihn, »sich mit dem Transport der Kisten noch zu gedulden, da er selbst noch ohne jede offizielle Benachrichtigung war.« Endlich traf auch der am 23. August ausgefertigte Ferman ein. Jetzt aber verzögerte sich die Ankunft der »Loreley«. Sie mußte vorher an die Donaumündung, wo Kommandant und Mannschaft ausgetauscht wurden.

Endlich traf am 30. September die »Loreley« in Smyrna ein. An Bord wurde Humann von dem neuernannten Kapitänleutnant Koch mit einer ausgewechselten Mannschaft begrüßt. Mit großer Anerkennung berichtet Humann von der neuen Zusammenarbeit. Am 5. Oktober in der Frühe legte die »Loreley« in Smyrna ab zur ersten Fahrt nach Dikili mit einem Lastschiff im Schlepptau. In vier Transporten wurden 120 Kisten von Dikili nach Smyrna befördert und dort nach Berlin verladen.

Lassen wir Humann selbst schildern, was er empfunden hat, als er seinen Bericht über die zweite Grabungskampagne in Pergamon Ende Oktober 1881 abschloß:

Bericht über die zweite Grabungskampagne

»Somit hat die zweite Kampagne in Pergamon erfüllt, was sie erfüllen sollte und noch manches darüber hinaus. Die obere Burganlage ist in ihren wichtigsten Teilen aufgedeckt, der wissenschaftlichen Forschung ist reiches Material neu zugeführt, die Königlichen Museen und die Hauptstadt sind um manchen Schatz bereichert, der die aufgewandten Kosten reichlich aufwiegt. Die Männer, die uns aussandten, werden befriedigt sein, wenn auch eine Gigantomachie nicht zum zweiten Male gefunden werden konnte. Während wir über ein Jahr lang arbeiteten, ist eine andere Suche mit der unsrigen Hand in Hand vorwärtsgegangen. In den Museumssälen hat sich Fragment an Fragment, Glied an Glied gefügt, haben sich Figuren und Gruppen gebildet, und Gruppen sind vereinigt zu riesengroßem Ganzen. Was uns in oft freudlosen Tagen und Wochen in Pergamon belebte, das waren die Berichte von daher. Wie ist die Gigantomachie, die immer das Höchste bleiben wird, was Pergamon uns geschenkt, seit Jahresfrist gewachsen an Größe, an Einheit und Klar-

Abb. 23 Richard Bohn (1849–1898).
Architekt und Mitarbeiter in Pergamon

heit, und wie ist ihr Kunstwert in helleres Licht getreten! Und so werden auch die tausend Fragmente, die wir jetzt bringen, ihren wahren Wert erst in der stillen Arbeit des Museums erhalten. Liegen aber noch immer Reste der Gigantomachie in Pergamon? Wahrscheinlich. Sind noch andere Kunstschätze dort verborgen? Sicherlich. Werden wir wieder dort graben? Ich hoffe es.«

4. Dritte Grabungskampagne von 1883–1886

Im Jahre 1882 führte Humann im Auftrage der Königlichen Akademie der Wissenschaften in Berlin die Expeditionen nach Ankara und Boğazköy — Yazılıkaya durch. Über deren Verlauf und die dabei erzielten Ergebnisse vgl. Kapitel VIII § 2 und 3.

Im Frühjahr 1883 bereitete er die dritte Grabungskampagne in Pergamon vor, deren Leitung in seiner Abwesenheit Richard Bohn übertragen wurde, da Humann zusammen mit Otto Puchstein ebenfalls im Auftrage der Ber- *Abb. 23* *Abb. 24* liner Akademie die Expedition nach Kommagene zum Nemrud Dağ ausführte (vgl. Kapitel VIII § 5).

Am 18. April 1883 eröffnete er noch selbst die dritte Grabungskampagne, nachdem alle offiziellen Formalitäten zufriedenstellend erledigt waren. Bohn begann nach Absprache mit Humann zunächst mit dem Abbruch der byzantinischen Mauer und der Abtragung des Schuttberges an der Westseite des Altarplatzes. Mit den Ergebnissen der ersten Arbeitswoche konnte Bohn sehr zufrieden sein. Hatte man doch ein größeres Stück von einer Platte der Gigantomachie gefunden und 63 teils kleinere, teils größere Bruchstücke sowie eine Reihe von antiken Inschriften.

Am 15. Mai 1883 kam Ernst Fabricius nach Pergamon, um Bohn bei seiner Arbeit zu unterstützen. Sein besonderer Forschungsbereich war die Katalogisierung und Bearbeitung der antiken Inschriften, um die er sich sehr verdient gemacht hat.

Neben der Hauptarbeit setzte Bohn kleinere Arbeitsgruppen ein, um noch ungelöste Probleme zur Stadtbefestigung zu klären. So verlief der Mai recht erfolgreich und brachte durch die Funde sogar neue Erkenntnisse für den Altaraufbau:

»Unter den größeren Stücken befand sich ein von einem Seepferd umschlungener Gigantentorso und einige dazugehörige Stücke. Erst in der späteren Arbeit im Museum zeigte sich, daß sie an den Seekentauren auf der Front links von der Treppe paßten und daß sie ferner Teile einer Eckplatte waren. Damit war wieder einmal durch ein verhältnismäßig kleines Stück ein großes Resultat erreicht. Diese neue Eckplatte schloß nämlich eine von einer anderen Ecke beginnende Reihe von sechs Platten ab, womit die Breite der Fronten beiderseits der Altartreppe und somit auch die Breite dieser selbst gegeben war.«

Ende Juli kehrte Humann von seiner erfolgreichen Expedition nach Kommagene zurück und übernahm am 1. August wieder die Leitung. Bei seiner Rückmeldung an den preußischen Kultusminister Gustav von Goßler schrieb er gleichzeitig, daß Bohn »mit Umsicht und glücklichem Erfolg die Arbeiten in Pergamon geleitet« habe.

Große Aufregung entstand beim weiteren Abtragen des unterhalb vom Athenatempel lagernden Schuttberges, als in der Tiefe einige Reihen von Blöcken gefunden wurden. Sie lagen übereinander, und man hielt sie zunächst »für einfach profilierte Werkstücke.« Bohn schrieb jedoch schon in sein Tagebuch: »Die geringen Anzeichen erwecken den Gedanken, daß sie eine Reihe von Sitzstufen sein könnten.« Außerdem bemerkte Bohn auf der Sohle der Terrasse »eine Reihe quadratischer Löcher«, von denen er sehr richtig, wie sich bald zeigen sollte, annahm, daß sie zur Aufnahme von Masten und Pfosten gedient haben dürften.

Wie sollte man weiter vorgehen? Lag doch »über dem Urschutt noch der ganze Abraum von den Ausgrabungen aus dem Athenaheiligtum.« Bohn beschloß, die Freilegung fortzusetzen mit Billigung von Humann.

Abb. 24 Otto Puchstein (1856–1913). Professor für Archäologie. Entzifferer der Inschriften auf dem Nemrud Dağ

Neues Theater in Pergamon entdeckt

Große Erdmassen mußten abgeräumt werden. Dann aber zeigten sich die ersten Erfolge. Allmählich »entwickelten sich die Stufen zu einer Anlage im Kreisausschnitt mit bedeutendem Durchmesser.« Jetzt gab es keinen Zweifel mehr: Man war dabei, ein großes Theater in Pergamon zu entdecken!

Inzwischen kündigte Conze seinen Besuch an. Dieses Mal, bei seiner vierten Reise, hatte er ein besonderes Anliegen. Er schlug Humann eine gemeinsame Fahrt nach der Insel Lesbos vor, in der geheimen Hoffnung, mit ihm zusammen zu gegebener Zeit auf Lesbos archäologische Forschungen durchführen zu können. Über dieses Unternehmen und seine Ergebnisse vgl. den Bericht Kapitel VIII § 6.

Humann, der schon etwas früher nach Pergamon zurückgekehrt war, holte Conze zusammen mit Bohn in Dikili ab. Conze war voller Erwartung. Gleich nach seiner Ankunft schrieb er an seine Frau am 6. November, daß er sich auf diesen Besuch »wie das Kind auf Weihnachten freute.«

Im Theater waren inzwischen die obersten Stufen in der Mitte freigelegt. Conze teilte gleich am nächsten Tag Schöne mit, »daß das Theater am Westhang das zweite große Angriffsobjekt« darstelle.

Ebenso machte die Freilegung der Agora gute Fortschritte. Conze berichtet darüber seiner Frau:

»Das Ausgrabungsterrain erweitert sich erheblich, und damit treten auch die noch zu erledigenden Aufgaben als immer größere hervor.«

Conze war ein passionierter Reiter. Als Sohn eines Hannoverschen Reiteroffiziers ritt er in Berlin regelmäßig an bestimmten Tagen der Woche bis zu seinem Tode 1914 im 83. Lebensjahr.

So machte es Conze viel Vergnügen, jeden Sonntag zusammen mit Bohn weite Ritte zu unternehmen, um die pergamenische Landschaft kennenzulernen. Dabei machte es ihnen Spaß, gelegentlich in einer der antiken Thermalquellen zu baden.

Man versteht, daß es Conze bei der Fülle von Aufgaben, die zu bewältigen waren, schwergefallen ist, an den Abschied zu denken, wie es der Brief an seine Frau erkennen läßt:

»Gestern abend war ich zuletzt noch allein auf der Burg. Mir wurde doch das Herz wieder schwer, jetzt abermals von der Arbeitsstelle, mit der ich verwachse, mich trennen zu sollen.«

Bei Conzes Abschied gab es einen Witterungsumschlag, und es regnete in Strömen. Es zeigt seine Willensstärke und körperliche Leistungsfähigkeit, daß er sich durch Regen und Sturm nicht abhalten ließ, »durch einen Ritt mit dem Postboten auf schnellstem Wege nach Smyrna zu kommen, nur unterbrochen durch ein primitives Nachtquartier in Menemen.« Hatte er doch ein schönes Ziel vor sich, den Weihnachtsabend mit seiner Familie in Berlin zu feiern.

In Pergamon kam nach dem Regen der Frost, und am 7. Dezember gab es das erste Eis auf der Burg. Trotzdem machte der Abbruch der byzantinischen Mauer gute Fortschritte. Über diese Arbeit berichtet Humann:

Neuer Fund eines Giganten

»Am 12. erlebten wir eine frohe Überraschung: Beim Arbeiten an der Ostseite der Agora fand sich unter dem Schutt noch ein tiefliegendes Stück der byzantinischen Mauer, bei dessen Abbruch ein ansehnliches Plattenstück der Gigantomachie zum Vorschein kam: ein rückwärts stürzender, geflügelter und geschwänzter Gigant mit Vogelklauen. Am 17. Dezember war der Graben unten im Theater soweit nach Norden zu erweitert, daß das Nordende der Skene und der Eingang zur Orchestra daselbst zutage traten; der marmorne Deckbalken des letzteren fand sich am Boden, mit Masken und Efeu geziert und mit einer Weihinschrift an den Dionysos Kathegemon und das Volk von Pergamon versehen.«

Mit der Familie Humann und ihren Freunden versammelten sich in Smyrna auch Fabricius und Bohn um den Weihnachtsbaum. Der Urlaub wurde für Freund Bohn bedeutungsvoll für sein Leben; denn er fand in Smyrna seine Braut und spätere Gattin.

Im Februar 1884 setzte man sich zwei Schwerpunkte: die vollständige Freilegung des Theaters und das Abräumen des Marktes. Trotz Kälte, Regen und heftigen Stürmen wurden bis zu 70 Arbeiter beschäftigt. So war im Theater bis Ende März »die ganze Orchestra mit den vier untersten Stufen gereinigt.«

Hamdi Bey in Pergamon und Teilung der Funde

Am 3. April 1884 traf der bereits angekündigte Besuch von Hamdi Bey ein, dem Generaldirektor des Türkischen Museums in Konstantinopel, das er mit großer Umsicht und voller Energie aufbaute. Humann hatte ihm in Konstantinopel auf Anraten des deutschen Botschafters Joseph Maria von Radowitz einen ersten Besuch gemacht, als er seine Expedition nach Ankara im Juni 1882 vorbereitete (vgl. Kapitel VIII § 2).

Hamdi Bey wurde begleitet von dem Provinzialkommissar Demosthenes Baltazzi. Für beide war der Konak der Regierung für ihre Aufnahme vorbereitet. Dort machte ihnen sofort Humann zusammen mit Bohn seinen Besuch, den man nach den Regeln der Höflichkeit sogleich erwiderte.

Am nächsten Tage wurde ausführlich die Burg besichtigt. Dann verhandelte man über die Teilung der in der Kampagne bisher gemachten Funde. Dabei kam es zu folgendem Ergebnis:

»Bei der Verfügung über die bisher gemachten Funde überließ uns Hamdi Bey von vornherein die Inschriften sowie eine Anzahl von Architekturproben, deren er andere für seine neu eingerichtete Zeichenschule in Konstantinopel bestimmte; die Fragmente, welche zu den bereits in Berlin befindlichen Fundstücken gehörten, waren uns bereits, dem Wortlaute der Konzession gemäß, zugesprochen. Für das türkische Museum beanspruchte er, außer dem großen, auf dem Markte gefundenen Plattenstücke der Gigantomachie, zwei andere zusammengehörige Reliefplatten sowie den in der Tat besonders interessanten, mit Masken und Girlanden verzierten Architrav aus dem Theater. Die drei ersteren Stücke wurden auch sogleich verpackt, nach Dikili geschafft und nach Konstantinopel verschifft. Nachher verdankten wir indes der Vermittlung des deutschen Botschafters, daß der Sultan diese hochwichtigen Stücke dem Königlichen Museum überließ, was Hamdi Bey selbst befürwortet hatte. Diese großherrliche Gnade wurde mit dem Gegengeschenke zweier so gut wie vollständiger Statuen pergamenischer Funde, eines Ammon und eines Hermaphroditen, erwidert.«

Kurz nach der Abreise von Hamdi Bey traf Bedri Bey als neuer Regierungskommissar ein, der bis zum Schluß der Ausgrabungen in Pergamon geblieben ist. Er wurde später Konservator des Museums in Konstantinopel.

Humann wird Auswärtiger Direktor an den Berliner Museen

Im Juni erhielt Humann die überraschende Nachricht, daß er zum Auswärtigen Direktor an den Berliner Museen berufen sei. In seinem privaten Dankesbrief an Schöne schreibt er nach einem Rückblick auf sein Leben:

»Oft ist es mir wie ein Traum, aber das bleibt mir immer Wirklichkeit, daß ich Ihnen und Herrn Conze zu einem Danke verpflichtet bin, der stets lebendig bleiben wird. Dank für Amt und Auskommen, das dem Familienvater das Erste ist, Dank für Ehre und Stellung, die keinen Mann kalt lassen kann.

Und nun sollen Sie auch noch allerlei Nachsicht mit mir haben, bis ich mich in amtliche Formen und Normen hineingewöhnt habe. Daß Sie mir keine Anciennität haben verschaffen können, ist ja auch weiter nicht schlimm; zum Pensionär bin ich bei meiner Quecksilber-Natur doch nicht geschaffen, und ans Sterben wollen wir, ‚so lang der Himmel heiter blaut', nicht denken. Jubilar werde ich zwar nie, oder doch, aber ein ganz eigentümlicher.

Ja und nun noch eins! Wollen Sie denn Pergamon nie sehen? Vier Wochen des Sommerurlaubs im ganzen dran wenden? Wie würden wir uns freuen! Allerdings gehören Sie die wenigen Wochen den lieben Ihrigen, und ich bitte Ihre verehrte Frau Gemahlin mit den ergebensten Grüßen um Entschuldigung für den Versuch.

Meiner Frau habe ich Ihre freundlichen Grüße übermittelt; wäre sie hier, würde sie dieselben gleicher Gesinnung erwidern. Seien Sie gesund und froh, Sie und alle Ihre Lieben! In dankbarer Anhänglichkeit Ihr sehr ergebener Carl Humann.«

Im Mai und Juni war Humann vollauf damit beschäftigt, die Kisten für die Transporte nach Konstantinopel und Berlin anfertigen zu lassen und für eine sachgemäße Verpackung Sorge zu tragen. Im Juli schickte der deutsche Botschafter von Radowitz ein Telegramm mit der Nachricht, daß wieder die »Loreley« für die Verladung zur Verfügung stände. Sie traf bereits am 17. Juni in Smyrna ein. Glücklich vermerkt Humann: »So glatt und schnell, wie es diesmal ging, war mir noch kein Transport gelungen.«

Im August waren alle Arbeiter mit der Freilegung des Theaters beschäftigt. »Zwei frohe Ereignisse zeitigte der September, die Leben in den toten Schutt brachten und unser sonst nur einzig den Arbeiten und ihren Resultaten gewidmetes Sein und Denken einmal von diesen abzogen. Der 8. September fand uns in Smyrna, um Bohns Hochzeit mit Olga Schmidt zu feiern; am 9. zog das junge Paar in Pergamon ein, an demselben Tage, an dem ich vor 6 Jahren die Ausgrabungen begonnen. Von nun an waltete dort ständig eine deutsche Hausfrau, was sonst nur der Fall gewesen, wenn in den Sommerschulferien meine Frau mit den Kindern herüber gekommen war.«

Das zweite frohe Ereignis war die Nachricht, daß Botschafter von Radowitz am 18. September abends an Bord der »Loreley« in Dikili eintreffen werde. Über seinen Besuch schreibt der Botschafter in seinem Tagebuch:

Besuch des Botschafters

»Am 19. September früh Ausschiffung. Ich werde begrüßt von Humann, der uns entgegengeeilt war, ‚der Götterliebling', dann von der türkischen Behörde, von der griechischen Geistlichkeit, der Schuljugend nebst Lehrern, von der Bevölkerung, die sich in gehobener Stimmung auf der Straße gruppierte. Es war sogar zur Weiterfahrt eine Kalesche vom Mutasarrıf (Landrat) gestellt worden, die einzige dieser Art in diesem Distrikt, in der ich mit Sascha Schlippenbach und Humann Platz nahm.«

Es war ein klarer, sonniger Herbsttag, wie er schöner nicht hätte sein können. Wie glücklich Humann über diesen Besuch des Botschafters war, dem er soviel verdankte, geht aus seiner Schilderung hervor:

»Wir fuhren gleich nach Pergamon. In Begleitung des Botschafters befand sich Gräfin Schlippenbach, der Vizekonsul von Wangenheim und außer diesen fuhren der Kommandant Kapitän Rittmeyer und zwei Offiziere von der ‚Loreley' mit. Ich habe es nie so gefühlt wie auf dieser Fahrt, daß die herrliche Landschaft, die sich entrollt, gleichsam die Einleitung zu dem ist, was Pergamon dem empfänglichen Beschauer bietet, die sich steigert an Schönheit bis zu dem Punkte, wo eine Stunde vor der Stadt plötzlich die Burg sich mit scharfen Umrissen vom Himmel abzeichnet.

Nach dem Frühstück widmeten wir den Nachmittag der Besichtigung der Unterstadt. Beim Dunkeln führten wir die Gäste einige hundert Schritt aus der Stadt in die Ebene. An verschiedenen Höhen der Burg hatten die Arbeiter trockenes Reisig zusammengetragen, und als nun die roten Flammen emporloderten und die Umrisse der Burg und ihre Bauten in immer wechselnden wunderbaren Lichtern zeigten, als in der stillen Luft eine schwarze, rot angehauchte Wolke über der Burg ein Dach bildete, und bei unserem Gange die düsteren Zypressen der türkischen Friedhöfe Kulissen bildeten, durch die immer wieder die feurige Burg erschien, da war das ein Bild, das dem, der es gesehen, wohl unvergeßlich bleiben wird. Früh morgens stiegen wir alle zur Burg, die selten so begeisterte Besucher gesehen hat. Waren wir stolz und freudig erregt darüber, daß der Vertreter unseres Kaisers auf der Burg der Attaliden stand, so mag auch wohl des Botschafters Herz höher geschlagen haben, wenn er bedacht, was er in seiner Sphäre für Pergamon gearbeitet und erwirkt hat, vom ersten Spatenstich daselbst bis heute, und was endlich erreicht wurde.«

Freilegung eines neuen Tempels

Große Fortschritte machte die Freilegung der Theaterterrasse. Dabei ergaben sich weitere Überraschungen:

»Immer freier entwickelte sich am Nordende der Westterrasse eine stattliche, fast die ganze Breite der Terrasse einnehmende Marmortreppe, die zu einer etwa $5^1/_2$ m über der Terrasse liegenden Plattform führte. Am oberen Rand der Treppe zeigte sich eine über 2 m hohe Säulentrommel noch am Platze stehend; von einer zweiten Säule war die Basis erhalten. Hatten wir erst geglaubt, daß die riesigen Architekturblöcke, die auf und vor der Treppe aus dem Schutte hervorkamen, vom oben gelegenen Trajaneum herabgestürzt seien, so sahen wir nun ein, daß wir hier als Abschluß der langen Terrasse einen auf erhöhter Plattform stehenden Tempel auszugraben hatten, dessen Säulen fast die gleichen gewaltigen Maße zeigten, wie die des oberen Tempels.«

Günstige Witterungsverhältnisse im November und Dezember 1884 machten es möglich, eine größere Anzahl von Arbeitern einzustellen, um die Freilegung der Verschüttungen am Nordrande der Theaterterrasse zu intensivieren. Am Jahresende war das Innere des Tempels freigelegt.

Große Sorgen bereitete der Gesundheitszustand Humanns seiner Familie und seinen Freunden. Unter Leitung von Bohn gingen jedoch die Arbeiten planmäßig voran.

Im Jahre 1885 machten auch die Untersuchungen auf dem Burgberg gute Fortschritte. Man näherte sich allmählich dem nördlichen Abschluß der Westterrasse. Außerdem wurde von Humann damit begonnen, »den breiten, bisher noch unerledigten Rücken der Hochburg in Angriff zu nehmen, dessen vollständige Aufdeckung bis zum sogenannten Garten der Königin hin die letzte größere Leistung des Unternehmens geworden ist.«

Eine besondere Anerkennung gab es für Humann im Jahre 1885, als er zum Geheimen Regierungsrat ernannt wurde. Im gleichen Jahr erschien der von Bohn fertiggestellte Band:

Das Heiligtum der Athena Polias Nikephoros

als erste Veröffentlichung der geplanten Reihe:

Altertümer von Pergamon.

Ebenfalls von Bohn folgte 1896 die Veröffentlichung:

Die Theaterterrasse,

während schon 1895 von Stiller der Band:

Das Trajaneum

publiziert worden war.

Die inzwischen auf viele Bände angewachsene Publikationsreihe wird auch gegenwärtig noch fortgesetzt.

Im September kam Conze zu seiner 5. Besuchsreise nach Pergamon. Für die Hinfahrt hatte er sich mit Humann verabredet, der von einer Kur nach Smyrna zurückkehrte. Conze war glücklich, wieder in Pergamon zu sein. An seine Frau schrieb er am 19. September 1885:

»Ich bin täglich hier oben. Der Eindruck der großen Theaterterrasse mit dem Theater und mit dem noch in der Verschüttung steckenden, auf Stufen hoch sich erhebenden, neuen römischen Tempel ist gewaltig. Die Photographien geben alle die eine Haupteigenschaft, die Größe der Anlage und der zur Freilegung ausgeführten Arbeiten nicht wieder. Wir waren bisher: Bohn und Frau mit dem kugelrunden Söhnchen Alexander Selem Ernst, Stiller, der heute abreist, Antikenkommissar Baltazzi. Gestern kam nun auch Humann, durch seine Badekur wirklich neu gestärkt, wieder an, und damit kam der ‚genius loci' wieder kräftig hervor.

Von unserem Leben ist nichts weiter zu erzählen. Früh auf, zur Burg, dort bis Abend, erst beim Glühen des Abendrots und dem Scheine der ersten Mondsichel stieg ich regelmäßig hinunter, meist mit Stiller, der noch soviel ungelöste Rätsel mit sich nimmt.«

Besuch von Richard Schöne Abb. 22

In Pergamon bereitete man sich auf den Besuch von Schöne vor, den man sich schon seit langem gewünscht hatte und der jetzt am 25. Oktober eintreffen sollte. Humann war damit beschäftigt, den Weg von Dikili nach Pergamon »als Basis für eine Talkarte festzulegen.« Es läßt sich denken, wie sehr es ihn bekümmerte, daß er sich, wie er schreibt, »bei dieser Arbeit etwas übernommen hatte«, so daß er sich mit einem Fieberanfall ins Bett legen mußte. Unglücklicherweise litt Conze zu gleicher Zeit an einem Hexenschuß, der ihn ebenfalls ans Bett fesselte.

So sprang Fabricius ein, um Schöne in Dikili abzuholen. Dieser schilderte gleich nach seiner Ankunft seiner Frau den Empfang in Pergamon:

»Die Türen waren schön mit großen Myrtengirlanden verziert, alle waren sehr freundlich, und ich war froh, dieses Ziel nun doch wirklich erreicht zu haben. Bohn, der mit seiner Frau ein eigenes Häuschen bewohnt, kam auch herüber, und so war die ganze Kolonie beisammen. Es ist sehr hübsch hier. Das Haus, das Humann gemietet hat, ist nicht groß, hat aber in der oberen Etage hinreichenden Raum für die Mieter; vor den Zimmern eine offene Veranda, in die die Außentreppe mündet.

Wir aßen zu Mittag, und dann machte ich mit Bohn, da es für einen Besuch auf der Burg zu spät war, noch einen Gang durch die heutige Stadt und nach den Ruinen von Gebäuden, die sich hier und in der Nähe finden. Die Stadt teilt sich in Türken-, Griechen-, Juden- und Zigeunerviertel und ist dann nun freilich ziemlich fremdartig orientalisch; die Türken nehmen sich noch am besten aus in bezug auf Reinlichkeit.«

Zu ihrem Kummer konnten Humann und Conze ihren Besucher, dem Pergamon soviel zu verdanken hatte, zunächst nicht auf die Burg und in die Ausgrabungen begleiten. Aber Bohn und Fabricius wußten diese Aufgabe bestens zu lösen. Wie tief ihn alles beeindruckte, zeigt die Schilderung, die er seiner Frau unmittelbar nach dem ersten Besuch gegeben hat:

»Der ganze Eindruck von Pergamon war mir sehr überraschend. Alles ist weit größer und weiter, als ich nach Zeichnungen und Photographien mir vorgestellt hatte.

Am meisten gilt das von der Burg, zu der ich gestern morgen mit Bohn und Fabricius heraufstieg. Es sind $^1/_2$ bis $^3/_4$ Stunden sonnigen und steilen Wegs. Von der Großartigkeit der ganzen einstigen Stadtanlage, ihrer kolossalen Ausdehnung und der großen Verschiedenheit der Höhenverhältnisse innerhalb der alten Stadt hatte ich keinen rechten Begriff gehabt. Entsprechend großartig ist der Eindruck von der Ausdehnung der hier bei den Ausgrabungen geleisteten Arbeit. Es ist keine Kleinigkeit gewesen, in diesen Höhen, wo Sonnenbrand, Sturm, Regen, Kälte sich in ganzer Stärke fühlbar machen, so viele Jahre lang alles zu leiten und zu überwachen und gewissenhaft zu verzeichnen. Bei den Ausgrabungen sieht es bunt genug aus: Griechen und Türken in ihren Nationalkostümen bunt durcheinander, auch ein paar Neger darunter. Die Leute arbeiten ziemlich frisch, rasch und unverdrossen.«

Lassen wir Schöne auch noch selbst berichten, was er über das bei seinem Besuch angelaufene Arbeitsprogramm und sein Zusammensein mit Humann und Conze an seine Frau geschrieben hat:

Ausgrabungen von pergamenischen Wohnräumen Abb. 109

»Die Ausgrabungen sind gerade in diesen letzten Tagen besonders interessant. Augenscheinlich ist man auf Wohnräume aus der pergamenischen Königszeit oder einer nicht viel jüngeren Epoche gestoßen, in denen viel Reste von Wanddekorationen und Mosaiken sich finden. Manches von großer Feinheit und Anmut. Aber die Arbeiter bedürfen in solcher Zeit besonders strenger Aufsicht, und es fällt Conze und mir ordentlich schwer, in solchem Augenblick fortzugehen. Überhaupt ist der Aufenthalt hier im ganzen sehr angenehm, und ich kann mir denken, wie gern Conze länger hier ist. Das Zusammensein mit ihm ist mir sehr erfreulich; er ist und bleibt ein vortrefflicher, zuverlässiger Mensch und so, wie man sich die Menschen wünscht. Er und Humann, die eben beide mit mir am Tische sitzen, lassen Dich bestens grüßen.«

Glücklicherweise änderte sich der Gesundheitszustand von Humann und Conze so weit, daß sie in den nächsten Tagen in der Lage waren, das neue Arbeitsprogramm mit Schöne zu besprechen, das Humann folgendermaßen zusammenfaßte:

Programm für weitere Untersuchungen

»Es gab nun nach jeder Richtung hin sehr angeregte Tage. Vieles war zu überlegen und zu besprechen; es galt den letzten Bestimmungen über das, was in Pergamon noch zu erledigen sei. Dabei wurde die später glänzend durchgeführte Untersuchung angeregt, wie weit es der hochentwickelten Technik der hellenistischen Zeit möglich gewesen sein möchte, Quellwasser bis auf die Hochburg zu leiten. Auch über die kartographischen Arbeiten, deren wir zum Abschlusse der Publikation bedurften, wurden aufs neue Festsetzungen vereinbart, endlich die Notwendigkeit besprochen, nach Schluß unserer Arbeit für die Bewachung der an Ort und Stelle verbleibenden Überreste Sorge zu tragen.«

Gemeinsam traten Schöne und Conze am 4. November 1885 die Rückfahrt an. Ebenso reiste Fabricius ab, nachdem er das ganze Inschrifteninventar einheitlich und übersichtlich angefertigt hatte. Als sein Nachfolger traf als neuer Mitarbeiter Johannes Boehlau ein, der die Arbeit an den Inschriften fortsetzen und gleichzeitig auch die Einzelfunde bearbeiten sollte.

Mit seinem Dankesbrief kam von Schöne die Bitte, ihm für seine Verhandlungen in Berlin eine Denkschrift auszuarbeiten und die Gründe darzulegen, »welche eine künftige Arbeit für Pergamon notwendig machen.« Und Schöne fügt noch hinzu: »Es ist besser, daß sie von Ihnen kommt, als daß ich die Dinge selbst formuliere.«

Leider stellte sich bei Humann noch eine Lungenentzündung ein. So war es ein Glück, daß Bohn in Pergamon für einen ungestörten Fortgang der Arbeit Sorge tragen konnte. In einem Brief an Schöne vom 22. Dezember 1885 bedankt sich Bohn dafür, daß durch seine Tätigkeit in Pergamon sein Dienstalter als Regierungsbaumeister »keine Einbuße« erleide; er schließt mit einer Vorschau für die bevorstehenden Festtage:

»Wir rüsten uns, das Fest nach alter deutscher Sitte zu begehen. Ein hübsches Bäumchen ist gefunden, und meine Frau sowie Schwägerin, welche zum Besuch hergekommen ist, erfreuen sich daran, denselben herauszuputzen. Es wird ja wohl der erste und voraussichtlich auch der letzte Weihnachtsbaum in Pergamon sein.«

Auf Humanns Neujahrsbrief dankte Conze sehr freundschaftlich mit einem Ausblick auf das Jahr 1886, in dem die 3. Kampagne in Pergamon ihren Abschluß finden sollte:

»Vor allem ist nun meine Hoffnung und mein Wunsch zum neuen Jahre, daß Ihnen, lieber Humann, der Aufenthalt daheim wohltun und die anderen (Bohn und Boehlau) in Pergamon in Rüstigkeit bleiben mögen, damit das gemeinsame Werk im kommenden Jahr zu dem beabsichtigten, vollen, wenigstens vorläufigen Abschlusse gedeihen möge. Möge es auch mir vergönnt sein, das mit eigenen Augen mit Ihnen an Ort und Stelle dann zu sehen.«

Anders als erhofft, begann 1886 das letzte Ausgrabungsjahr mit schweren Regenfällen, so daß Schmutz und Schlamm die Arbeit auf der Hochburg sehr erschwerten. Trotzdem erbrachte die Arbeit auf der Theaterterrasse weitere Erfolge:

Schwere Wetterschäden

»Bis zum 20. Februar wurde an der Reinigung des ionischen Tempels am Nordende der Theaterterrasse gearbeitet, an diesem Tage die Arbeit vollendet, und diese besterhaltene Ruine der Burg bot nun einen herrlichen Anblick dar. Bis 4 m hoch standen die feingefügten Marmorquader der Cellawände; aufrecht stand der reich gearbeitete Türpfosten, stand der eine Säulenstumpf der Vorhalle, und von zwei anderen Säulen lagen die Basen noch an ihrem Platze; ringsum zog sich unverletzt das herrliche Sockelgesims, darunter, wie mit dem Lineal gezogen, so wohlerhalten, die Stufen. Da lag noch genau in ursprünglicher Lage die etwa 5 m lange Türschwelle, und fast zur Hälfte erhalten strebte die marmorne Freitreppe in 25 Stufen zur Ruine empor. In der Nacht, nach Erledigung der Arbeiten in dieser Gegend, stürzte ein großer, vom Regen schwer und locker gewordener Erdklotz von dem stehengebliebenen Erdhang zwischen Theater und Tempeltreppe auf die Terrasse herunter und riß ein Stück Stützmauer mit sich. Es mußte von neuem mit Abräumen begonnen werden, und 30 Mann hatten noch einen Monat zu tun, um alles wieder zu säubern.«

Der regenreiche Jahresanfang ging endlich im April zu Ende, und die günstige Wetterlage hielt bis zum Herbst an. Seit Anfang Februar war Carl Schuchhardt neuer Mitarbeiter, der Boehlau ablöste und bis zum Ende der Kampagne in Pergamon blieb. Wir verdanken ihm einen lebendigen Bericht über dieses Jahr in der Ausgrabung. Er hat ihn veröffentlicht in seinem mit Theodor Wiegand herausgegebenen Buch: »Der

Entdecker von Pergamon — Carl Humann« mit seinem Schlußkapitel: »Ein Jahr bei Carl Humann in Pergamon«. Die Ergebnisse der Arbeiten in den Sommermonaten 1886 faßte Humann prägnant und anschaulich zusammen:

Reste von Palastanlagen

»Bei der Reinigung des Terrains, innerhalb der großen nordöstlichen Außenstützmauer, wurden viele eiserne und einige bronzene Pfeil- und Lanzenspitzen gefunden. Die Reinigungsarbeiten zogen sich nach und nach weiter südöstlich hinab. Der eine und andere zusammenhängende Bau wurde in seinen Fundamenten kenntlich. Auch hier fehlte es nicht an bemaltem Stuck und Mosaikresten. Weiter südlich fügte sich Mauerwerk aus der Königszeit nach und nach zu der Spur eines umfangreichen Gebäudes zusammen, mit einem großen Hofe, mit ihn umschließenden Gängen, mit Zimmern und Sälen diesen entlang. Abermals zeigten sich in den Gemächern zahlreiche Mosaikreste; noch lagen vielfach die marmornen Türschwellen und stand die marmorne Sockelbekleidung der Mauern an Ort und Stelle.

War der große Bau der Königspalast, so hatten wir hier östlich vom Athenaheiligtum und dem Torhofe anscheinend Wirtschaftsräume vor uns. Noch standen in Reihe und Glied sechs mächtige Vorratsgefäße aus gebranntem Ton; an einer anderen Stelle fanden sich bis zu tausend abgebrochener Amphorenhenkel mit Stempeln. Schuchhardt kopierte sie sämtlich. Die Krüge werden einst mit Wein gefüllt hierher gekommen sein. Pfeil- und Lanzenspitzen daneben deuteten dann wieder auf ernstere Zeiten. Dann fanden sich hier wie auch mehr nördlich breite eiserne Laschen, je zwei noch durch starke Nägel verbunden, als ob sie zur Verklammerung von Balken gedient hätten, auch zahlreiche Steinkugeln, und über antiken oder modernen Ursprung dieser Dinge zerbrach man sich den Kopf.«

Datierungsresultate

Seine erste Aufgabe setzte Schuchhardt später im Herbst mit Paul Wolters fort. Dieser erkannte, daß die Buchstaben in den Ziegelstempeln als Datierung nach Jahren und Monaten des König Attalos zu deuten waren. Dadurch konnte wiederum Theodor Wiegand die bei seinen Ausgrabungen im sogenannten Garten der Königin »aufgedeckten Arsenale in das Jahr 201 v. Chr., das 40. Regierungsjahr von Attalos I. datieren.«

Schuchhardt ging mit großem Eifer an seine Arbeit. Später wurde er mehrfach von Humann gebeten, anwesende Gäste auf ihren Exkursionen zu begleiten, wie z. B. die beiden Offiziere W. von Diest und Prinz O. Carolath, die auf einer Forschungsreise mit geographischen und topographischen Aufgaben unterwegs waren. Schuchhardt erinnert sich, daß bei den abendlichen Gesprächen Humann öfter von seinen eigenen Erfolgen und Erfahrungen berichtete:

»So meinte er, man käme als Deutscher ausgezeichnet durch, nur habe man zuweilen Mühe, den Leuten begreiflich zu machen, was das sei, ein ‚Deutscher'. Er erzählte dabei die köstliche Geschichte, wie sie hinten am

Euphrat weder mit Alemannia, noch mit Germania oder Prussia etwas anzufangen wußten. Als er aber von Bismarck sprach und dem großen Krieg gegen die Franzosen, riefen sie begeistert: ‚Ja, dann bist du ja ein Bismarckly', und behandelten ihn dann wie einen Gottgesandten.«

Winter im Grabungshaus

Außerdem verdanken wir Schuchhardt die anschauliche Beschreibung des Expeditionshauses im oberen Teil des griechischen Viertels, das er mit allen Vor- und Nachteilen schildert: »Unser Haus lag schön am Hange, der gegen Norden zur Burg anstieg. Nach dem Hofe an der Südseite öffneten sich hohe Kellerräume, die gegen Norden sich dunkel in die Erde bohrten. Ich habe in ihnen mit diesem oder jenem Kameraden oft geschlafen, wenn unsere Zimmer oben durch Besuch in Anspruch genommen waren. Vom Hofe stieg man auf einer Holztreppe auf eine weite Veranda, die den Zutritt zu allen Zimmern bot. Gemeinsam war ein großes Gesellschafts- und Eßzimmer, daneben gab es 3 oder 4 verschieden große Schlafzimmer.

Das Haus war für die dortigen Verhältnisse stattlich, und vor allem hatte es eine prachtvolle Lage. Von der großen Veranda aus sah man über die untere Stadt hinweg die ganze Kaïkosebene hinunter bis aufs Meer und konnte am Sonntag morgen unsern ersehnten Postreiter schon in zwei Stunden Entfernung erspähen. Aber im Innern war es für den Winter grimmig kalt, und dieser Winter war besonders schlimm. Der wüste Nordsturm, den ich auf der Seefahrt gehabt hatte, hat bis 1. März weitergetobt. Öfen oder Kamine gab es dort nicht. Wenn man abends in der Stube saß, blies durch die Fußbodenritze der kalte Wind aus dem Kellergeschoß herauf. Man hatte ein Kohlenbecken zwischen den Füßen und hielt alle Augenblicke die Hände darüber, um weiter zeichnen oder schreiben zu können.«

Künstlerbesucher

Im Juli und August 1885 waren die beiden Maler Kipp und Koch aus Berlin in Pergamon gewesen. Sie hatten den Auftrag, ein großes Pergamonpanorama für Ausstellungen in Berlin anzufertigen. Wie Schuchhardt sich erinnert, hatten sie dabei auch »die Wände der Veranda mit köstlichen Bildern und Versen geschmückt.« Unter einem ihrer Bilder hatte Kipp die Verse von Fabricius aufgemalt, die vielen Pergamonbesuchern in lebendiger Erinnerung geblieben sind:

»Des Morgens früh ein feiner Fund
Und fröhlich Tun in treuem Bund,
Bei gutem Wein zur Abendstund
Ein lieber Gast in unserer Rund,
Dazu ein Brief mit froher Kund,
Das hält hier Leib und Seel gesund.«

Am Ende der Kampagne 1886 meldeten noch zahlreiche Freunde und Bekannte ihren Besuch in Pergamon an, wie Adolf Michaelis aus Straßburg und Friedrich von Duhn aus Heidelberg. Sie kamen im Septem-

Untersuchung der antiken Wasserleitung

ber zusammen mit Conze, der jetzt noch einmal gegen Ende der Kampagne Pergamon zum 6. Mal besuchte. Mit diesen Gästen traf auch Baurat Graeber ein mit dem auf Anregung von Schöne durch die Akademie der Wissenschaften übertragenen Auftrag, das Problem der Zuleitung von Wasser auf die Burg von Pergamon zu erforschen.

Bei ihrer gemeinsamen Anreise hatte es sich Botschafter von Radowitz in Konstantinopel nicht nehmen lassen, Conze mit Michaelis, von Duhn und Graeber »zum Frühstück in Familie« einzuladen. Die ganze Gesellschaft fuhr danach mit einer Dampfbarkasse auf dem Bosporus nach Therapia. Hatte doch erst kürzlich der Sultan der deutschen Botschaft einen alten Park mit herrlichen Bäumen direkt am Bosporus geschenkt, in dem der Botschafter soeben mit dem Bau eines Sommerhauses begonnen hatte.

Danach trat man zusammen die Weiterfahrt nach Pergamon an. Der Schrecken der Reisenden war groß, als Humann in Mytilene zwar an Bord kam, sie zu begrüßen, sie aber nicht begleiten konnte, weil er seine erkrankten Kinder nach Smyrna bringen mußte. Eigentlich sollte Frau Humann die erwarteten Gäste im Grabungshaus betreuen; jetzt war sie aber schon mit ihrem Sohn wegen Verdacht auf Typhus nach Smyrna vorausgefahren.

Glücklicherweise machte die Genesung der Kinder gute Fortschritte; zu seiner Beruhigung schrieb Conze an Humann am 8. September: »Mit dem Vorgefundenen hier bin ich vollauf zufrieden. Im Hause sind wir in der Tat sehr gut versorgt, kulinarisch nach aller Urteil fast zu gut, so daß wir einige Gänge streichen werden.«

In Pergamon nahm sich Conze der Gäste an, zu denen noch von Diest und Prinz Carolath gehörten. Am Abend vor ihrer Abreise versammelte sich die ganze Gesellschaft zu einem fröhlichen Beisammensein, zu dem die scheidenden Offiziere mit einer Bowle eingeladen hatten. Alle waren in bester Stimmung, und Conze berichtete seiner Frau, wie alle zur Unterhaltung beigetragen hätten mit deutschen Liedern, mit griechischen von Frau Bohn und ihrer Schwester zur Gitarre vorgetragenen Gesängen und mit türkischer Musik von Bedri Bey.

Kiepert in Pergamon

Mitte September kam Humann von Smyrna zurück, gerade rechtzeitig, um seinen Freund Kiepert zu empfangen, der am 16. September eintraf. Trotz seines Alters hatte er von Konstantinopel den Landweg nach Pergamon gewählt, »um noch einige Nachträge für sein großes Kartenwerk von Kleinasien zu gewinnen.« Er wollte außerdem seine Karte von Lesbos vervollständigen. Zu gern hätte ihn Humann auf dieser Fahrt begleitet, »aber die Pflicht«, so schreibt er, »hielt mich in Pergamon fest.«

Wieder wurde Schuchhardt beauftragt, Kiepert nach Lesbos zu begleiten. Bewundernd schaute er zu dem älteren Gelehrten auf: »Mir ist nie jemand vorgekommen, der so von Arbeitswut besessen gewesen wäre, wie Kiepert. Als ich später in Berlin in sein Haus kam, sagte er gleich: ‚Kommen Sie immer glatt zum Abendessen, da hat man am besten Zeit.' Zu diesem Abendessen brachte er dann das Kartenblättchen, an dem er gerade zeichnete, mit an den Tisch und tuschte und nuschelte weiter, dabei sich immer lebhaft unterhaltend. Am liebsten hätt' er das auch in Pergamon so gemacht, aber Humann entzog ihm elegant den Pinsel und gab ihm statt dessen den Löffel in die Hand.«

Als Michaelis und von Duhn am 8. September abreisten, traf am gleichen Tag noch Wilhelm Dörpfeld ein, der von Conze und Humann eingeladen war, architektonische Probleme mit ihnen zu besprechen. Alle in Pergamon waren an den Untersuchungen interessiert, die Graeber sofort nach seiner Ankunft in Angriff genommen hatte, um das Problem der Wasserleitungen zu klären. Die erzielten Ergebnisse faßte Humann, wie folgt, zusammen: »Unter den Arbeiten der letzten drei Monate nahm Graebers Untersuchung der Wasserleitungen in hervorragendem Maße das Interesse in Anspruch. Das Hauptergebnis war, daß er fortlaufende Reihen unterirdischer, durchlöcherter Steine aufdeckte, durch die einst ein mächtiges, längst der Plünderung anheimgefallenes Metallrohr gelegt war, in welchem das Wasser vom Hochgebirge bis zur Burghöhe gebracht wurde, wobei die Mulde hinter der Burg einen Druck von 150 Meter Höhe bedingte; in der Tat ein riesiges Werk, das uns einen Einblick tun läßt in das großartige, praktische Schaffen der Attaliden. Auch die in derselben Richtung wie diese Rohrleitung der Stadt zugeführten römischen Leitungen klärte Graeber auf; und diese verfolgte Schuchhardt weiter, wie ihre Zuleitung durch Tonröhren, in leichtem Abfall, Täler und Hügel umgehend, 6 bis 7 Stunden weit vom Madaras Dağ herkam.«

Diesem Bericht von Humann ist noch die Mitteilung von Conze hinzuzufügen, daß in Pergamon das Wasser mit Druckleitung die höchste Kuppe der Burg erreichte.

Dann ging man in Pergamon daran, Vorsorge für die Zeit nach Beendigung der Kampagne 1886 zu treffen. Nach eingehenden Beratungen wurde beschlossen, oben auf der Burg zwei kleine Häuser zu bauen. Den Zweck erklärt Humann:

Schutzbauten auf der Burg

»Es war nämlich vorauszusehen, daß nach unserem Abgange die Bewohner sich beeilen würden, alle Marmorquadersteine, Belagplatten und überhaupt alles Baumaterial möglichst bald zu plündern, wie es leider teilweise in den Pausen unserer Ausgrabungen bereits geschehen war. Demgegenüber war es eine Ehrensache, die Ergebnisse der Ausgrabungen am Platze möglichst zu erhalten und die Prüfung unserer Arbeitsberichte an den am Platze verbliebenen Resten möglich zu machen. Noch vor unserer Abreise wurden in die kleinen Häuser zwei Wächter gesetzt mit der Aufgabe, jeder Verletzung der alten Reste zu steuern.«

Am 21. September traf Hamdi Bey in Begleitung von Demosthenes Baltazzi ein, um die Frage der Teilung der letzten Funde zu besprechen. Er fühlte sich im Kreise der Pergamener sehr wohl und photographierte mit Humann um die Wette. Lakonisch berichtete Conze an Schöne: »Es geht diese Woche bei uns wie im Taubenschlag zu.«

Teilung der Funde

Die mit Hamdi Bey abgesprochene Teilung der Funde wurde von der Türkischen Regierung gebilligt. Genau nach einem Monat erhielt Humann diese Nachricht am 24. Oktober. Die »Loreley« lag schon im Hafen von Smyrna und nahm sofort mit einem Leichterschiff im Schlepptau Kurs auf Dikili.

Hier wurden 26 Kisten verladen. Wider Erwarten kam bei der Rückfahrt nach Smyrna ein heftiger Nordost auf, so daß man im Golf von Elaia nach Dikili zurückfahren mußte. Obwohl das Wetter ziemlich stürmisch blieb, wurden schließlich alle Kisten glücklich nach Smyrna verschifft. Der braven »Loreley« hatten die schwierigen Fahrten so zugesetzt, vor allem durch die Belastungen bei den Schleppfahrten, daß sie von Smyrna aus am nächsten Tag nach Malta fuhr, um dort im Dock eine gründliche Überholung ausführen zu lassen.

Fast wäre es bei dem letzten Transport nach Deutschland zu einer Katastrophe gekommen. Von der Sendung waren 21 Kisten auf den holländischen Dampfer »Stella« verladen worden. Vor der holländischen Küste strandete die »Stella« im Sturm. Alle waren erleichtert, als es nach zwei Monaten gelang, »die Kisten wieder dem Meer zu entreißen.«

Für Humann und Bohn hatte sich Hamdi Bey eine besondere Ehrung ausgedacht. Er beantragte beim Sultan für Humann die Verleihung der Kommandeur-Insignien des Osmaniye Ordens und für Bohn die des Mecidiye Ordens. Humann wertete diese Ordensverleihung als Beweis dafür, wie er Schöne am 13. November mitteilt, »daß die Türken mit unseren Arbeiten sehr zufrieden sind und zumal auch mit unseren großen Verdiensten um die Türkei.«

Am 16. November kam Humann nach Erledigung der Transporte nach Pergamon zurück. Nur Conze, Schuchhardt und der Architekt Senz waren noch zurückgeblieben: »Jeder bekam eine Aufgabe vor der Abreise zu erledigen«, und von Conze schreibt Humann: »Er war überall.«

Als letzter Gast wurde im Ausgrabungshaus der schwedische Gymnasialdirektor Centerwall aufgenommen. Er war von allem, was er in Pergamon erlebte, tief beeindruckt. Ihm verdanken wir eine anschauliche Schilderung von Pergamon und der dort im Dezember 1886 verbrachten Tage mit der Feier von Conzes 55. Geburtstag:

Freundschaft zwischen Humann und Conze

»Was ich nicht beschreiben kann, ist der nicht in Worte zu fassende strahlende Glanz, der in meiner Erinnerung auf diesen klaren, sonnigen Dezembertagen liegt, die ich auf der Akropolis von Pergamon zubrachte. Die Schönheit der Gegend, das erhebende Gefühl, wenn auch nur als Zuschauer, an der Vollbringung einer großen wissenschaftlichen Tat teilgenommen zu haben, die ausgesuchte Freundlichkeit und Liebenswürdigkeit, die ich bei diesen neu gefundenen Freunden fand, der kameradschaftliche und vertrauliche Ton, alles dies macht, daß es nicht einen Punkt unter den vielen, die ich auf dieser Reise berührte, gibt, zu dem meine Gedanken so gern zurückkehren. Übrigens glaube ich, daß wir alle in diesen Tagen besonders feierlich gestimmt waren. Ich wenigstens habe selten an einer Feier teilgenommen, über der eine ebenso festliche wie offenherzige Stimmung lag wie über dem 10. Dezember, dem 55. Geburtstag Conzes. Ihm zu Ehren wurde in der grauen Baracke ein etwas reichlicheres Frühstück und als Getränk ein paar Glas deutschen Biers je Mann serviert. Außerdem wurde die Arbeitspause auf anderthalb Stunden anstelle der einen Stunde ausgedehnt.

Humann hielt auf den Freund eine Rede, auf den Waffenbruder in diesem Friedensbunde mit seiner ehrenvollen Aufgabe; und Conze dankte so schön und schlicht.«

Conze hatte noch den Wunsch, die von Schuchhardt im Sommer bei seinen Erkundungsritten entdeckten Städte Apollonia und Stratonike kennenzulernen. So ritt er mit ihm, Senz und Centerwall am 13. Dezember los. Nach ihrer Besichtigung kehrten sie am 17. Dezember über Thyatira und Magnesia nach Smyrna zurück.

Nun war Humann mit Wolters und Bedri Bey noch allein im Haus. Er verließ als letzter den Platz, der ihm, wie er am Schluß seines Berichtes schreibt, »so viel Schweiß gekostet und so glückliche Erfolge beschert hatte.«

Natürlich war seine Abreise bekannt geworden, und eine dichte Menschenmenge umdrängte abschiednehmend seinen Wagen.

Abschließen möchten wir unsere Darstellung mit Schuchhardts Erinnerungen:

»Mein Pergamenisches Jahr erscheint mir als das glücklichste meines Lebens, und die Grundlage dieses Glückes ist ohne Frage die gottbegnadete Persönlichkeit Carl Humanns gewesen, die alles zusammenhielt, alles im Auge hatte, für alles sorgte, von der vortrefflichen Verpflegung an bis zu jedem praktischen und menschlichen guten Rat. Das gab dem Leben jedes einzelnen eine Sicherheit, aus der die freudigste Arbeit erwachsen mußte — und in der liegt doch das größte Glück des Menschen!«

5. *Die Fortsetzung der Forschungen in Pergamon*

Seit 1887 ruhten die Ausgrabungen in Pergamon, doch galt es, alle Funde wissenschaftlich zu bearbeiten und die Rekonstruktion des großen Frieses für eine Aufstellung im Museum zu verwirklichen. Conze wurde zum Generalsekretär des Deutschen Archäologischen Instituts berufen und zu seinem Nachfolger als Leiter der Berliner Museen Reinhard Kekulé von Stradonitz ernannt. Er wandte sich zusammen mit Humann neuen Ausgrabungsplätzen in Kleinasien zu.

Für Conze aber galten die Forschungen in Pergamon auch nach dem Tode von Humann als vordringlich. In seinem Vortrag: »Pro Pergamo«, den er am 9. 12. 1897 in der Berliner Archäologischen Gesellschaft gehalten hat (Nachdruck 1975 als Band IV der Schriften der Hermann-Bröckelschen-Stiftung — Carl Humann zum Gedächtnis), mahnte er zur Fortsetzung der Arbeiten und stellte ein Programm auf, um eine möglichst umfassende Kenntnis dieser bedeutenden kleinasiatischen Stadtanlage zu gewinnen. Er sicherte der Grabung auch eine finanzielle Basis zu, indem er sie als ein ständiges Forschungsvorhaben mit einem jährlichen Budget für drei Grabungsmonate dem Deutschen Archäologischen Institut angliederte, das sie bis in unsere Tage weiterhin fördert.

Neuaufnahme der Ausgrabungen 1900

So wurden die Ausgrabungen von 1900 bis 1912 unter der Leitung von Wilhelm Dörpfeld wieder aufgenommen, der vor allem das untere Stadtgebiet freilegte, ein Programm, das schon Conze aufgestellt hatte. Conze selbst nahm bis 1908 an den Grabungen teil. 1912—1913 übernahm die Leitung Oskar Ziegenaus.

Der erste Weltkrieg unterbrach die Tätigkeit der deutschen Ausgräber. Fast ein Jahrzehnt nach Kriegsende, im Frühjahr 1927, eröffnete Theodor Wiegand, von seiner Frau begleitet, in Pergamon auf der Höhe des Burgberges den neuen Grabungsabschnitt, der im sogenannten »Garten der Königin« begann und bald auf das sogenannte »Prinzessinnenpalais« ausgedehnt wurde. Man entdeckte vor allem dort Arsenale und Getreidespeicher der Festung Pergamon, wandte sich dann dem Asklepieion in der Ebene zu, das schon Humann als ein Heiligtum und eine große Heil- und Kuranlage für den Gott Asklepios erkannt hatte.

Arbeiten nach den Weltkriegen

Wieder verhinderte ein neuer Krieg die friedliche Arbeit. Doch 1957 setzte Erich Boehringer erneut den Spaten an. 1971 wurden die Arbeiten im Asklepieion unter Oskar Ziegenaus abgeschlossen.

Seit 1973 finden Untersuchungen in der Mitte des Stadtraumes von Pergamon statt, und man nahm die eindrucksvolle Wiederherstellung des Trajantempels in Angriff. Heute leitet die Ausgrabungen Wolfgang Radt.

Die Reihe der Pergamon-Publikationen umfaßt inzwischen eine stattliche Anzahl von Bänden. Die Berliner Archäologische Gesellschaft wandte der Ausgrabung in Pergamon nach wie vor ihre besondere Aufmerksamkeit zu, sei es, daß auf Sitzungen regelmäßig Berichte über die Grabungskampagnen erstattet oder daß über pergamenische Themenkreise Vorträge gehalten und später in den Winckelmannprogrammen abgedruckt wurden.

VII. Humanns Zeichnungen und Beschreibungen der Gigantomachie mit späteren Deutungen und Ergänzungen

Am 12. Mai 1880 fand Richard Schöne als Vorsitzender und Festredner des Banketts, das von Gelehrten und Künstlern zu Humanns Ehren veranstaltet wurde, bewegte Worte für die Begabung, die Fähigkeiten und für die selbstlose Einsatzbereitschaft des Gefeierten:

»Wenn die großartigen Schätze alter Kunst, deren Auffindung und Gewinnung wir der klugen Energie und zähen Ausdauer unseres verehrten Freundes verdanken, einen ungewöhnlich lauten Nachhall in allen Kreisen unserer Stadt, ja des ganzen Landes gefunden haben, so liegt der Grund hiervon unzweifelhaft zunächst in der hohen und weittragenden Bedeutung dieser Funde selbst, und es ist nicht das letzte Verdienst ihres Entdeckers, diese Bedeutung vom ersten Augenblicke an richtig erkannt und aus ihrer Erkenntnis die Macht der Energie geschöpft zu haben, ohne welche die Durchführung eines solchen Unternehmens nicht gelingen kann. Und derjenige, der die Funde getan hat, hat sie der ganzen gebildeten Welt erworben, deren Gemeingut sie mit jedem Tag mehr werden sollen, wie alle wahre Kunst und alle wahre Wissenschaft.«

Eine Begabung, die Schöne nicht würdigte und die man wohl bei einem Ingenieur als selbstverständlich voraussetzte, war das Zeichentalent Humanns. Jeden Stein des großen Altarfrieses und Telephos-Frieses hat er nach seiner Auffindung auf das gewissenhafteste vermessen, beschrieben und gezeichnet. Oft muß ihn diese Arbeit nach der Hitze des Orients, der Beaufsichtigung der Arbeiten, nach der Beantwortung der vielen Fragen, die im Laufe des Tages an ihn herangetragen wurden, hart angekommen sein. So schreibt er auch am 12. September 1878 an Conze:

»Wann soll ich die Zeichnungen und Aufnahmen herstellen? Bitte um Nachsicht.«

Und etwas später:

»Eine Beschreibung und Zeichnung dieser Gegenstände wollen Sie die Güte haben, mir noch für kurze Zeit zu stunden.«

Doch löst er sein Versprechen ein und bemerkt nur entschuldigend zu seinen Skizzenblättern:

»Mörtel und Mauersteine sind vielfach an den Bildern hängen geblieben, zumal in den Vertiefungen, und ich habe mich wohl gehütet, diese Anhängsel zu entfernen. Zunächst könnten die Arbeiter etwas daran verderben, dann diente der Mörtel als Schutz beim Transport, und dann ist es auch überflüssig, daß jeder Beschauer die volle Schönheit der Skulpturen gleich erkennt. Die Reinigung findet am besten in Berlin statt. Beschreibung und Zeichnung können deshalb auch nicht so genau sein, wie es zu wünschen wäre. Die Zeichnungen kann ich erst nach und nach anfertigen, wie es die materielle Zeit erlaubt. Von einzelnen Stücken ist hier und da ein Glied, durch die Belastung in der Mauer abgebrochen, gefunden, zwei sind sogar mitten durchgebrochen, einige haben nur Risse; einzelne kleinere Teilchen, zumal der Gewandung, sind auch einige Male am abgebrochenen Mauerwerk hängen geblieben, aber sorgfältig gesammelt und numeriert. Die Zeichnungen werden sämtlich im Maßstab 1:10 gemacht. Beschreibung und Zeichnung verfolgen nur den Zweck, Sie über die Funde soweit aufzuklären, als meine eigene geringe Erkenntnis reicht. Sollten hin und wieder Hypothesen unterlaufen, so entspringen sie der lebenden Anschauung der Gegenstände, die die Beschreibung nicht ersetzen kann, aber die Absicht bleibt dieselbe.«

In die Grabungspublikation wurden von den Zeichnungen nur ganz wenige übernommen. Zu sehr stand man im Bann der neu aufkommenden Photographie, so daß die Feinheit und Sicherheit dieser Zeichnungen ins Hintertreffen gerieten. Zum Glück gingen die Originalzeichnungen Humanns nicht verloren, sondern werden im Archiv des Berliner Antikenmuseums aufbewahrt.

1879 hat Conze 27 Federzeichnungen dem Minister Falk vorgelegt: »Hierbei auf 9 Kartons zusammengestellt die Zeichnungen der vorzüglichsten Skulpturen, soweit sie bisher hierher gelangt sind. Mit Ausnahme eines einzigen Kartons gehören alle hier vorgelegten Stücke zu dem Kolossalrelief der Gigantenschlacht.«

Humann hat sich bei der Beschreibung an das, was er sah, gehalten und keine archäologischen Bestimmungen getroffen, noch gewagte Vermutungen aufgestellt. Die Einordnung und Nominierung überließ er den Archäologen, wohl wissend, daß nur eine genaue Kenntnis der griechischen Mythologie, nur ein Vergleich mit vielen anderen Kunstwerken zum Erfolg führen konnte. In jahrelanger mühseliger Forschungsarbeit haben seither die Gelehrten den Zusammenhang des großen Frieses wiederhergestellt. Humann, der die Reliefplatten verstümmelt und aus der ursprünglichen Abfolge herausgerissen an den verschiedensten Stellen aufgefunden hatte, konnte begreiflicherweise den einzelnen Skulpturen noch nicht den ihnen gebührenden Platz zuweisen. Allein als er Zeus und Athena fand, war er sich sicher. Noch heute sind nicht alle Gestalten der Götter und Giganten in ihrer Funktion und mit ihrem Namen unbedingt richtig eingeordnet. Die Namen, die über ihnen im Gesims eingemeißelt waren, sind nicht alle erhalten geblieben.

So ist es erklärlich, daß Humann nicht immer auf der richtigen Spur war, daß ihm ein Gigant als ein Gott erschien, oder daß er ein langwallendes Gewand einer Göttin zuwies, wo ein Gott dargestellt war. Doch mag er sich auch stellenweise geirrt haben, unwiederholbar war die Freude des Entdeckers, der erste überwältigende Eindruck einer Marmorskulptur, die in seiner kurzen Beschreibung aufklingt und in seiner beschwingten Zeichenfeder zu uns spricht. Mag man später am Schreibtisch das Rechte gefunden haben, vor der anstrengenden Gedankenarbeit steht das große Erlebnis der Begegnung mit einem neuentdeckten Kunstwerk.

Probleme um den Altar

Die Frage, aus welchen Motiven der große Altar erbaut wurde, welches seine Vorbilder waren, ob verschiedene Künstler an ihm arbeiteten, ob er vornehmlich Zeus und Athena oder der Gesamtheit der Götter geweiht war, ob man überhaupt von einem Altar sprechen sollte, und nicht besser von einem heiligen Bezirk oder von einem Heroon — alle diese Fragen beschäftigen heute noch die Archäologen, Historiker, Philologen und Architekten.

Für Humann und seine Mitarbeiter stand das überwältigende Erlebnis der Auffindung im Vordergrund. Noch kannte man bisher nichts Vergleichbares mit Ausnahme der Laokoongruppe. Schon die Ausgräber empfanden es: Diese monumentalen Skulpturen sind mehr als ein bloßer Friesschmuck; sie fordern auf eine andere Weise als die Skulpturen des Parthenongiebels den Beschauer zum Staunen und zur Erschütterung heraus. Die Götter des Parthenontempels erheben sich über der Zone der irdischen Wesen, beim Anblick des Pergamonfrieses stehen wir dagegen gleichsam mitten im Kampf der Götter und Giganten.

Schon das spätere Altertum hat dieses Bauwerk zu den Weltwundern gezählt. Immer wieder wird ein siegreicher Staat oder ein siegreicher Herrscher aus einer Euphorie heraus Kunstwerke schaffen und läuft damit Gefahr, einer kritischen Nachwelt allzu selbstbewußt zu erscheinen. Diesem Schicksal sind die Pergamenischen Herrscher nicht entgangen. Man hat den Altar als Propaganda ihrer Politik gewertet. So kann eine Generation, die den Aufstieg und auch den Niedergang der Staaten überblickt, urteilen. Allerdings vermag eine Generation, die nicht mehr an die griechischen Götter glaubt, die sich selbst überhaupt nicht mehr als »fromm« bezeichnen würde, die Frömmigkeit der antiken Welt nicht mehr nachzuempfinden und ist sogar geneigt, die von den antiken Herrschern betonte Frömmigkeit als unaufrichtig zu stempeln.

Doch diese Probleme beschäftigten die ersten Ausgräber von Pergamon nicht. Ihr Gedanke war, zu retten von den kostbaren Bruchstücken, was zu retten war.

In ausführlichen Berichten an Conze hat Humann die Reliefplatten und Bruchstücke in der Reihenfolge ihrer Freilegung beschrieben. Wir haben nicht die systematische Abfolge der Beschreibungen von Humann wiederholt, die Eduard Schulte wortgetreu übernommen hat. Vielmehr sind von uns die Zusammenhänge später verstreuter Funde wieder hergestellt, die Humann zunächst noch nicht erkennen konnte.

Ebenso wurden die zu verschiedenen Zeiten von Humann angefertigten Zeichnungen von zusammengehörenden Fragmenten hier vereinigt. Das war um so leichter möglich, weil Humann alle Zeichnungen gewissenhaft im Maßstab 1 : 10 angefertigt hatte.

Auf Grund dieser Anordnung entsteht ein lebendiger Eindruck, wie genial Humann mit seinen Zeichnungen und in seinen Beschreibungen den Kampf zwischen den himmlischen und irdischen Mächten erfaßt hat. Außerdem ergibt sich hierdurch die Möglichkeit, die verschiedenen Themenkreise nacheinander folgen zu lassen.

Ferner wurden bei den nachstehenden Beschreibungen auch noch Hinweise auf einige Fragmente angeführt, die erst in neuerer Zeit wieder aufgefunden wurden und identifiziert werden konnten.

Die von Humann verfaßten Beschreibungen sind durch Anführungszeichen gekennzeichnet. Seine Angaben über einige kleinere Fragmente wurden nicht aufgenommen, auch auf die Wiedergabe ihrer Zeichnungen verzichtet.

Die von uns dargestellten Themenkreise folgen im wesentlichen der zeitlichen Abfolge ihrer Entdeckung und damit auch der Nummernabfolge bei Humann.

Schließlich noch ein Hinweis auf die von uns gewählte Form der Wiedergabe des Humann-Textes. Hierfür haben wir der modernen Orthographie den Vorzug gegeben, worauf schon in unserer Einführung hingewiesen wurde.

Humanns Maßangaben sind von uns nicht wiederholt.

1. Die Gruppe der Meeresgötter

Westseite des Altars

In Nr. 1 schildert Humann sogleich ein besonders dramatisches Geschehen:

Abb. 25.52 »Eine Göttin, von der nur die linke Hälfte auf der Platte ist, greift von rückwärts einem Giganten ins volle, geringelte Haar; ihr linker Fuß tritt dabei auf den Schuppenschweif des Giganten. Vom raschen Schritt oder Sprung weht das Kleid unten zurück, während es sich durch den festen Auftritt zugleich an der Schiene in die Höhe bauscht und hier ein eigentümlich geformtes Blattwerk sehen läßt, als sei hier die bis zum Beginn der Wade reichende Fußumhüllung umgeschlagen. Diese Fußumhüllung besteht in sehr zartem Blattwerk, das in flossenartigen Spitzen, auf der

Mitte des Fußes durch Bändchen verbunden, ausläuft; die Rückseite der Umhüllung ist mit Fischschuppen verziert und gestattet vielleicht den Schluß, diese Göttin irgendwie mit der See in Verbindung zu bringen.«

Wie sich später erwies, war das eine ausgezeichnete Folgerung! »Der Busen ist abgebrochen; ein Oberarm und die Schulter umhüllt ein feinfaltiger Stoff, durch Knöpfchen zusammengehalten. Die Fransen und feinen Verzierungen des Gewandes gibt die Zeichnung nicht wieder. Der Arm der Göttin ist fast ganz herausgearbeitet und von vollendeter Form. Die Faust ist halb im Haar vergraben.«

In seinem Brief an Alexander Conze vom 12. September 1878 äußerte sich Humann noch begeisterter über diesen Fund: »Gewandung und Formen sind von unvergleichlicher Schönheit — man kann sich nicht satt daran sehen!«

In seiner Beschreibung fährt dann Humann weiter fort:

»Der Gigant, der von der Göttin, deren Rechte wahrscheinlich die Waffe schwingt, rückwärts hinübergezogen wird, hat einen häßlichen, schmerzdurchzuckten Kopf, dicke Backenknochen und offenen Mund, als ob er schriee. Seine linke Hand ist abgebrochen und umklammert den Puls der Göttin (von mir stark verzeichnet), der rechte Arm ebenfalls abgebrochen, die Muskulatur des Halses und Leibes sehr schön; der Drachenschweif entwickelt sich aus dem Körper durch Vermittlung spitziger Flossen, die bei einem anderen Giganten fehlen. Die Schuppen vom nicht vorhandenen Drachenkopf laufen natürlich gegen den Körper an. Die Gestalten lösen sich, wie alle andern und wie die in Berlin befindlichen, fast ganz von der Platte und haben die dementsprechende Dicke.«

Erst im Dezember 1878 wurde eine dazugehörige Platte gefunden, die Humann unter Nr. 38 beschreibt:

»Es ist eine volle Platte, einen bekleideten Gott und eine Göttin darstellend in verhältnismäßig ruhiger Haltung.«

Erst späterer, eingehender Forschung gelang es, den Zusammenhang der Gruppe der Meeresgötter auf der Westseite des Altars wiederherzustellen. Die Gesimsinschrift sicherte den Namen des bärtigen Gottes; es ist Nereus, der Gott der Meerestiefe, der sich nicht am Kampf beteiligt, sondern ruhig neben seiner Gemahlin Doris steht. Diese selbst ist, wie wir es auf der ersten Platte gesehen haben, durchaus nicht so passiv, sondern sucht den Giganten an seinem Kopfhaar aus dem ihn beschützenden Element herauszuziehen. Sie unterstützt damit den mächtigen Meeresgott Okeanos, den Humann im März 1879 fand und unter Nr. 48 beschrieb und zeichnete:

»Ein Gott mit ziemlich gut erhaltenem Kopfe, auf seiner linken Seite mit einem leichten, fliegenden Gewand bekleidet, führte in der in eine andere Platte hinüberreichenden Rechten das Geschoß. Der linke Fuß verschwindet hinter einem Gegenstand, der der Rand eines Wagens sein kann; der rechte Fuß, ins Freie gehend, ist unter dem Knie abgebrochen.«

Abb. 25 Die Gruppe der Meeresgötter. Zeichnung von Humann

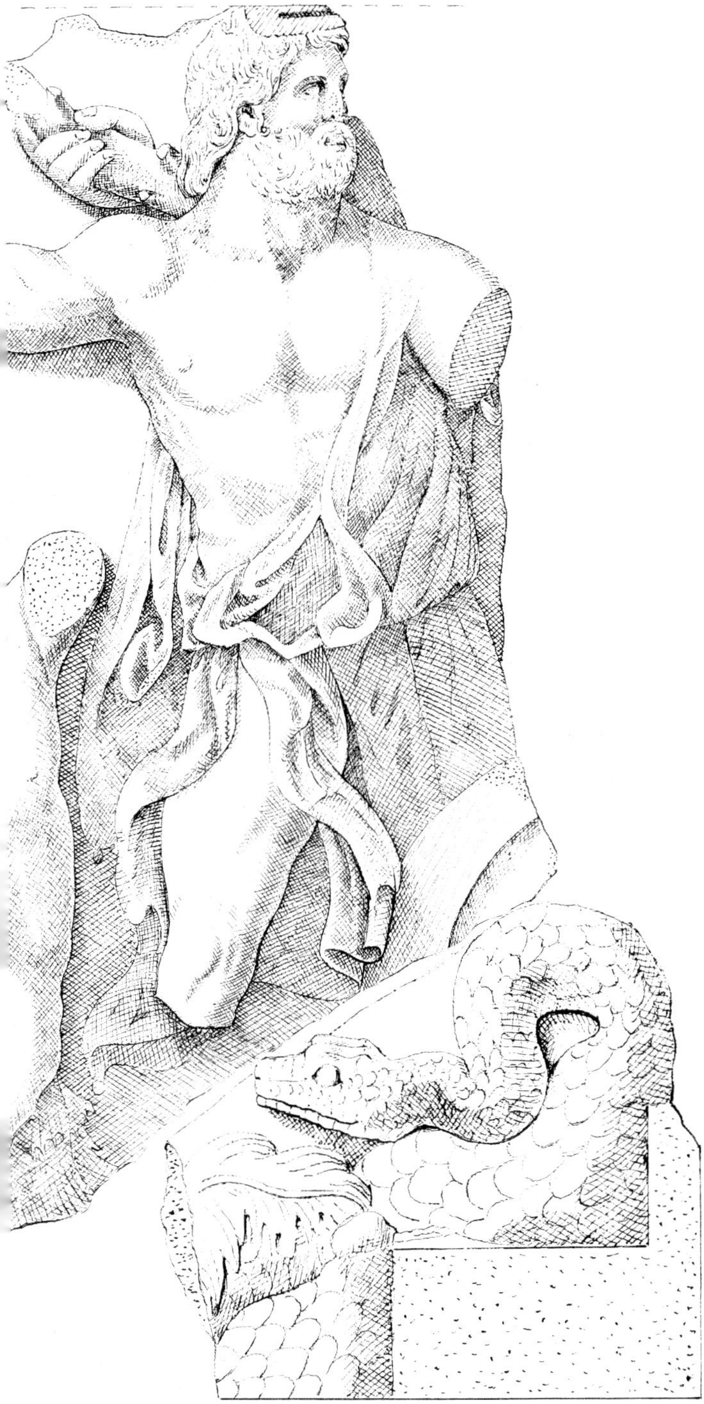

Das Wagenrad wurde später als der Rand eines Schildes gedeutet, den der Gott neben sich abgestellt hatte. Im Juli fand sich dann das Bruchstück des letzten Giganten aus dieser Kampfgruppe der Meeresgötter.

Auch das riesige linke Schlangenbein des Giganten, mit dem die Göttin Doris kämpft, wurde geborgen. Humann erkannte richtig, daß die Kampfgruppe eine Treppe hinaufbrandete (Nr. 15): »Der Gigant scheint am Fuß einer Treppe zu liegen; anders kann ich mir die übrigens abgehauenen Stufen nicht erklären.«

2. *Phoibe und Asteria*

Südseite des Altars

Abb. 26 a Als Humann die Nr. 2 seiner Fundstücke zeichnete und beschrieb,
26 b glaubte er, einen Gott gefunden zu haben:
53 »Ein Gott, die volle Brust dem Beschauer bietend, schreitet mit dem rechten Fuß aus, der linke fehlt, der rechte Arm ist am Ellenbogen abgebrochen, der Kopf schaut nach links, also rückwärts. Die linke Hälfte des Gesichtes, gegen die Platte gekehrt, ist wie neu und war vom Kalk unberührt, die uns zugewendete Seite ist stark geschunden und voll Kalk. Der Kopf gleicht dem des Zeus, sehr große Augen, breite Stirn mit Locken überschattet; das Ohr der linken Seite geht nach oben in ein Blatt über, wie ich es am rechten Ohr gezeichnet habe; auch tritt an der linken Seite des Kopfes ein Horn wie ein Tannapfel hervor. Die Lippen sind leicht und parallel geöffnet, Verachtung ausdrückend oder wie Luft schnaufend; die Brust ist kolossal hoch, aber die ganze Muskulatur bei aller Kraft mit mehr Eleganz behandelt als bei den Giganten. Unter dem rechten Arm treten drei Schuppen hervor (Federn sind es nicht), die dann in die beliebt scheinenden Flossenspitzen übergehen. Oberhalb des Armes ähnliche Schuppen, die auf eigentümlich gebildete Flügel schließen lassen. Die ganze Haltung ist die denkbar stolzeste. Sollte es der Herrscher Poseidon sein?

Hinter seinem Fuß liegt in sich zusammengerollt ein gefällter Gigant, den Wurfspeer in der oberen Brust. Der Kopf ist massig, der Mund hängt halb offen, die Augen sind stier und ungleich, Haare hängen in langen Strähnen hinunter, der rechte Arm verliert sich, der linke, dem die Hand fehlt, wird durch den Fuß des Gottes gegen den Unterleib des Giganten gedrückt, der Drachenleib entwickelt sich hier ohne Übergang (wie in 1) gleich unterhalb der Weiche, krümmt sich nach aufwärts, wodurch die ganze Gestalt zusammengerollt erscheint, und erscheint im Rücken

Abb. 26a Gegner der Phoibe.
Zeichnung von Humann

Abb. 26b Phoibe und Asteria. Zeichnung von Humann

wieder, leider gleich abgebrochen, so daß der Kopf des Drachen, den die Platte in seinem Umriß und Gebiß bewahrt, isoliert erscheint.«

Humann irrte sich; es war ein Gigant, den er eigentlich schon richtig an seinen Ohren und dem Horn auf dem Vorderkopf erkannt hatte. Es ist allerdings kein häßlicher, unterwürfiger Gegner, sondern stolz und hoch aufgerichtet trotzt er der entgegenstürmenden Göttin, eine Auffassung, die den griechischen Künstler ehrt, die Darstellung eines ebenbürtigen Gegners.

Die siegreich voranschreitende Göttin wurde erst später, am 25. Januar 1879, gefunden. Es ist Phoibe, eine Tochter der Erdgöttin Gaia. Sie überließ dem Gott Apollon das Delphische Orakel als Geschenk, und dieser nahm von ihr den Namen Phoibos an. Humann beschreibt sie unter der Nr. 41:

»Der schöne, nackte rechte Arm der Göttin ragt, die Fackel schwingend, in 37 hinüber« (zu der Göttin Asteria, die Rücken an Rücken mit ihr kämpft, wie Humann richtig folgerte). »Die Fackel geht als Basrelief durch diese ganze Platte durch. Die Göttin dreht den Rücken, über den einige schöne Locken sich ringeln; sie trägt ein Diadem und hat ein strenges, schönes Antlitz, das leider an der linken Seite und an der Nase stark verletzt ist. Der linke Arm und Fuß reichen in eine andere Platte hinüber; hinter ihrem Kopf erscheinen als Basrelief Flügelspitzen und geben der Vermutung Raum, daß dieselben dem jungen Giganten in Nr. 39 angehören, dessen linker Flügel sich offenbar, wie schon seine Körperhaltung zeigt, weit hinaus erstreckt.«

An dieser Stelle irrt sich Humann, der Gegner der Phoibe ist der junge Gigant auf Platte Nr. 2, den er für einen Gott hielt, an dem ihn aber die Flügel schon stutzig machten.

»Das Untergewand der Göttin fließt in unendlich vielen feinen Fältchen, während das Obergewand und die Binde teils fliegen und so mit ihrem dos à dos harmonieren. Der rechte Hinterfuß des Hundes und ein Teil seines Schweifes ergänzen, wenn auch stark lädiert, doch dessen Gesamtgestalt.«

Die Gestalt auf Platte Nr. 37, die Humann als das dos à dos der fackelschwingenden Göttin erkannte, wurde schon am 4. Dezember gefunden. Es war die Göttin Asteria, die er, wie folgt, beschrieben hat:

»Eine Göttin in fliegender Gewandung stürzt auf ihren Feind. Ein Hund begleitet sie und beißt in den auf dieser Platte noch eben sichtbaren Schweif des Giganten. Dieser faßt mit der Linken den Hund ins Nackenhaar, um ihn abzuwehren. Daraus geht hervor, daß der Gigant unmittelbar, und zwar ziemlich niedrig, vor der stürmenden Göttin liegt.«

Humann hatte wiederum richtig beobachtet. Am 7. April des folgenden Jahres kam der allerdings stark zertrümmerte Leib des Giganten mit seinem Schuppenschweif ans Tageslicht. Es war noch die Sandale der Göttin Asteria zu erkennen, die ihn zu Boden drückte (Nr. 51).

3. Die Gruppe des Helios
Südseite des Altars

Als Humann Nr. 3 seines Fundes beschrieb, glaubte er, nochmals einen Gott vor sich zu haben: *Abb. 27. 28.54.55*

»Die Platte stellt einen Gott dar, der die volle Brust und den Leib dem Beschauer zuwendet; er nimmt die Mitte der Platte ein und streckt beide Arme aus, die in andere Platten hereinreichen. Der Kopf ist leider zerschlagen, nur das lockige Hinterhaupt haftet noch an der Platte. Der linke Fuß tritt aus der Platte nach vorn hinaus und ist am Knie abgebrochen; der rechte Fuß ist ganz erhalten, verschwindet aber unten hinter einer Masse, die wie das Hinterteil eines kauernden Löwen aussieht.«

Wieder ist es ein hochaufgerichteter, menschengestaltiger Gigant, der den linken Arm, mit einem Fell umwickelt, dem Gespann des Sonnengottes Helios entgegenstreckt.

Doch diesmal ahnte Humann nicht, mit welcher bedeutenden Gruppe er es zu tun hatte. Er schreibt nämlich über die Nr. 17:

»Eine Frauengestalt im Streitwagen. Der rechte Fuß tritt vor, der linke zurück; der linke abgebrochene Arm führte die Zügel, der rechte schwang wahrscheinlich die Lanze, die am Hinterhaupt der Figur als Basrelief sichtbar ist. Der Streitwagen, in dem die Göttin steht, ist an seiner rechten Seite als Basrelief gezeichnet, während die linke Wagenwand frei gearbeitet war und infolgedessen zum Teil zerbrochen ist, wodurch der untere rechte Fuß der Göttin, der sonst verdeckt wäre, in der beiliegenden Zeichnung sichtbar wird. Vor den Wagen waren wahrscheinlich vier Rosse gespannt, da zwei zum Teil an der linken Wagenseite sichtbar sind: Das eine ist mit dem Hinterteil als Basrelief an die linke Wagenwand gezeichnet; der noch erhaltene Teil seines Schweifes reicht fast bis auf den Boden. Es scheint zu bäumen; denn es sitzt auf den Hinterfüßen. Das andere Pferd vor ihm war in Hautrelief; diese Platte enthält nur die Krümmung des Schweifes. Wagenräder sind nicht sichtbar, sondern nur einige Stangen des Wagens, die als Verstärkung gedient haben. Unten links auf der Platte ist eine Art Fels gemeißelt, hinter dem der Wagen herzufahren scheint. Zur Charakteristik der Figur ist folgendes zu sagen, das zum Teil aus der Zeichnung schon hervorgeht: Der Haarputz ist einfach, der Kopf groß mit beinahe männlichen Zügen, starke Augenknochen, gefurchte Stirn, große Augen, Nase und Mund stark beschädigt, Hals auffallend dick und stark und ebenso wie das Gesicht ganz gearbeitet. Kein Schmuck, keine wehenden Schleier, keine Fransen, nichts Nacktes, keine Hervorhebung weiblicher Reize. So ist diese Figur dem Stil von Nr. 4 ähnlich, doch um vieles ernster und strenger als jene.«

Man sieht, die männlichen Züge seiner vermeintlichen Göttin erregten schon Humanns Verwunderung. Der reiche, barocke Faltenwurf des lan-

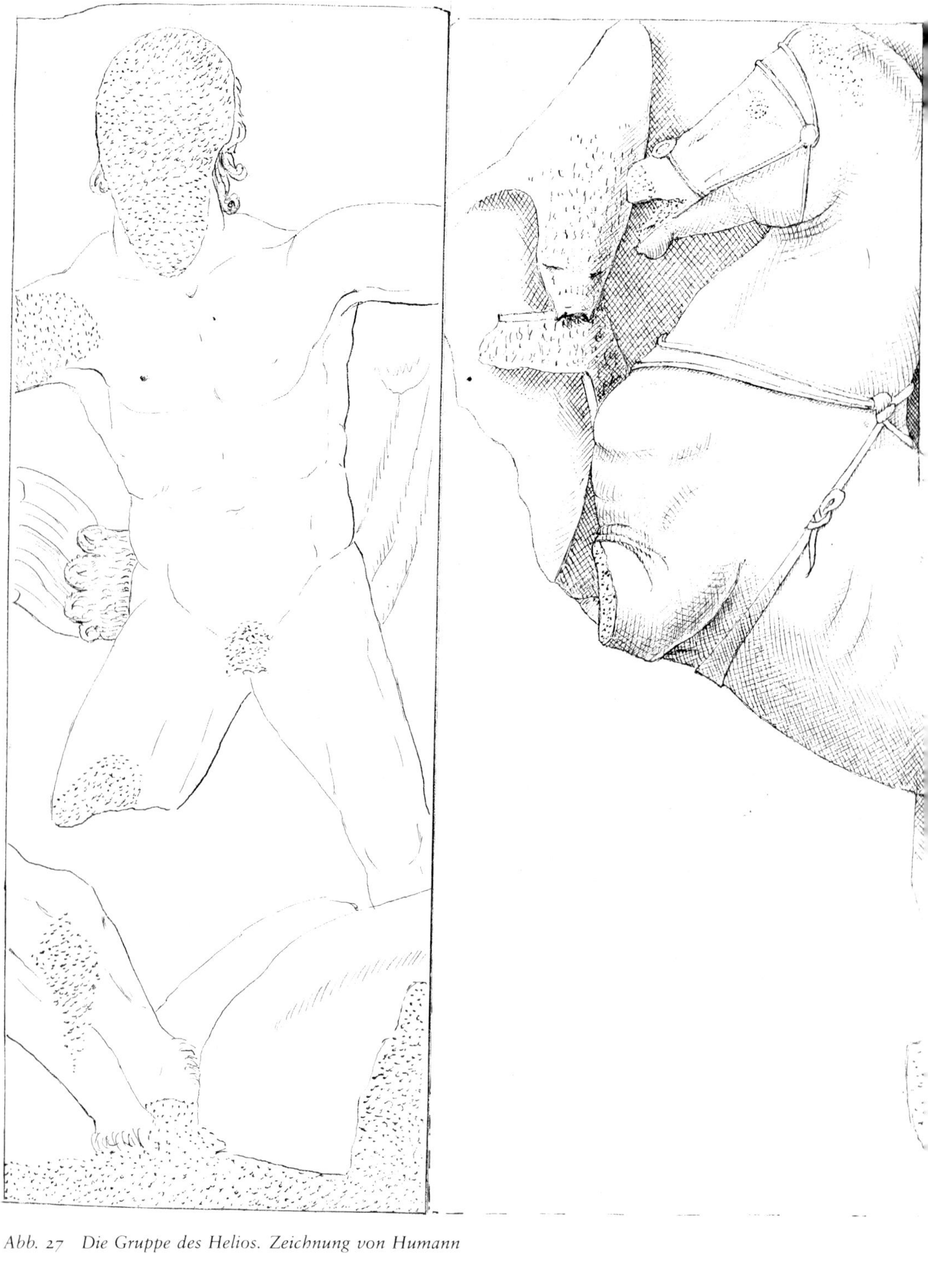

Abb. 27 Die Gruppe des Helios. Zeichnung von Humann

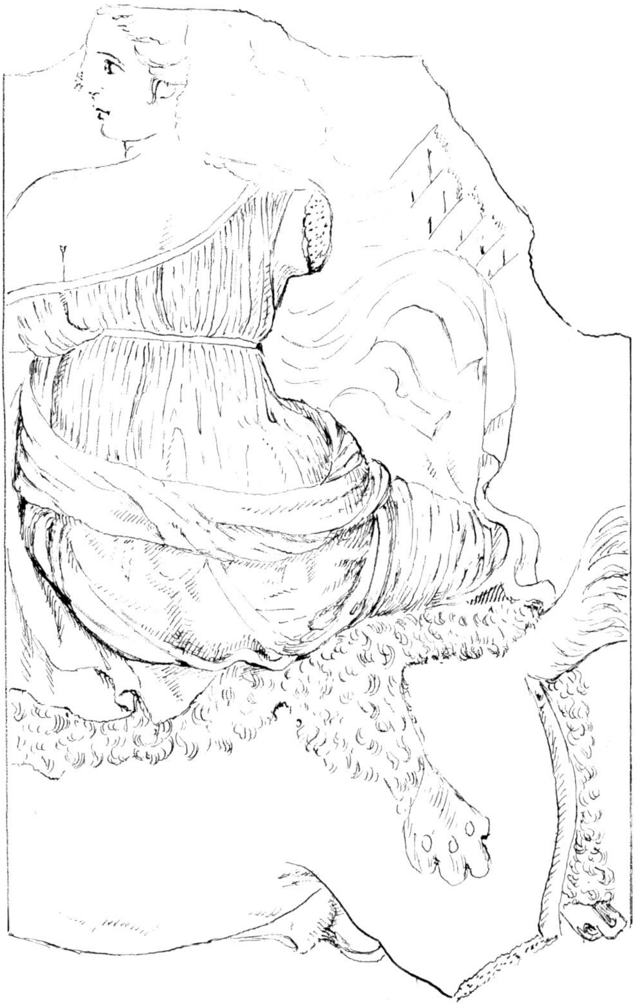

Abb. 28 Weibliche Gottheiten aus der Gruppe des Helios. Zeichnung von Humann

gen Gewandes hatte ihn zu einer falschen Interpretation verführt. Und doch, wie treffend ist seine Beschreibung! 100 Jahre später konnte Elisabeth Rohde schreiben (S. 77): »Der lichtstrahlende Sonnengott erscheint wie ein griechischer Wagenlenker auf seinem aus dem Meere emportauchenden Wagen. Er hält die aufbäumenden Pferde an einem wohl einst in Bronze angesetzten Zügel, und während er das Gespann über den Leichnam eines Giganten hinwegtreibt, richtet er eine in der Rechten emporgehaltene Fackel auf den vor ihm zurückweichenden Gegner.«

Glücklicherweise konnten später noch Teile des Pferdegespannes vor dem Sonnenwagen geborgen werden (Nr. 8 und 24). Doch nicht allein Helios füllt die Gruppe aus; ihm voran reitet die Göttin der Morgenröte Eos, und es folgt ihm in einem größeren Abstand die Mondgöttin Selene.

Die voranreitende Göttin war zwar stark beschädigt, aber immer noch beeindruckte ihn das Fragment. Humann sagt dazu (Nr. 9): »Das Pferd wendet den schönen Kopf gegen den Beschauer; die rechte Seite des Kopfes hat gelitten, die linke hingegen, der Reiterin zugekehrt und unverletzt, läßt die ganze ursprüngliche Schönheit des Kopfes erkennen. Der linke Vorderfuß ging ins Freie und fehlt. Von der Reiterin ist leider nicht viel zu sagen; Kopf und linker Arm fehlen, der rechte Arm legt sich um den Bug des Tieres.«

Von den Fundstücken des Septembers 1878 beschrieb Humann als letztes Stück unter Nr. 29 den Teil eines weiblichen Gewandes, den die spätere Forschung der Göttin Eos zuschrieb, der von ihm zuvor gefundenen Reiterin. Auch von diesem Bruchstück schreibt Humann begeistert:

»Wenn auch nur die untere Hälfte einer mehr liegenden als sitzenden Göttin darstellend, ist doch dieses Stück die klassisch-reinste und königlich-reichste aller bis jetzt gefundenen Gewandfiguren. Ich sage das, weil es vielleicht in der Zeichnung nicht so deutlich hervortritt.«

Auf Nr. 9 seiner Fundliste folgt die Beschreibung der Mondgöttin Selene (Nr. 10):

»Reiterin zu Pferde. Mit diesem Relief tritt uns ein ganz neues Element entgegen. Diese kokette Reiterin mit dem kleinen runden Köpfchen, den verschleierten Augen, den üppigen Formen, die das zarte Gewand mehr enthüllt als verdeckt, dem prachtvollen entblößten Nacken, der schön geschwungenen Rückenlinie — was will sie im Kampfe? Sie reitet kein Schlachtroß, sondern wie wir heute sagen, ein Damenpferd« (später interpretierte man: Maultier), »das zur ganzen Erscheinung harmoniert. Eine Löwenhaut dient als Decke. Die ganze Gestalt der Reiterin ist entschieden sinnlich behandelt. Das Gewand, das den oberen Körper bedeckt, ist in unendlich vielen kleinen Falten, das, welches die Hüften umschlingt und worauf sie sitzt, in breiten, schweren Falten gearbeitet. Der entblößte Nacken zeigt sich dem Beschauer; desgleichen ist die rechte Seite der Brust bloß, und nach vorn beginnt das Gewand erst wieder, um noch eben den rechten Busen zu umfassen, der, sorgfältig bearbeitet, gegen die

Platte anstößt. Der Gürtel ist fast ringsum frei. Hinterkopf, rechte Schulter und obere Brust liegen in Mörtel verborgen; rechter Arm fehlt.«

4. Die Göttin mit dem Löwen

Nordseite des Altars

Mit Recht zählte Humann die hohe Gestalt der in den Kampf schreitenden Göttin, die zu den ersten überraschenden Funden zählte, zu denen, die am besten erhalten und am schönsten ausgeführt waren (Nr. 4): *Abb. 29. 56.57.58*

»Eine imposante Frauengestalt, streng gekleidet, mit einem wunderschönen, ruhig-ernsten Gesicht, ist im vollen Kampf begriffen und bewahrt doch eine feierlich-hohe Haltung. Sie wendet dem Beschauer, obwohl sie sonst ziemlich ganz im Profil steht, den mit Locken überfluteten Rücken zu, und zwar weil ihr rechter Arm, der leider abgebrochen ist, weit nach hinten herausreichte und ohne Zweifel ein Wurfgeschoß führte. Das deuten auch die großen Augen an, die horizontal auf ein Ziel schauen. Der Mund ist leicht geöffnet, das Gesicht von einem vollen, kräftigen Oval. Der Kopf haftet nur oben an der Platte, der schöne Hals ist ringsum frei gearbeitet. Im Haar ist kein Blatt noch Diadem, das eine Deutung der Kämpferin erleichterte. Der linke Arm hängt herunter, und die Hand, die sich teilweise in die Mähne des begleitenden Löwen verliert, scheint einen Stein zu halten; der linke Ellbogen ist dabei in die Hüfte gedrückt und motiviert zusammen mit dem rechten Arm die in die linke Hüfte konzentrisch sich zusammenziehenden Falten des Gewandes, die dadurch keine üppigen, aber schöne Formen zur Geltung bringen. Rückwärts von ihr ist das Hinterteil des sie begleitenden Löwen sichtbar. Oberhalb des Löwen der Schuppenschweif eines Seetieres. (Die Gigantenschweife haben sämtlich viel größere Schuppen.) Darüber erscheint noch eine Lanzenspitze.«

Kein Symbol und auch später keine Gesimsaufschrift verriet den Namen dieser Göttin. Man wollte sie in der späteren Forschung der Gruppe der Schicksalsgöttinnen zugesellen. Erika Simon identifizierte sie mit der Gestalt der Keto, als der Mutter fast aller schlangen-, hunde- und löwengestaltigen Ungeheuer des griechischen Mythos. Daher erscheint neben ihr der Löwe und im Hintergrund ein von der Höhe herabstürzendes Seeungeheuer, dessen Schuppen Humann bereits feststellte und dessen Kopf später auf der nachfolgenden Platte unten links zum Vorschein kam.

Die Darstellung des Löwen war Humann bereits seit längerem bekannt; denn er schreibt in seinem Brief vom 19. Dezember 1871 an Curtius:

Abb. 29 Die Göttin mit dem Löwen.
Zeichnung von Humann

»Vor Jahren habe ich einen Block gesehen, der einen Mann mit einem Löwen darstellte (damals nach Konstantinopel an Herrn Karatheodoris gesandt).«

Dieses Fragment wurde später vom Syllogos in Konstantinopel der Pergamon-Sammlung geschenkt (Abb. 25 Nr. 4 A). Der Löwe greift einen zu Boden gestürzten Giganten an, dessen rechtes Knie später aufgefunden wurde (Nr. 91).

5. Die Göttin der Nacht

Nordseite des Altars

Abb. 30.59.60 Neben der Göttin Keto auf Platte 4 erschien die mit Nr. 5 von Humann bezeichnete Göttin, von der er aber erkannte, daß sie ursprünglich durch einen weit größeren Abstand von ihr getrennt war:

»Um vieles bewegter ist diese Kämpferin. Nach der rechten Seite kämpfend, hat sie auch vielleicht einer anderen Gruppe zugehört. Sie läuft und hält hoch in der Rechten eine mit einer Schlange umwundene Vase. Da diese Vase so keinen Halt hat, ist anzunehmen, daß die Göttin diese Vase gegen den Feind schleudert. Das Gesicht ist abgeschlagen; man sieht deshalb auf der Platte eine Perlenschnur, die aus dem Haar herabhängt. Auch sonst ist die Gestalt noch mit einem Armband geschmückt, und die Sandalen sind zierlicher als anderswo. Ein Schleier weht über ihrem Haupt, fast eine muschelartige Nische bildend.«

Diese Göttin, deren Name auf dem Gesims nicht verzeichnet ist, hat man als Nyx, als Göttin der Nacht, gedeutet. Das Gefäß in ihrer Hand ist ungewöhnlich und sonst nicht als Kampfmittel bekannt. Vielleicht könnte man an die Büchse der Pandora denken. Man deutete dieses unheimliche Geschoß als ihr Symbol, das sich auf die Sternbilder »Wasserschlange« und »Krater« beziehen könnte.

In seinem Pergamon-Roman läßt Heinrich A. Stoll den Bildhauer, der die Nyx schuf, an einen Angriff der Bithynier denken, die auf die heransegelnde pergamenische Flotte Tonkrüge mit Schlangen warfen; den Rat dazu hätten sie von Hannibal erhalten, den König Prusias von Bithynien als Flüchtling bei sich aufgenommen hatte.

Mit dem jetzt wieder glücklich aufgefundenen und angesetzten Gesichtsteil ist diese Göttin eine der schönsten, lieblichsten Gestalten des Frieses.

Mit den Worten Hölderlins könnte man ihre zarten, mädchenhaften Züge, ihren Blick als »schicksallos« bezeichnen. Fast unbewußt scheint sie ihren grausamen Krieg zu führen.

Abb. 30 Die Göttin der Nacht. Zeichnung von Humann

Humann berichtet, daß gleichzeitig mit Nr. 5 auch das anpassende Fragment Nr. 6 freigelegt wurde. Er zeigt »rechts zwei abgebrochene Drachenschweife und links einen Frauenarm, über dem eine Perlenschnur, die in einer Blume endigt.«

6. Kybele, Adrasteia und der Stiergigant

Südseite des Altars

Abb. 31.32.61 Die Zusammensetzung des Frieses hat ergeben, daß die Frauengestalt, die Humann unter Nr. 7 seiner Funde verzeichnet, der Göttin Kybele vorausschreitet. Sie wurde als Adrasteia erklärt, eine im kleinasiatischen Raum beheimatete Göttin. Humann schreibt über sie:

»Eine Frauengestalt, die in der Auffassung und Behandlung mit Nr. 5 (Nyx) ebenso verwandt ist, wie sie sich von dieser unterscheidet. Das Kopfhaar ist in einen Knoten gebunden, das Gesicht sitzt fast ganz im Mörtel und scheint gut erhalten. Die linke Hand war angesetzt und fehlt; der linke Fuß tritt energisch vor, der rechte Fuß und die rechte Hand gehören einer anderen Platte an. Ein Schleier umweht in großem Bogen ihr Haupt, und seine beiden Enden hängen über dem linken Arm, das von der Rechten kommende Ende ist durch ein zwischen Bauch und linkem Arm herausgeschlagenes Stück unterbrochen. Die ganze Anordnung dieses Schleiers ist eine außerordentlich malerische; doch versteht sich für den Kampf sein Sinn nicht, es sei denn, daß ihm vielleicht magische Kräfte innewohnten. Der Feind ist der Kämpferin sehr nahe; denn vor ihr gewahrt man unten einen Drachenschweif, oben eines anderen Drachen Kopf.«

Wieder rührt einen die schicksallose Haltung der Göttin an. Noch einmal hatte Humann in kurzem Abstand eine reitende Frauengestalt gefunden, die zunächst noch rätselhaft war, da ihr eine Gesimsaufschrift fehlte. Doch weist der links neben ihr schwebende Adler, der ein Blitzbündel, das Wahrzeichen des Zeus, in seinen Fängen hält, auf ihre Beziehung zu diesem mächtigen Gott hin (Nr. 52). So ist es die Göttin Rhea, die auch den Namen Kybele trägt, die auf ihrem heiligen Tier, dem Löwen, heranreitet, die als Mutter des Gottes Zeus verehrt wurde, eine uralte kleinasiatische Muttergottheit. Humann erkannte instinktiv das Matronenhafte ihrer Erscheinung, wenn er sie beschreibt (Nr. 11):

»Die Reiterin auf dem Löwen zeigt uns die Vorderansicht. Leider ist das Gesicht zerschlagen. In der sinnlichen Auffassung ähnelt sie dem vorigen Bilde [Nr. 10 Selene], doch ist die Durchführung nicht von solcher Eleganz wie in diesem, und die Formen sind voller. Der linke Arm ist sehr graziös gehalten in schwieriger Stellung; die fehlende Hand griff vielleicht in die Mähne des Löwen. Von ihrer rechten Schulter herab schlingt sich ein Band, das den Köcher trägt. Somit kann auch die Linke den Bogen gehalten haben. Die Gewandung des Oberkörpers ist sehr zart und durchscheinend gehalten, das breitere Gewand, in dem sie sitzt, teilweise gebrochen. Der Löwenleib mit seinem Geäder ist sehr schön.«

Auch die Fortsetzung dieser Kampfszene wurde von Humann entdeckt, als er in der letzten Oktoberwoche 1878 vor der Reliefplatte eines Löwen stand, die er unter Nr. 31 verzeichnete: »Nr. 31 zeigt das Vorderteil eines Löwen und scheint zu der Löwenreiterin der ersten Funde zu gehören.«

Er hatte richtig kombiniert!

Beide Göttinnen eilen dem Gott Hephaistos zu Hilfe, von dessen Gestalt leider nur sehr wenig erhalten ist. Dieser greift hochaufgerichtet, unbekleidet einen stiernackigen Gegner an, dem schon ein vor ihm kniender Kämpfer das Schwert in die Brust gestoßen hat. Humann fand ihn ebenfalls in diesen Herbstwochen:

»Nr. 23 bringt uns endlich etwas ganz Neues, nachdem bisher das weibliche Geschlecht sich in so hervorragender Weise beteiligt gezeigt hat. Ein Gigant von der häßlichsten Gestalt, die Haltung eines rennenden Stiers einnehmend, der von diesem auch die Fleischmasse, den gewaltigen Nacken mit dem Joch und selbst die Ohren entlehnt hat, stürzt sich von oben herab auf seinen Gegner. Das erhobene linke Bein des Giganten zeigt die Kraft des Angriffs. Von dem Gegner sehen wir aber zunächst nur die kolossale Faust, und zwar die linke dem Anschein nach, die das Schwert gefaßt hält und es dem Giganten bis ans Heft in die Brust stößt. Den Unterarm umschlingt ein Tuch, das von da in einigen Falten abwärts fällt. Ferner zeigt sich schräg durch die Platte stehend der Fuß eines Mannes, an Größe zur Faust passend und auch wahrscheinlich dem gleichen Kämpfer gehörend. Dann war aber dieser Kämpfer gestürzt, und es wälzt sich der Gigant von oben auf ihn. Der rechte Fuß des Giganten, der aus dem Stein hinausgeht, kehrt in denselben zurück, schlägt einen Reif, geht dann hinter dem Fuß des Mannes her, biegt in scharfer Krümmung nach oben, und nun schlagen die Zähne des Drachenkopfes sich in des Mannes Wade.«

Die ganze Situation dieses Kampfes mußte kompliziert erscheinen, bis sich überraschenderweise die kniende Gestalt des schwertführenden Gegners fand, allerdings an ganz anderer Stelle als in der bewahrenden Erde von Pergamon. Der englische Archäologe Denys Haynes machte auf ein antikes Hochrelief in der Außenwand eines Hauses in Worksop (Nottinghamshire) aufmerksam, das im Jahre 1625 aus Pergamon in die Sammlung von Thomas Howard, zweiter Earl of Arundel, gewandert war. Haynes erkannte es nach seiner Größe, nach dem Marmor und dem künstlerischen Stil als einen Teil des Gigantenfrieses. Eine angefertigte Gipsabformung paßte wirklich maßgerecht in die Reliefplatte. Doch ist

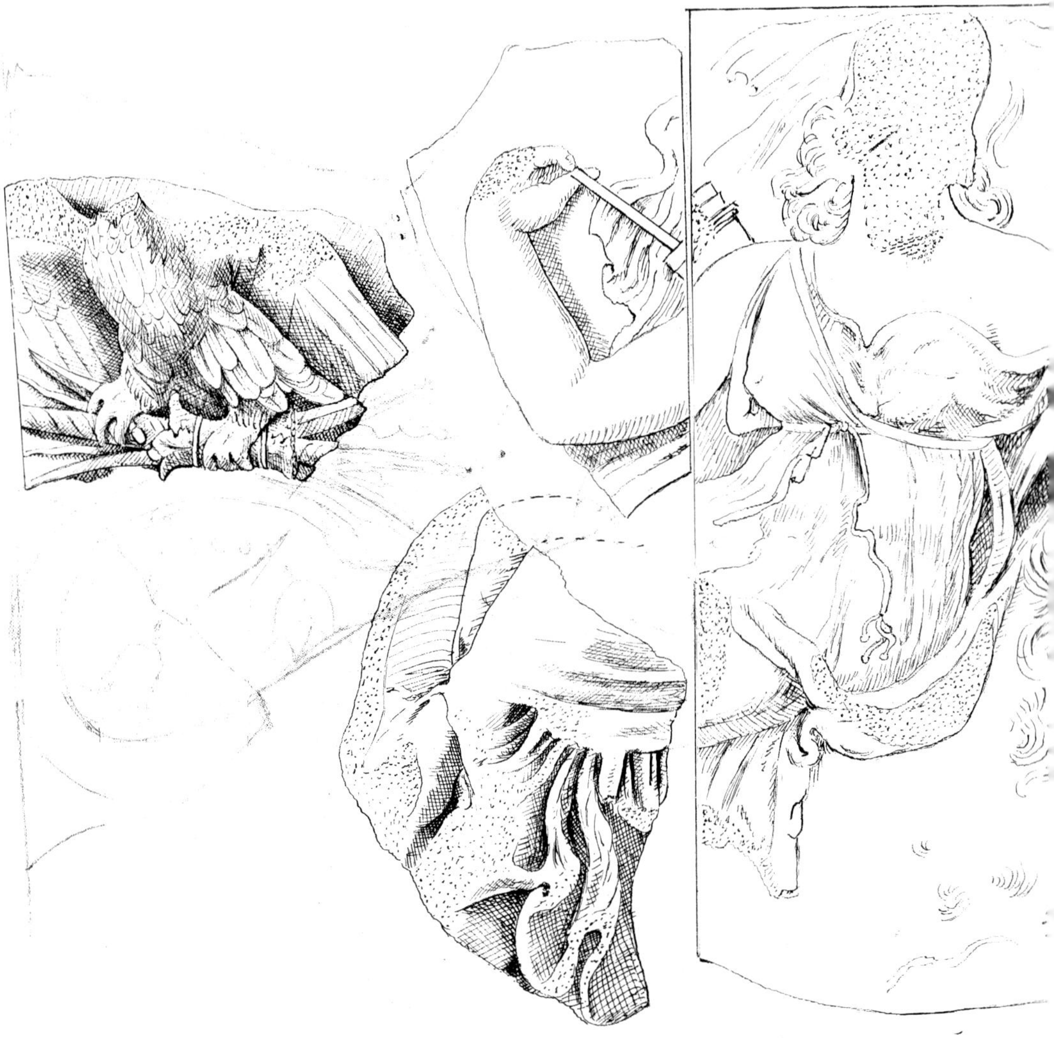

Abb. 31 Kybele und Adrasteia. Zeichnung von Humann

Abb. 32 Der Gigant Typhon. Zeichnung von Humann

es nicht die linke Hand, mit der der Kämpfer, wie Humann meinte, den tödlichen Stoß führt; er ist auch nicht gestürzt, sondern aus der knienden Haltung heraus kann er die Waffe mit beiden Händen führen. Ob es wirklich ein Schwert oder eine Jagdwaffe ist, läßt sich schwer entscheiden.

7. Apollon und der Gigant Ephialtes

Ostseite des Altars

Die drei folgenden Platten offenbarten eine ergreifende Schilderung des Kampfes. Siegesgewiß und in furchtloser Nacktheit versendet der Gott Apollon seine todbringenden Pfeile. Humann nennt keine Namen, aber es ist ihm gewiß, daß diese besondere Schönheit nur einem besonderen Gott zukommt (Nr. 18): *Abb. 33.62*

»Mit einer gewissen Scheu habe ich die beiliegende Skizze gezeichnet, und es ist mir, als müßte ich um Verzeihung bitten, daß ich es gewagt habe, diese Formen wiedergeben zu wollen. Ebenso wenig kann ich sie beschreiben und bitte Sie deshalb, Ihre Phantasie mit zu Hilfe zu nehmen und sich in die Form, Haltung und Größe, die die Skizze angibt, das göttlich-schönste Ebenmaß der Glieder und deren reine Rundung hineinzudenken. Folgende technische Bemerkungen seien mir gestattet: Der Körper haftet nur mit dem Rücken an der Platte, ist also eigentlich eine Statue, der Kopf war ganz frei; denn nur eine sehr kleine abgebrochene Stelle enthält die Platte da, wo der Hinterkopf oder Haarwuchs der Solidität wegen mit der Platte zusammenhing. Am rechten Arm ist ein wenig von der einen Seitenwand der Platte erhalten, wodurch sich ihre ursprüngliche Breite von 1,07 Meter ergibt. Es scheint, daß sie außer dem Gott nichts enthalten hat, als habe der Künstler ihn ganz frei von jedem störenden Beiwerk darstellen wollen. Die Politur des Körpers ist verschwunden, da, wie schon bemerkt, die in der Erde gefundenen Marmore an der Oberfläche verwittert sind. Sie sind es jedoch nicht in dem Maße, daß sie quasi pockennarbig erscheinen, sondern die Fläche ist glatt geblieben. Daß dieses Stück auf *jeden* Fall in die Königlichen Museen kommt, ist selbstverständlich.«

Man hat dem niedergestreckten Gegner des Gottes, der zu seinen Füßen liegt, den Namen Ephialtes gegeben. Das ist der riesenstarke Sohn des Aloeus, dessen Bruder Otos später ebenfalls als ein Gegner der Götter auf dem Fries, und zwar als Gegner der Artemis, Schwester des Apollon, erscheint. Die beiden Brüder hielten den Gott Ares 13 Monate gefangen. Sie wollten den Himmel stürmen, Berggipfel auf Berggipfel wälzen; doch Apollon tötete sie.

Abb. 33 Apollon und der Gigant Ephialtes. Zeichnung von Humann

Humann weiß der Gestalt des sterbenden Ephialtes nicht soviel abzugewinnen wie seinem göttlichen Gegner, obwohl es für uns Heutige auch erschütternd zu sehen ist, wie sich der Hingestürzte nur noch mühsam aufstützt und seine rechte Hand wohl vergeblich versuchte, den todbringenden Pfeil aus dem Auge zu ziehen, während die Beine schon ermatten. Humann schreibt ziemlich nüchtern dazu (Nr. 19):

»Unterleib und Füße des liegenden Mannes. Der linke Fuß tritt weit heraus; der untere Teil desselben ist eingezogen und bis zum Knöchel hin, wo er sich in die Platte verliert, dargestellt. Die beiden Schenkel entbehren jeder Muskulatur, sind rund und weich wie weibliche Gliedmaßen.«

Humann fand zunächst nur den Unterleib der liegenden Statue, später den stark zerstörten Oberleib. Wenn er zunächst urteilte, »daß es keine vorzügliche Arbeit« sei, so tut er den Fund doch nicht mit dieser etwas abschätzigen Bemerkung ab, sondern stellt bei erneuter Beschäftigung mit dem Bruchstück fest (Nr. 20):

»Indes gewinnt dies Stück mit dem vorigen zusammen an Wert dadurch, daß sie aneinander gehören. Aus der Zeichnung wollte es mir anfangs nicht recht glaublich erscheinen, aber ein Aufeinanderlegen der Stücke ergab die Richtigkeit.« Er hatte gewissenhaft beobachtet.

8. Amphitrite und Triton

Westseite des Altars

»Nr. 22: Wiederum eine weibliche Streiterin. Soweit sich ihr Körper auf dieser Platte befand, ist er wohl der besterhaltene von allen. Nur die linke Hand, die ganz ähnlich wie Nr. 4 [Keto] einen Stein zu halten scheint, ist beschädigt; ferner fehlt der Fuß mit der Sandale, und die untersten sich bauschenden Teile des Gewandes sind abgeschlagen. Die Bewegung ist eine ebenso heftige wie in Nr. 5 und 7 [Nyx und Adrasteia], denen ich sie in Stilisierung und Gewandung zuzählen möchte. Der Unterarm ist ganz frei, die Hand haftet dagegen am Kleid. Hinter dem Arm sind die Falten derart dünn ausgearbeitet, daß sie durchscheinend sind. Hinter ihr ein kurzes Stück Drachenschweif.« Zum erstenmal erschrak Humann fast vor dem riesigen Ausmaß des Tempelfrieses: *Abb. 34.35.63*

»Das Stück, so wenig wie das folgende, schließen sich an eins der bisher gefundenen Stücke an, so daß sich mit unseren Funden auch die Summe des Fehlenden vermehrt und das ganze Kampfesbild eine ungeahnte Ausdehnung erhält. Bemerkenswert ist übrigens an dieser Platte noch, daß sie ein Eckstück gebildet hat; denn die eine schmale Längsseite

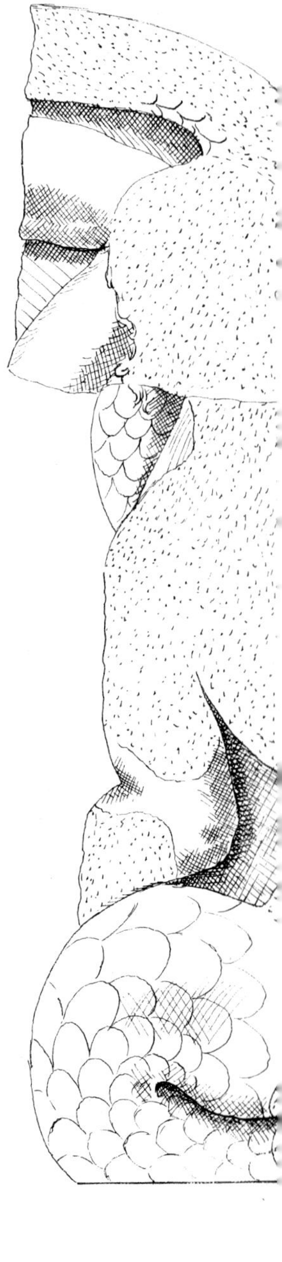

Abb. 34 Amphitrite. Zeichnung von Humann

derselben ist bearbeitet und zeigt in Basrelief einige auslaufende Zipfel von der Gewandung.«

Um die kostbaren Fundstücke noch vor der Regenzeit bergen oder nach Berlin abtransportieren zu können, setzte Anfang Oktober eine Grabungspause ein, die von Verhandlungen mit der Türkischen Regierung über die Teilung der bisherigen Funde und mit dem schwierigen Transport ausgefüllt war. Humann, für einige Zeit in Smyrna, kehrte im November wieder nach Pergamon zurück und ließ die Grabung an der Südfront des Altars an der Peribolus-Mauer fortsetzen, die neue Reliefstücke zum Vorschein brachte. So fand sich im Dezember der anschließende Teil der Amphitrite-Kampfszene und Humann beschreibt den Fund:

»Nr. 33 stellt den Leib eines kräftigen Giganten dar, gegen den eine Göttin, mit dem rechten Fuß weit vortretend, anstürmt. Diese Göttin finden wir in Nr. 22 und haben somit die ganze Kampfgruppe.«

Als Humann darüber klagte, daß sich das gefundene Stück an kein vorhandenes anschließen lasse, ahnte er nicht, wie nahe die Göttin Amphitrite seinem ersten Fund stand, den er in seinem Brief an Curtius vom 19. Dezember 1871 so begeistert und anschaulich beschrieben hatte:

»Sie erinnern sich der hohen, dicken Mauer oben, in der ich Ihnen unten herausstehend zwei Skulpturen zeigte. Die habe ich jetzt heraus. Zeichnung beiliegend [Abb. 35 rechts].

Dies ist der Stein, der links lag; die Brust war sichtbar. Als ich die Mauer soweit herunter gesprengt hatte, daß wir in der Nähe waren, hob ich selbst vorsichtig Stein um Stein ab und fand Hals und Kinn, dann die linke Wange und das Auge. Sowie ich das Auge sah, rief ich aus: *Das ist ein toter Mann!* Denn dasselbe, obgleich weit und schön offen, zeigte deutlich das Eingefallene und Starre des Todes. Ich führe Ihnen diesen Umstand deshalb an, da auf meine künstlerische Kritik doch nichts zu geben ist. Endlich war der Stein ganz heraus und zeigte einen wunderschönen Jüngling mit lockigem Haar, hingestreckt, die Brust hoch wie eine Trommel (25 cm), den rechten Arm, leider zerbrochen, nach oben, den linken nach unten, den Kopf leicht zur Seite liegend, den Mund halb offen, jedoch nicht schmerzverzogen, sondern eher müde, wie schlafend; nur die weit geöffneten, zurückgefallenen Augen zeigen an, daß wir es mit einem Gefallenen zu tun haben. Kraft und Schönheit finden sich hier in der herrlichsten Harmonie. Zur Linken ist noch ein Bein, einem andern gehörend, bemerkbar.«

Der zu Boden gestreckte junge Gigant war von dem Gemahl der Amphitrite, von dem Meeresgott Triton, angegriffen worden, der, als Kentaur gestaltet, seiner Gemahlin entgegensprengt. Humann erkannte ihn allerdings nicht als Gott; denn er berichtet:

»Nr. 40 [Abb. 35 links] wurde am 23. Januar 1879 bloßgelegt. Ein schöner Gigant, in der Fülle der Manneskraft, hat Pferdefüße nach Art der

Abb. 35 Triton. Zeichnung von Humann

Kentauren. Zwischen den Vorderfüßen entwickelt sich aber ein Schuppen- oder vielmehr Ringelleib, der uns im dunkeln läßt, wie der fernere untere Bau des Giganten beschaffen war, ob Pferde- oder Drachenleib. Der Kopf ist zerschlagen, auf dem linken Arm hängt eine Löwenhaut, der rechte geht in eine andere Platte über.«

Da die zusammenhängenden Reliefplatten auseinandergerissen waren und viele der Zwischenglieder fehlten, Fundort und Fundzeit weit auseinanderlagen, so konnte Humann den Zusammenhang unmöglich erkennen, der erst einer langen, mühsamen Forschungsarbeit zu verdanken ist.

Sehr dramatisch beschreibt Elisabeth Rohde unsere Kampfgruppe, wie sie sich dem heutigen Besucher des Pergamonmuseums darbietet (S. 112 ff.):

»Triton, der Sohn des Poseidon und Gott der Wellenspiele, ist als Seekentaur dargestellt. Mit seinem dem Meer entstammenden Fischleib, der sich mit einem geflügelten Menschenoberkörper und Pferdevorderbeinen verbindet, schwimmt er von links in den Kampf, den er gegen drei Giganten zu bestehen hat. Durch die Kraft seines Fischschwanzes hat er einen der Gegner bereits überwunden; einen zweiten, der, von ihm aufs Knie geworfen, sich mit erhobenem Schwert zur Wehr setzt, wird der Dahinstürmende erbarmungslos überrennen, woran ihn auch ein dritter Gegner, der mit vorgestrecktem, von einem Löwenfell geschütztem Arm von rechts herbeieilt, nicht hindern kann. Denn schon hat Triton das Fell ergriffen, um es dem Entgegenkommenden zu entreißen und diesen mit dem einst in seiner Rechten in Bronze eingefügten Schwert zu durchbohren.«

9. Dionysos

Westseite des Altars

Abb. 36.37. 64.65

Noch einmal irrt sich Humann, wenn er glaubt, eine Frauengestalt vor sich zu haben. Er beschreibt die Platte Nr. 25, wiederum im Herbst 1878 gefunden:

»Jagdgöttin, gefolgt von einem schön geformten Knaben, den nur das Ziegenläppchen an den Kinnbacken, die etwas schwulstigen Lippen und das Ziegenfell um die Hüften als Satyr kennzeichnen. Eine Löwin oder Tigerin begleitet ebenfalls die Göttin, doch erscheinen von ihr nur Hinterbeine und Bauch; der zerbrochene Schweif wickelt sich um das rechte Bein. Die schmalen Hüften, die breite, fast busenlose Brust, die dünnen, sehnigen Oberschenkel der beinahe männlichen Jungfrau sind getreu dem Original nachgezeichnet. Der Köcher fehlt.«

*Abb. 36 Dionysos.
Zeichnung von Humann*

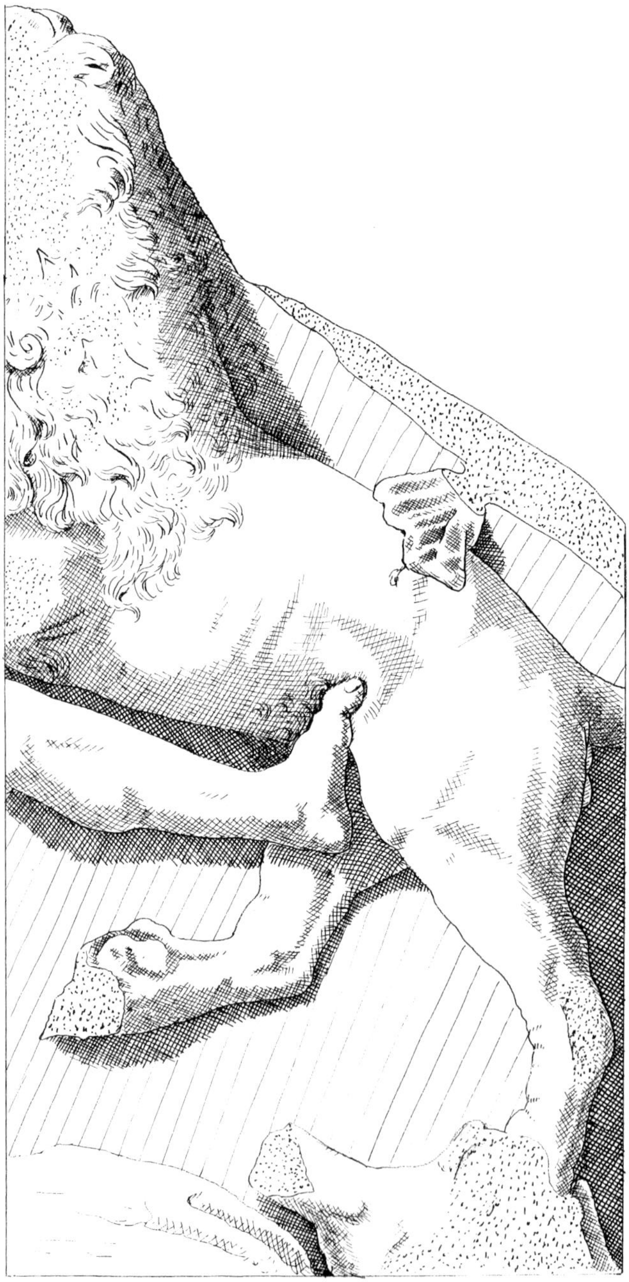

Abb. 37 Fragmente der Dionysosgruppe. Zeichnung von Humann

Wiederum wurde Humann durch die reiche, ihn weiblich anmutende Gewandung zu dem Fehlurteil verführt, obschon seine scharfsinnigen Beobachtungen der mangelnden weiblichen Körperformen und des fehlenden Köchers ihn dicht an die Gestalt des Gottes heranführen. Den späteren Forschern haben die Gesimsaufschriften geholfen, eine Dionysosgruppe zu rekonstruieren, in der der Gott von zwei Satyrknaben begleitet wird, und dem seine Mutter oder auch seine Amme hilfreich mit einem Löwen entgegeneilt. Diese Stücke wurden erst am Ende der Grabung 1881 im Juli gefunden, so daß für Humann kein Zusammenhang mit der Dionysosplatte erkennbar war, zumal auch immer noch eine breite Frieslücke zwischen beiden Darstellungen klafft. Doch hat er noch den Löwen als Nr. 90 und die weibliche Gottheit, deren Identifizierung noch umstritten ist (Nr. 95 mit Seitenansicht), mit dem Zeichenstift festgehalten.

10. Gruppe der Moiren

Nordseite des Altars

Abb. 38. 66. 67. 68

Humann schreibt an Conze:

»Nr. 35 und 36 fanden sich am 3. Dezember. Beide gehören aneinander und schließen sich zugleich an Nr. 1 an. Es war mir keine geringe Freude, daß ich Ihnen diese herrliche Gruppe, wo zwei Göttinnen in nächster Nähe mit zwei Giganten ringen, zu Weihnachten senden konnte.«

Humann meint, seine hier angezeigte Kampfszene sei in die Nähe der Meeresgottheit Doris zu setzen. Die spätere Forschung hat diesem Vorschlag allerdings nicht beigestimmt; wobei aber trotzdem der eigentliche Name der jugendlichen Göttin noch ungeklärt geblieben ist. Auf jeden Fall hat man sie mit zwei weiteren bruchstückhaft erhaltenen, neben ihr kämpfenden Frauengestalten zwischen der Nyx und der löwenführenden Göttin Keto eingeordnet. Die drei Frauengestalten wurden zunächst als die Hesperiden, die Töchter der Nacht, die den Garten mit den goldenen Äpfeln bewachen, angesehen, später als Gorgonen bezeichnet; zuletzt nahm man an, sie seien die drei Moiren, die drei Schicksalsgöttinnen (vgl. Elisabeth Rohde S. 107 ff.).

Abb. 38 Die Gruppe der Moiren. Zeichnung von Humann

11. Artemis und Hekate

Ostseite des Altars

Abb. 39. 40a und b. 69–74 Als Humann die Reliefplatten der Artemisgruppe auffand, fehlten wichtige Teile, die später ergänzt werden konnten. Trotzdem schildert Humann unter dem frischen Eindruck der Entdeckung das dramatische Geschehen außerordentlich anschaulich:

»Nr. 53 zeigt einen gestürzten Giganten mit ausdrucksvollem, schön erhaltenem Kopfe, den ein Hund ins Genick faßt. Im rechten Auge des Hundes sitzt ein Wurfgeschoß.«

Der später aufgefundene Arm und die Hand des sterbenden Giganten lassen erkennen, daß das Auge des Hundes nicht durch ein Wurfgeschoß, sondern durch den Druck des verzweifelten Giganten verletzt wird, der sich in Todesnot windet und dennoch versucht, der wütenden Bestie über ihm ein Auge auszudrücken. Humann fährt fort:

»Zwei Göttinnen bestürmen diesen Gegner. Die eine setzt ihren herrlich modellierten Fuß in die Platte, an den sich, fast rührend, die machtlose Hand des Sterbenden lehnt; die andere streckt ihre linke Hand mit dem Schilde ins Bild. Der rechte Arm des Giganten ist abgeschlagen.«

Wir wissen jetzt, daß der ausgestreckte Arm mit dem Schild nicht einer zweiten Göttin, sondern einem zweiten Gegner zugehört, der unerschrokken der Göttin Artemis über den Leib seines gefallenen Mitkämpfers entgegentritt. Es ist Otos, der Bruder des Ephialtes, den Apollon getötet hat.

Erst später konnte das Haupt der Göttin gefunden werden. Ihr wunderschönes, klares und kühnes Antlitz scheint uns unfaßbar im Angesicht des unglückseligen Feindes zu ihren Füßen. Aber sie beachtet ihn nicht und schreitet dem zweiten Gegner entgegen. Humann beschreibt diesen sehr nüchtern; er hatte ihn allerdings auch noch nicht so vollständig wie wir vor Augen. Aber wieder ist es so, daß ein ebenbürtiger Gegner die Kämpferin ehrt, er scheint nicht von vornherein der Unterlegene zu sein.

Humann hatte lediglich den Oberkörper der Göttin vor sich, außer der von ihm als besonders schön bemerkten Sandale. Er wirkt neben der Photographie mit den später ergänzten Marmorteilen fast dürftig. Und trotzdem — wie genial ist Humanns Einfühlung in dieses traurige Bruchstück. Er hätte die Göttin in ihrer vollen Erscheinung nicht treffender charakterisieren können:

»Nr. 57 stellt eine kleinere, zartere Göttin vor, in leichter Gewandung. Sie scheint in heftiger Bewegung begriffen; die Arme erstreckten sich in die nach links liegende Platte, ebenso die Spitze des Busens, die angesetzt war, zu welchem Zwecke ein kleiner marmorner Keil stehen geblieben ist. Sie trägt ein Band um die Schulter und hatte vielleicht einen Köcher, der angesetzt war und unter den linken Arm reichte. Die runde Aushöhlung mit dem viereckigen Bolzenloch zeigte hier jedenfalls einen Ansatz.«

Abb. 39 Hekate.
Zeichnung von Humann

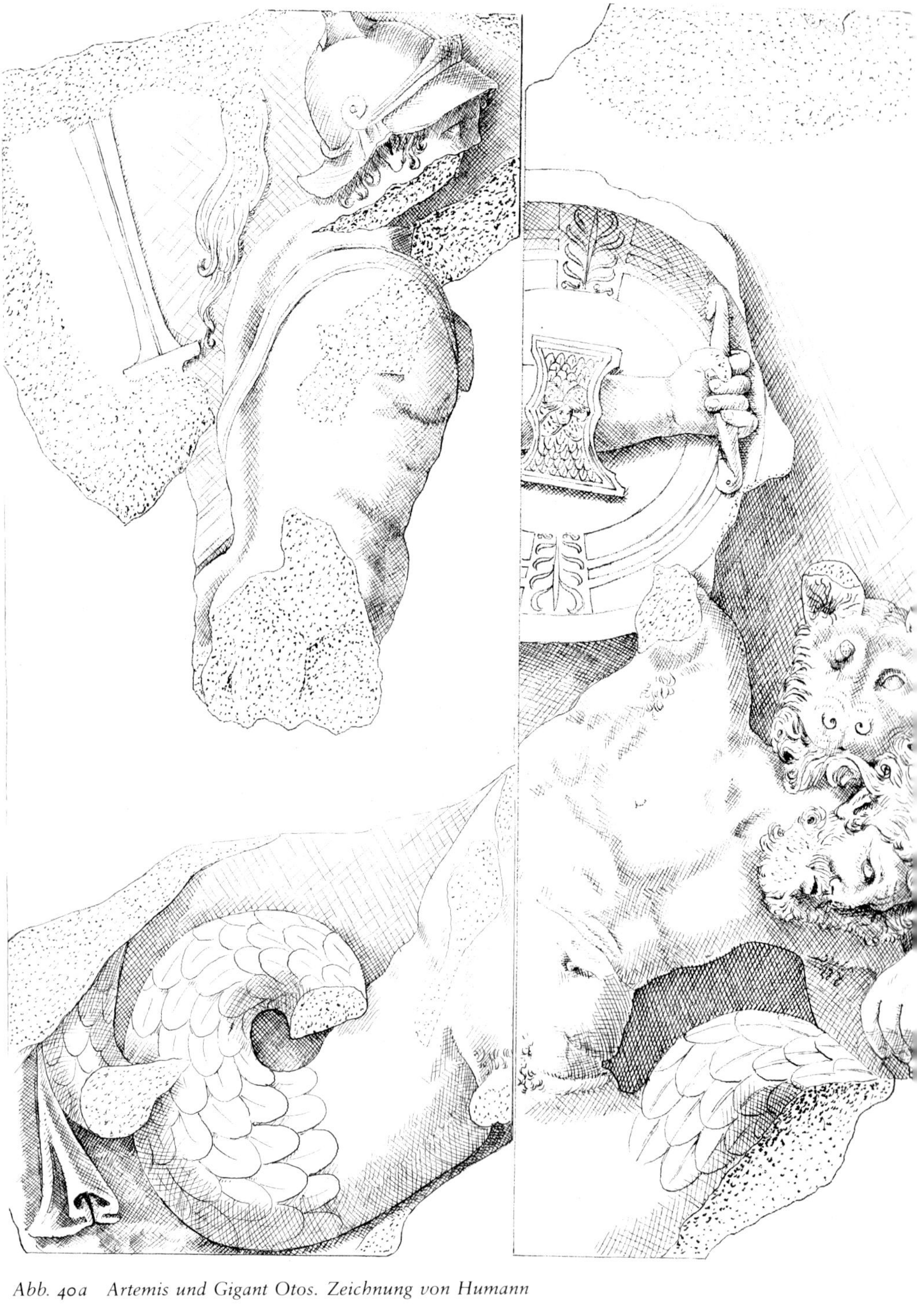

Abb. 40a Artemis und Gigant Otos. Zeichnung von Humann

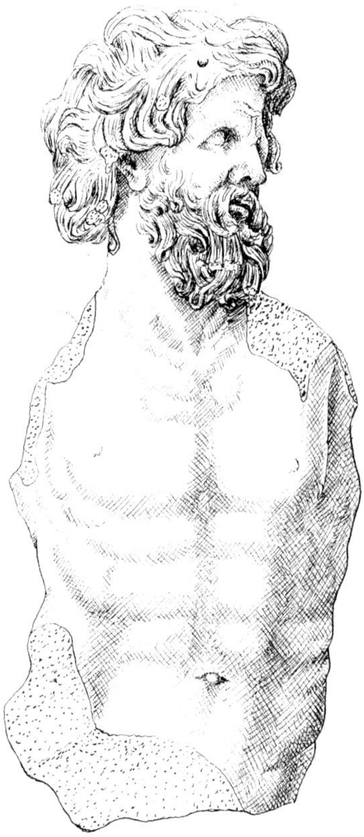

Abb. 40b Gigant, Gegner der Hekate. Zeichnung von Humann

Vorkämpferin der Artemis ist Hekate, die unheimliche Göttin, die auch in der Unterwelt haust und der an den Dreiwegen Opfer gebracht wurden. Hunde und Fackeln sind kennzeichnend für sie und erscheinen daher auch auf dem Relief. Sie wird als dreiköpfig geschildert. Der pergamenische Künstler sucht diese Abnormität in ein geheimnisvolles Doppelwesen, schön wie die anderen Göttinnen, zu verwandeln. So erscheint ihr zweites Haupt ebenso ebenmäßig deutlich hinter dem ersten. Von dem dritten ist hingegen nur der Haarknoten erkennbar (Nr. 54). Humann hatte diese komplizierte Gestaltung bei der Auffindung des Reliefs nicht verstanden:

»Eine Göttin in faltenreichem Gewande zeigt die Rückseite. Die Linke hält den eirunden Schild. Das Profil ist stark beschädigt. Sie scheint vor ihrem Gegner, dessen Drachenkopf in ihren Schild beißt, zurückzuschrekken. Ein anderer Drache von der anderen Seite beißt in ihr Gewand. Dieser bedrängten Lage wegen erscheint wohl auch eine andere Person, wahrscheinlich ein Gott, hinter ihr in Basrelief gezeichnet, zur Hilfe. Diese Person scheint in der linken Hand ein Schwert zu halten, am Schildrand der Göttin sichtbar, während die rechte die Fackel schleuderte. Die Stirn war angesetzt, und die beiden eisernen Nägel sind vorhanden. Unten links ist noch ein Hundekopf sichtbar.«

Der Gegner der Hekate, der nach der Gesimsinschrift den Namen Klytios trug, begeisterte Humann zu vier Zeichnungen:

»Von Nr. 50 fand sich zuerst der Rumpf, der wohl von allen bisher gefundenen Körpern am sorgfältigsten bearbeitet ist und alle an Schönheit übertrifft; dann fand sich die untere und dann die obere Hälfte des Kopfes, doch alle drei Stücke aneinander passend. Das schöne Haupt ist bis auf einige Spitzen der Locken und des Bartes tadellos erhalten. Der gewaltige Körper tritt so mächtig aus der Platte hervor, daß das Haupt, obgleich es etwas zurückbiegt, als wolle es dem von der Rechten geschleuderten Geschoß Raum geben, dennoch kaum die Platte berührt hat.«

Die von uns aus Humanns Zeichnungen ausgewählte Abbildung zeigt den Kopf des Giganten mit dem anpassenden Oberteil seines Rumpfes.

12. Aphrodite

Nordseite des Altars

In den letzten April- und ersten Maitagen des Jahres 1879 fand Humann *Abb. 41.75.76*
drei zusammenhängende Platten, von denen wir heute wissen, daß sie den Kampf der Aphrodite darstellten, die eine Lanze aus der Brust des von ihr gefällten Gegners zu ziehen sucht, der schon über einen toten Mit-

Abb. 41 Aphrodite mit ihren Gegnern. Zeichnung von Humann

streiter gestürzt ist. Man mag sich daran erinnern, daß man auch noch heute von einer »grausamen« oder »zerstörenden« Liebe spricht.

Humann erkannte schon ihren besonderen Liebreiz:

»Eine Göttin von den reizendsten Körperformen in zartem Gewand, das sich am Leib eng anlegt, führte in der abgebrochenen Rechten das Schwert, dessen Schneide im Hintergrund sichtbar ist. Die Linke in Basrelief hält den Schild. Der Leib tritt fast ganz aus der Platte hervor. Der abgeschlagene schöne Kopf stand ganz frei und ist wahrscheinlich gefunden, da er, obgleich der Hals fehlt, zum Ganzen paßt. Der rechte, ebenfalls von der Platte losgelöste Fuß ist auch zerschlagen. Der linke Fuß tritt auf das Gesicht eines vor ihr liegenden Giganten und scheint diesen fortzuschieben. Dieser liegt mit dem Rücken über einem anderen aufs Gesicht gestürzten Giganten; beide sind von einer gemeinsamen Decke oder einem Fell bedeckt. Der Drachenschweif der letzten Platte scheint einem dritten Giganten anzugehören, und vielleicht schiebt die Göttin mit dem Fuß die Toten auf die Seite, um diesen neuen Gegner zu empfangen.«

Im Gespräch mit den Mitarbeitern und Freunden muß Humann bereits die Vermutung geäußert haben, daß es sich hier um die Göttin Aphrodite handelte, doch fehlte ihm der schlüssige Beweis. Ein Brief von Conze aus Paris vom 21. Oktober 1888 bestätigte ihm fast 10 Jahre später seine Erkenntnis; denn Conze schrieb ihm: »Eine große Freude hatte ich durch Puchstein. Er hat den Eros in der Gigantomachie erkannt; der schwebt über dem Leichenhaufen der Göttin vorauf; sie ist also Aphrodite, wie Sie sie immer genannt haben! Na, das muß Sie doch auch freuen, so als Kenner dazustehen, lieber Humann!«

Bei der Zusammensetzung des Frieses in Berlin stellte man fest, daß der Kopf für den Körper der Göttin Aphrodite nicht mehr aufzufinden war. Doch gelangte er 1885 in das Museum von Istanbul, da man glaubte, er gehöre nicht zu den Altarskulpturen. Seine Zugehörigkeit wurde später mehrmals diskutiert, aber erst wirklich festgestellt, als 1960 Heinz Luschey mit einem Gipsabguß einen Anpassungsversuch machte, der alle überzeugte. Unmittelbar nach der Kampfgruppe der Aphrodite reckt ein junger Gigant seinen Leib, der in Drachenfüßen endet, empor, den Humann später auffand, »einen schönen, geflügelten Giganten.« Er wehrt die Göttin ab, die Aphrodite zu Hilfe eilt, ihre Mutter Dione, wie die Gesimsinschrift aussagt (Nr. 67).

13. Kämpfergruppe mit dem »Beißer«

Nordseite des Altars

Unter den ersten drei Skulpturfragmenten aus Pergamon, die Humann im Dezember 1871 in seinem Brief an Curtius beschrieb und zeichnete, stellte die zweite Zeichnung »einen bejahrten, bärtigen Mann dar, der, im Kampf unterliegend, grimmig dreinschaut; auch dieser Kopf, trotzdem daß Kinn und Nase fehlen, ist wunderschön gearbeitet. Ich hielt ihn anfangs für einen Löwenkopf, ehe die linke Schulter und die schön modellierten Schläfen heraus waren. Die Augenbrauen liegen wie dicke Wulste da, ohne doch übertrieben zu sein. Eine Hand, schwerlich seine eigene, denn es müßte die rechte sein, hält einen Schild über seinen Kopf. Dieser Schild ist sehr dünn ausgearbeitet, kaum einen Finger dick, deshalb auch zum großen Teil zerbrochen. Dahinter steht ein Mann, von dem nur der rechte Arm, die rechte Brust und ein Teil des Hinterkopfs erhalten sind, der mit seiner Keule auf den Alten losschlägt. Über der linken Schulter hat er eine Löwenhaut getragen, von der eine Tatze noch erhalten. Kopf, linker Arm und linke Brust sind leider nicht mehr vorhanden.« *Abb. 42.77.78*

Von dieser keulenschwingenden Figur ist auch später nichts mehr zutage gekommen; dafür aber fand Humann selbst noch am Ende der Kampagne 1880 am 31. August den göttlichen Gegner des bärtigen Mannes, den dieser wütend umklammert und in den Arm beißt. Humann schreibt darüber nur kurz: »Am 31. August noch Nr. 93 gefunden, der Gigant, der einen Gott von hinten umfaßt und hochhebt.«.

Die Deutung der Gruppe ist bis heute umstritten; denn hier siegt anscheinend zum erstenmal ein wütender Gigant über einen jugendlichen Gott. Humann hatte schon, als er 1871 den Gigantenkopf zeichnete, erkannt, daß es dabei um einen Kampf auf Leben und Tod ging. Der Gott scheint hoffnungslos verloren, umklammert von starken Riesenarmen, verstrickt in seine Schlangenbeine, sein Haupt, das uns nicht mehr erhalten ist, aber sicher unbewehrt war, von einer züngelnden Schlange bedroht. Es ist wohl kaum möglich, daß er noch mit der Waffe in seiner erhobenen Rechten dem grimmigen Gegner den Todesstoß versetzen kann.

Nimmt man allerdings die ältere, häufig geäußerte Ansicht als Grundlage, daß es sich um die Darstellung der Zwillingsbrüder Kastor und Pollux (Polydeukes) handelt, so ist das Geschehen nicht so rätselhaft. Mitstreiter des Unglücklichen wäre dann sein Bruder, der ihm in Körperformen und Haltung sehr ähnlich ist, er selbst unsterblich, während sein Bruder zur Vergänglichkeit verurteilt war. Er liebte ihn aber so, daß er ihm die Hälfte seiner Unsterblichkeit abtrat, so daß die Zwillingsbrüder nun abwechselnd in der Ober- und Unterwelt leben. Als Gestirn leuchten sie den Menschen.

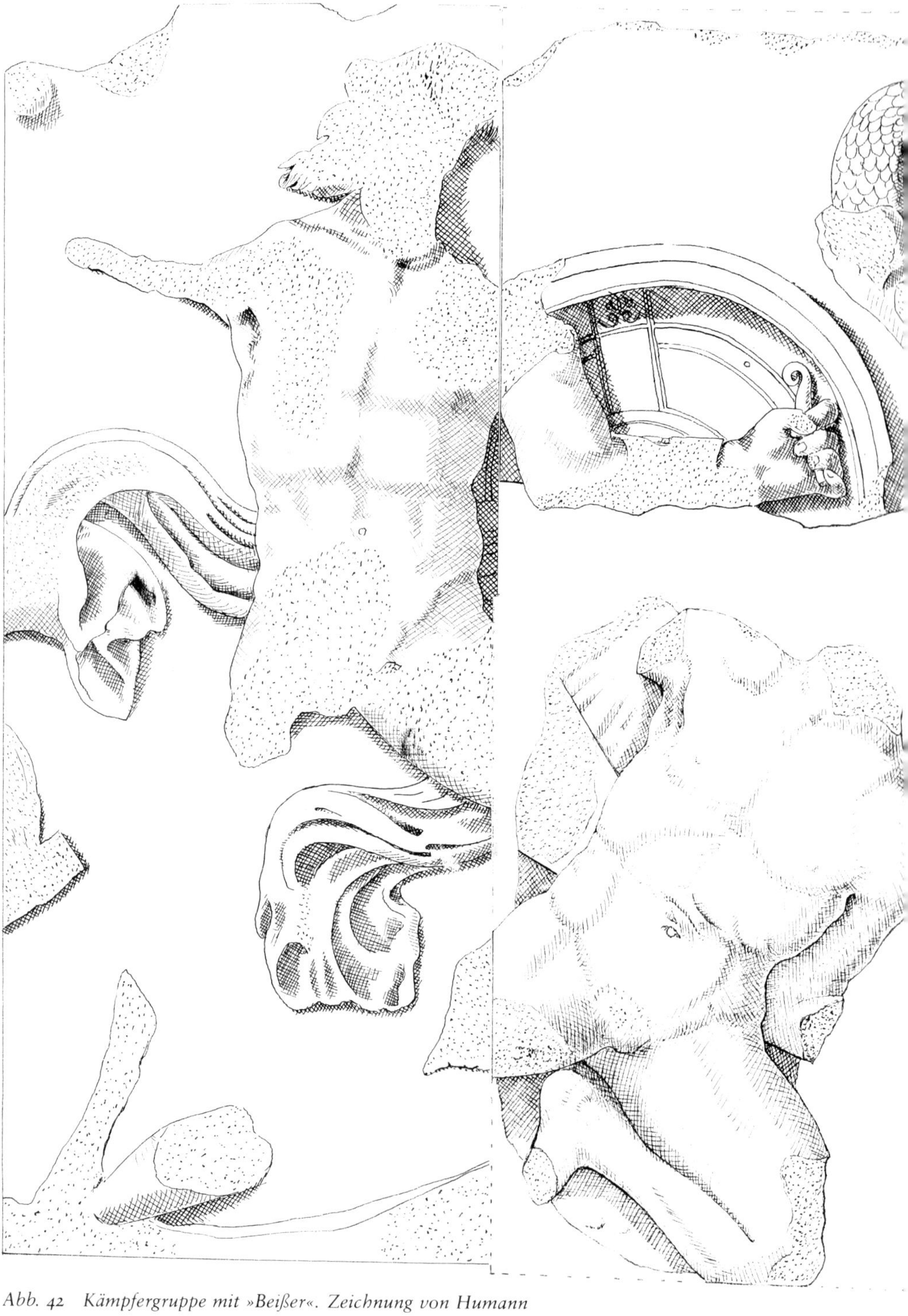

Abb. 42 Kämpfergruppe mit »Beißer«. Zeichnung von Humann

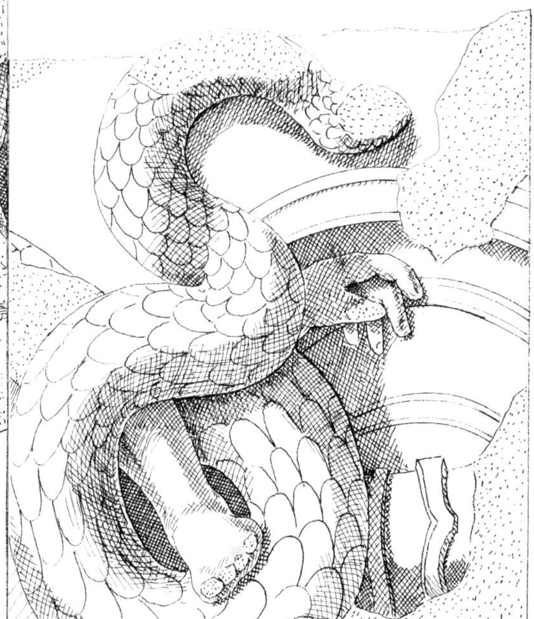

Den Bruder Polydeukes hatte Humann schon im Juni 1880 gefunden und als Nr. 71 aufgeführt. Zu der Zeichnung konnte er nur betrübt vermerken:

»Die Platte ist zwar in ganzer Höhe und Breite erhalten, der darauf stehende Gott aber total zertrümmert. Kaum läßt sich die Haltung der Glieder noch erkennen, genügend jedoch, um zu sehen, daß Nr. 69 dieses Gottes linker Arm ist und sich oben anschließt, ebenso wie sich Nr. 26, im vorigen Herbst an der Südseite gefunden, unterhalb anschließt.«

Bei Nr. 69 handelt es sich um den oberen Teil einer Platte, »den schildbewehrten Arm eines Mannes darstellend; etwas Drachenschweif und eine einen abgebrochenen Gegenstand haltende Faust ragen noch in die Platte hinein.«

Nr. 26 war das passende rechte Beinstück des Giganten, der zu Füßen des Polydeukes niedergestürzt ist.

Humann konnte es nicht ahnen, daß sich mit diesen Fundstücken ein Kreis geschlossen, daß er vor vielen Jahren bereits den grimmigen Feind der Zwillingsbrüder nach Berlin gesandt hatte.

Noch 1986 hätte sich die Gelegenheit ergeben, die an die Beißergruppe anschließende Platte in ihrem unteren Teil zu erwerben und in den Fries einzufügen. Wieder wie bei dem Stiergigant-Gegner (Nr. 23) hatte Denys Haynes das Fragment aufgefunden, das einen rücklings zu Boden gestürzten Giganten darstellt, der zwischen den Beinen eines keulenschwingenden Gottes liegt. Es war in eine runde Nische in einer Gartenmauer an der Themse eingebaut gewesen und gehörte ebenso wie der kniende Kämpfer zu den Marmorskulpturen, die der Graf von Arundel 1625 seiner Sammlung eingefügt hatte, und die nach seinem Tode in alle Winde zerstreut wurde. Vermutlich ist das Haupt des stürzenden Giganten schon von Rubens beobachtet und gemalt worden. Zuletzt gelangte es in den Besitz des Marienordens, der es der Londoner Auktionsfirma Christie übergab, die eine Viertelmillion Pfund zu ersteigern hoffte. Als nur 180 000 Pfund geboten wurde, zog die Auktionsfirma das Angebot zurück.

14. Uranos und Aither

Südseite des Altars

Abb. 43.44.79 Schon die Bergung des Gottes bereitete Schwierigkeiten; denn Humann schreibt: »Nr. 44 setzte sich aus vier Stücken zusammen, die zu verschiedenen Zeiten und an verschiedenen Orten gefunden wurden. Ein bärtiger, doch jugendlicher Gott holt mit dem schwertbewaffneten, über dem

Haupt erhobenen Arm zum Schlage aus; der linke hält den Schild, gegen den ein Stück Gewandung, das einer in der nächsten Platte sich befindenden Person angehört, heranweht. Diese Person scheint mit dem Gott dos à dos gestanden zu haben.«

Mühsame Forscherarbeit erkannte in der weitgewandeten Göttin Themis, die Göttin der Gerechtigkeit, deren Namen die Gesimsplatte verzeichnet. Sie eilt dem kämpfenden Uranos zu Hilfe. Der Name Uranos steht allerdings nicht unbedingt fest, ebenso nicht der Name des Kämpfers an seiner rechten Seite. Es soll Aither, der Gott der reinen Himmelsluft, sein, der unbewaffnet mit einem furchterregenden Mischwesen ringt.

Humann verzeichnete den Rücken dieses Löwenmenschen unter Fundnummer 34 und schreibt: »Nr. 34 stellt den schön modellierten, muskulösen Leib eines älteren Giganten dar. Der gebogene Rücken, das nach vorn gesenkte Haupt erinnern an Nr. 23 [den sogenannten Stiergiganten, Gegner der Adrasteia], doch fehlt diesem Leib das tierische Gepräge.«

Als Humann viel später den anpassenden Teil fand, schrieb er nur sehr kurz: »Nr. 83. Ein Gott, einen Löwen erdrosselnd.« Um so eindrucksvoller ist seine Zeichnung (Abb. 44)!

15. Poseidon
Nordseite des Altars

Sicher ist einst der Meeresbeherrscher Poseidon, der mit seinem Seepferd-Gespann in den Kampf jagte, eine besonders eindrucksvolle Skulptur gewesen. Leider blieb uns nichts als ein Teil seines Gespanns erhalten. Einige Buchstabenreste am Gesims konnten ihm aber seinen Platz auf der Nordseite des Frieses zuweisen. *Abb. 45.81*

Das Seepferd zählt zu den ganz frühen Funden. Humann berichtet darüber: »Am 7. Dezember 1877 schrieb mir Alexander Conze den ersten Brief, mitteilend, daß er seit dem September die Direktion der Skulpturen-Abteilung übernommen habe. In der sich zwischen uns entwickelnden Korrespondenz über verschiedene Museumsinteressen, die wahrzunehmen mir stets eine Freude gewesen war, kam bald die Rede auf Pergamon und das Ersuchen, einige große Hochreliefs, die ich von früher noch in Pergamon liegen hatte, dem Museum zuzuwenden, wie ähnliche von mir im Jahr 1872 geschickt waren. So kam das Seepferd nach Berlin.«

Abb. 43 Uranos. Zeichnung von Humann

in Nr. 17 [gemeint sind die Pferde des Sonnengottes Helios] die Platte entlang sich zu bewegen, sondern ziemlich aus dem Hintergrund hervorzukommen. Das in der Nähe gefundene Pferd Nr. 46 [dem Beschauer am nächsten] schließt sich zwar an diese Platte nicht an, scheint aber doch zur selben Gruppe zu gehören und das erste Pferd zu sein; die Platte mit dem zweiten Pferd fehlt, und die vorliegende [also Nr. 58] zeigt das dritte und vierte Pferd.«

Wenn Humann in der Beschreibung der Platte Nr. 72 mit dem gestürzten Giganten fortfährt, bestätigt er noch einmal die von ihm erkannte Anordnung: »Da nun das geflügelte Pferd Nr. 46 seiner ganzen Anlage nach zu demselben Viergespann gehört wie die beiden Rosse in Nr. 58, so gibt uns vorliegende Platte zugleich den Abstand der beiden genannten, zugleich mit der Gewißheit, daß der obere verlorene Teil das vierte Pferd enthielt. So erhalten wir das gewaltige Bild eines über gestürzte Giganten hinstürmenden Viergespanns.«

18. Die Göttin Athena

Ostseite des Altars

Eine glückliche Fügung bescherte dem Ausgräber vier zusammenhängende Platten, von denen Humann sogleich erkannte (Nr. 63.64.65.66): *Abb. 48.80.82*

»Sie stellen ein abgerundetes Ganzes dar, dem nichts fehlt und in das sich nichts Fremdes hineindrängt. Die Handlung bedarf keiner Aufklärung, da sie aus der Zeichnung trotz der vielen Beschädigungen der Figuren unverwüstlich klar hervortritt. Der Gigant hat keine Drachenfüße, ist aufs linke Knie gestürzt, welches die Schlange zusammenzwängt und ihn somit an der Flucht hindert, in der er, dem weiten Ausweichen des linken Beines nach zu urteilen, sich befand. Die Schlange zwängt dann den linken Arm nach rückwärts, kommt hinter dem Rücken heraus und ist da, wo sie in der Platte aufhört, links aus dieser herausgetreten, um nach irgendeiner Wendung ihr Gebiß dem Feinde in die rechte Brust zu schlagen. Der rechte Arm des Giganten, der sich um den Arm der Minerva klammert, ist in der oberen Hälfte zerschlagen; der linke Arm wurde im gezeichneten Zustande isoliert gefunden; der Flügel sind vier; das Gesicht war bartlos; der rechts vom Giganten am Boden liegende Gegenstand ist nicht erkennbar.

Der Kopf der Minerva trägt den Helm, der über die Platte hinausragt. Vom abgeschlagenen Gesicht fanden sich einige Reste. Die Aegis ist an den von kleinen Schlangen umgebenen Rändern zerschlagen; auch der Gürtel ist von einer Schlange gebildet. Am linken Arm hängt der nur

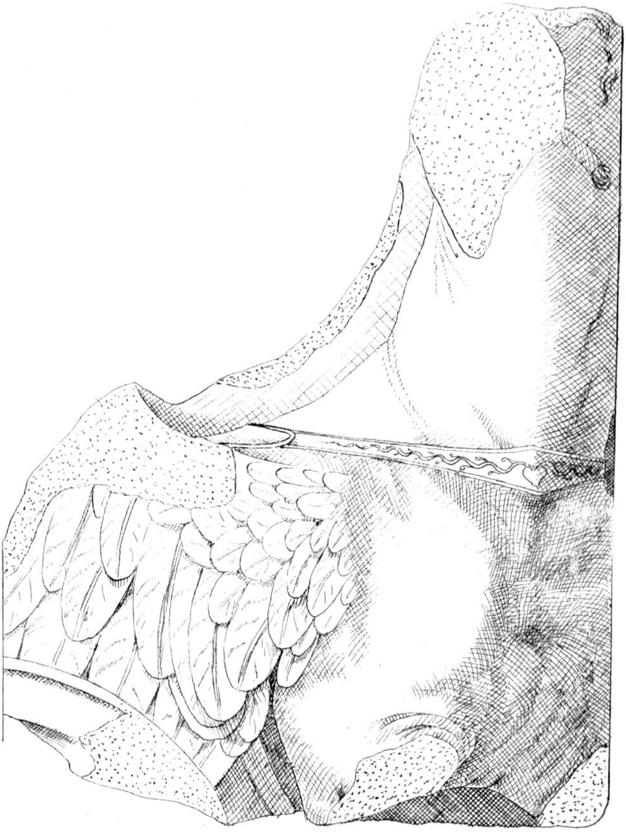

Abb. 47 Die Flügelpferde der Göttin Hera. Zeichnung von Humann

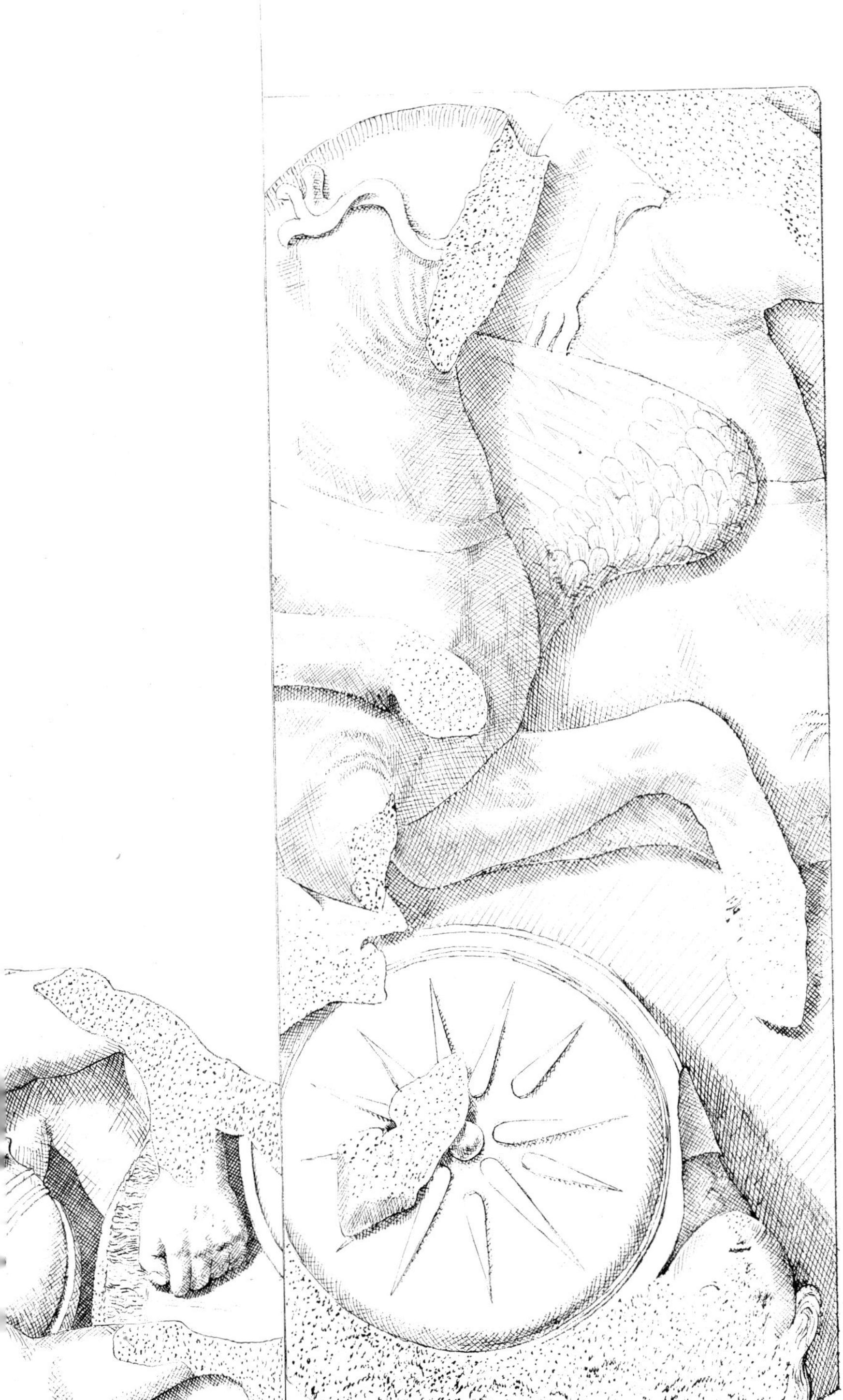

Abb. 48 Die Göttin Athena. Zeichnung von Humann

ΓΗ

durch einige Ringe verzierte Schild; die Hand fehlt. Die Gestalt der Gaia, die, trotzdem sie nur eben aus dem Boden kommt, von gewaltig imponierender Wirkung ist, ist leider, leider im Gesicht zerschlagen, wo nur noch die Augen bezeugen, welch ein Ausdruck darin lag. Ihr rechter abgeschlagener Arm reichte, den Spuren nach, bis ans Knie der Minerva; im linken Arm scheint sie das Gefäß mit Früchten zu halten; die zerschlagene, davor liegende linke Hand zeigt uns die Innenseite. Die über die Gaia wegfliegende Nike ist von sehr zartem Körperbau; ihre Rechte nähert sich dem Haupte der Athena; der Oberkörper ist leider zerschlagen. Unter ihr scheint ein Toter zu liegen, von dem man nur den rechten Arm und die Schulter erkennt.«

Humann hat diese Kampfszene noch nicht mit der gleichen Begeisterung begrüßt wie die folgende, in der Zeus den Mittelpunkt bildet. Doch erkannte man später die unmittelbare Zusammengehörigkeit dieser beiden Gruppen, die den dramatischen Höhepunkt des Ostfrieses bilden.

Vor allem hat Heinz Kähler die Meinung vertreten, daß Zeus, dem Göttervater, in Union mit seiner Tochter Athena, der Schirmherrin Pergamons, dieser Altar überhaupt geweiht war. Sie allein wenden ihr Antlitz voll dem Beschauer zu, auf sie schreitet der den Berg Heransteigende als erste zu, bei ihnen fällt die Entscheidung im Kampf. Schon umkränzt die Siegesgöttin Nike das Haupt der Athena.

Wir wissen, daß die Herrscher von Pergamon nach dem Sieg über die Galater und die Seleukiden als Dank für den Sieg der Göttin Athena in ihrem Tempel Weihgeschenke darbrachten, ja daß sie fortan alle zwei Jahre das Fest der siegbringenden Göttin feierten, das Fest der Athena Nikephoros. Erst später wird dazu auch der Name des Zeus in den Weihungen genannt, und diese Verbindung bestätigt dann der große Fries.

19. Die Zeusgruppe

Ostseite des Altars

Abb. 49.83.84 Vier Platten, die Zeusgruppe darstellend, lagen unmittelbar nebeneinander und wurden am 21. Juli 1879 zugleich gehoben.

Noch anschaulicher als Humanns Beschreibung in seinem Grabungsbericht über diese Gruppe ist der Brief, den er gleich darauf an Alexander Conze nach Berlin sandte. Das Original davon ging verloren, erhalten blieb ein Nachdruck im Berliner Lokal-Anzeiger zum 100. Geburtstag von Carl Humann, am 3. Januar 1939, den Conzes späterer Nachfolger, Carl Weickert, erstmalig veröffentlichte:

Am 22. Juli 1879 schreibt Humann an Conze:

»Unmittelbar im Osten der Ara hatte ich die noch anstehende Erde abtragen lassen und lud gestern morgen Herrn Dr. Boretius [von der Universität Halle] und meine Frau ein, mit hinaufzukommen und dem Umwenden der vier Platten beizuwohnen. Sieben Adler umkreisten die Burgspitze, und ich fragte Herrn Boretius, ob er sich auf den Vogelflug verstände; er meinte, es bedeute Glück.

Die erste Platte, seit April bekannt, fiel um. Es war ein gewaltiger, auf seinen Ringelfüßen stehender Gigant, der uns den herrlich modellierten Rücken zeigt, das fast unverletzte Gesicht nach links schauend, im Profil, auf dem linken Arm eine Löwenhaut; das Auge bildet eine Höhlung, in der der Apfel fehlt. Er paßt an nichts Bekanntes! Die zweite Platte fiel! Ein herrlicher Gott, die volle Brust zeigend, die Schultern gehen fast bis oben an die Platte, der Kopf fehlt. Um die Schultern hängt ein Gewand, das dann unten die kräftig auseinander stehenden Beine bedeckt bis hinaus zum Schritt. Beide Arme gehen in andere Platten über. Paßt an nichts Bekanntes! Die dritte Platte zeigt einen schmächtigen, doch muskulösen Giganten, der in die Knie gefallen ist; die linke Hand drückt sich schmerzhaft auf die rechte Schulter, der rechte Arm hängt schlaff herunter; vom Kopf ist das Gesicht abgeschlagen, fand sich aber gleich darauf zum größten Teil.

Ehe ich denke, wohin damit, fällt die vierte Platte: ein Gigant stürzt rücklings über, er führte Schwert und Schild, Kopf und Arme fehlen. — Ein Blitzkeil hat ihm den linken Oberschenkel durchbohrt und diesen an den rechten Oberschenkel angenagelt. Zum erstenmal der Blitz in seiner artilleristischen Wirkung. Ich fühle deine Nähe, Zeus! Fieberhaft umeile ich die Platten! Hier, die dritte paßt links an die erste! Die Schlangenringel des großen Giganten gehen in die dritte Platte über; der obere Teil der Stelle, wo hinein der Gigant seinen löwenfellbehangenen linken Arm streckt, fehlt; doch erkennt man, er kämpft über den Gefallenen hinweg. Sollte er gegen den großen Gott kämpfen? Wahrhaftig, der linke gewandumwallte Fuß desselben verschwindet hinter dem knienden Giganten! ‚Drei gehören aneinander!' rufe ich.

Meine Frau und Herr Boretius bezweifeln das stark — sie liegen ja noch nicht zehn Minuten da. Während die das zu erkennen suchen, bin ich bei der vierten. Sie paßt auch!

Der Gigant, vom Blitz getroffen, fällt vom Gott ab rückwärts. Seine unteren Beine sind in der Gottesplatte sichtbar. Wer ist der Gott? An Zeus zu denken, wage ich nicht, trotz Blitzkeil. Da findet sich noch ein kleines Stück, etwa 0,70 zu 0,80. Ich glaube, ich habe es selbst von der Erde gereinigt: ein Stück Löwenhaut, um einen Unterarm geschlungen. Ihm gegenüber ein unverständliches Gewirr von Schuppen — Federn — Schlangen! Ein Blitzgedanke; es ist der linke Unterarm des riesigen Giganten, ihm gegenüber steht der linke Arm des Gottes — er hält die Aegis, es ist Zeus!

Abb. 49 Die Zeusgruppe. Zeichnung von Humann

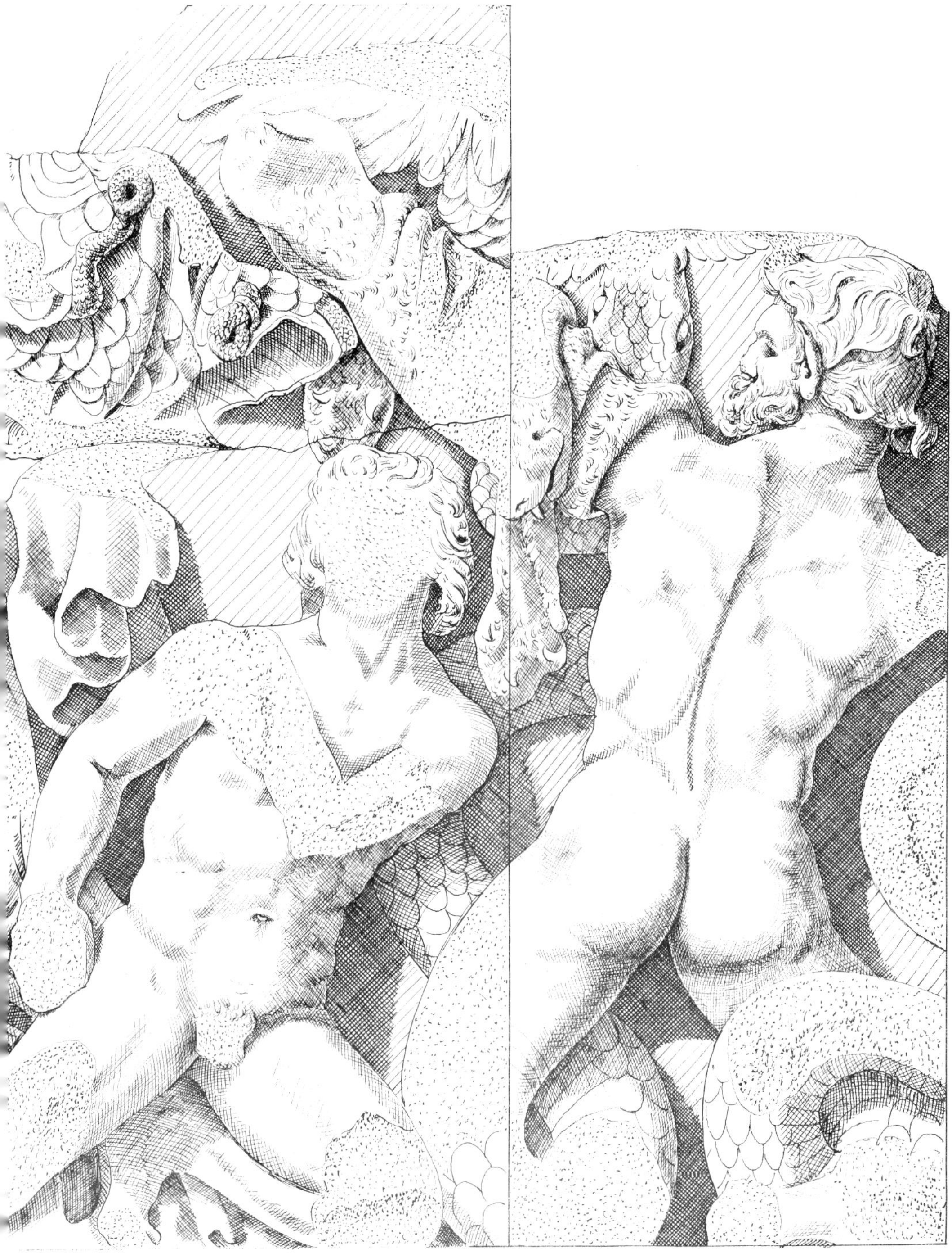

Ich glaube, ich habe eine Träne zerdrückt. Vier Platten, Zeus im Kampf mit drei Giganten, also darum die Visitenkarte Jovis beim Beginn der Arbeiten — daher der Vogelflug der sieben Adler. Ich kam erst zu mir, als Herr Dr. Boretius mir gratulierte und sagte, er werde das nie vergessen.«

20. Der Telephosfries

Abb. 50.51. 85.86

Unter den ersten Pergamonfunden, die nach Berlin gelangten, befanden sich auch Fragmente eines kleineren Frieses, die Humann mit der gleichen Sorgfalt wie die des großen gezeichnet hatte. Aber hier fehlt seine enthusiastische Beschreibung. Nur einmal verzeichnet er: »ein hübsches Relief gefunden«; doch versagt er sich sonst jedes Urteil und jeden Deutungsversuch. Wieder war es Conze, der diese Reliefs als hochbedeutend erkannte, aber zuerst ratlos davorstand: »So viel Rätsel wie Figuren«, sagte er.

Die ungemein schwierige Deutung gelang dann Carl Robert dank seiner gründlichen Kenntnis der griechischen Sagenwelt und seiner Kombinationsgabe. Gleich in den ersten Platten erkannte er Szenen aus der Telephossage, wie sie Euripides in einem Drama überlieferte. Die später ankommenden Platten konnte er in ihrem Zusammenhang einordnen und die stark zerstörte Darstellung einigermaßen sichern. Die Archäologen und Architekten stellten fest, daß sich der Telephosfries an der Innenwand eines Raumes befunden haben mußte. Da die Bruchstücke sich in unmittelbarer Nähe des großen Altars befanden, müssen sie in diesem Heiligtum eingebaut gewesen sein.

Das selten behandelte Thema hat hier in Pergamon einen Bezug auf das Herrscherhaus der Attaliden, die Herakles als ihren Ahnherrn verehrten. Denn er ist der Vater des Telephos, des späteren Königs von Mysien, von dem sie abstammen. Seine Mutter, die Priesterin Auge, wurde nach der Geburt des Kindes von ihrem Vater, der ein unheilverkündendes Orakel fürchtete, in einer Arche dem Meer übergeben. Dies ist der Auftakt zu vielen märchenhaften Begebenheiten mit Motiven, wie sie in den Romanen der Antike und noch in den Legenden des Mittelalters auftauchen. Auf diesen Reliefs ist kein leidenschaftlicher Kampf dargestellt, sondern eine Szenenfolge wunderbarer Begebenheiten. Die Gestalten sind meist ruhig und verhalten, aber von Künstlerhand gestaltet.

Den Betrachter in antiker Zeit müssen sie noch mehr angesprochen haben als uns Heutige, da wir vor Bruchstücken und einem uns fern liegenden Inhalt stehen. So haben diese Skulpturen auch schon Humanns

Abb. 50 Der Telephosfries. Bau der Arche. Zeichnung von Humann

Phantasie nicht beflügeln können, wenn er auch die künstlerische Darstellung bewunderte, die sein Stift wiederzugeben suchte. Von den 33 Handzeichnungen, die er fertigte, veröffentlichen wir hier den Bau der Arche und die Gruppe des Telephos mit seinen Gefährten.

Abb. 51 Der Telephosfries. Gruppe des Telephos mit Gefährten. Zeichnung von Humann

Der wiederaufgebaute Pergamonaltar

Abbildungen 52–88

Abb. 52 Die Gruppe der Meeresgötter

Abb. 53 Phoibe und Asteria

Abb. 54 Die Gruppe des Helios

Abb. 55 Selene, die Mondgöttin

Abb. 56 Kopf des Löwen

Abb. 57 Die Göttin mit dem Löwen

Abb. 58 Kopf der Göttin mit dem Löwen

Abb. 59 Kopf der Göttin der Nacht

Abb. 60 Die Göttin der Nacht

Abb. 61 Die Gruppe der Kybele

Abb. 62 Apollon und der Gigant Ephialtes

Abb. 63 Triton im Kampf mit Giganten

b. 64 *Dionysos*

Abb. 65 Nysa oder Semele aus der Dionysosgruppe

Abb. 66 Gruppe der Moiren

Abb. 67 Kopf der Göttin aus der Gruppe der Moiren

Abb. 68 Kopf eines Giganten aus der Gruppe der Moiren

Abb. 69 Die Gruppe der Hekate

Abb. 70 Kopf des Gegners der Hekate

Abb. 71 Kopf der Hekate

Abb. 72 Die Gruppe der Artemis

Abb. 73 Otos, Gegner der Artemis

Abb. 74 Hund der Artemis

Abb. 75 Die Gruppe der Aphrodite

Abb. 77 *Kopf des »Beißers«*

Abb. 76 *Sterbender Gigant zu Füßen der Aphrodite*

Abb. 78 Kämpfergruppe mit dem »Beißer«

Abb. 79 Uranos und Aither

bb. 81 Seepferd des Poseidon

bb. 80 Gegner der Athena

Abb. 82 Die Gruppe mit der Göttin Athena

Abb. 83 Die Zeusgruppe

Abb. 84 Gegner des Ze

Abb. 85 Telephosfries. Bau der Arch

Abb. 86 Telephosfries. Gruppe des Telephos mit Gefährten

Abb. 87 Aufstellung des Altars im alten Pergamonmuseum 1902–1908

Abb. 88 Die wiederaufgebaute Westseite des Altars im Pergamonmuseum

ΒΑΣΙΛΕΥΣ ΕΥΜΕΝΗΣ ΑΘΗΝΑΙ ΝΙΚΗΦΟΡΩΙ

VIII. Forschungen und Unternehmungen in Kleinasien

1. Im Sipylos-Gebirge und die Entdeckung der Burg des Tantalos 1880

Humann richtete sein Augenmerk nicht allein auf Pergamon; der näheren und weiteren Umgebung von Smyrna gehörte sein immer reges Interesse. So beurteilt es Conze in seinem Nachruf auf den langjährigen Freund: »Entdecken war seine Freude, lag doch vor seinen Augen ausgebreitet die ganze unendliche Fülle von halb und ganz vergrabenen Schätzen des klassischen Altertums in Kleinasien. An immer wieder neuen Stellen in diesen Reichtum einzudringen, lockte es ihn mit unwiderstehlicher Zaubermacht.«

Besonders seit seiner Ernennung im Jahre 1884 zum Auswärtigen Direktor an den Berliner Museen hielt er es für seine Pflicht, wissenschaftliche Forschungsreisen tatkräftig zu unterstützen.

Die Athenischen Mitteilungen 13 veröffentlichten im Jahre 1888 eine Schilderung Humanns über seinen Ausflug in das Sipylos-Gebirge, das sich nordöstlich des Golfes von Smyrna erhebt. Exakte geographische Beobachtung verbindet sich hier mit einem anschaulichen, ja spannenden Bericht über seine beschwerliche Wanderung in der wilden Felslandschaft, in der er glaubte, die Stadt des Tantalos entdeckt zu haben.

Stadt des Tantalos

In Auszügen war dieser Bericht schon vorher in der deutschen Presse erschienen und hatte die Kritik einiger Leser wachgerufen. Heinrich Kiepert mit seinen gründlichen Kenntnissen des Landes stärkte dem Freund den Rücken, wenn er im November 1880 in der National-Zeitung in Berlin schrieb:

»Es handelt sich bei dem Fund, der dem berühmten Pergamenischen Entdecker neuerdings glückte, um sehr gediegene Ergebnisse, um keinerlei mythologische Hirngespinste. Gern wäre ich selbst bei meinem letzten Besuch in Magnesia vor zehn Jahren den Andeutungen der Alten nachgegangen, hätte mich nicht die Jahreszeit davon zurückgehalten. Nun haben die jüngeren Kräfte meines Freundes Humann, was damals im Juni kaum ausführbar schien, sogar im August möglich gemacht, allerdings, wie er selbst gesteht, mit einem furchtbaren Schwitzbad und alleräußerster Anstrengung in Erkletterung unersteigbar scheinender Felswände. Das größte Hindernis im Verfolgen von Pfaden, die nach den aufgefundenen

Abb. 89 Die wiederaufgebaute Eingangshalle zum Athenatempel im Pergamonmuseum

BUKAREST
KONSTANZA
SEWAS
BULGARIEN
WARNA
SCHWAR
GRIECHENLAND
Bosporus
Şile/Kumbaba
Konstantinopel
Ereğli
Herakleia
Dardanellen
Marmara
Meer
Izmit
Nikomedeia
Üsküb/Prusias a. H.
Bolu/Klaudiopolis
Iznik-
Nikaia
Geyve
Güllük
Mudanya
BURSA
Prusa a.O.
Troja
Assos
Sögüt
Sakarya
Kızılırmak
Lesbos
Ayvalik
Bergama
Pergamon
ESKIŞEHIR
Kütahya
ANKARA
Gordion
Thyatira/Akşehir
Klazomenai
Midas-Stadt
Magnesia a. S.
IZMIR
Smyrna
Değirmendere
Sardes
Philadelphia
Ephesos
Samos
Ikaria
Priene
Aydın/Tralles
Sultanhisar
Hierapolis/Pamukkale
Laodikeia/Lâdik
Akşehir
Milet
Aphrodisias
Patmos
Herakleia
am Latmos
Didyma
Bodrum
Halikarnassos
Konya
Çatal
Hüyük
Kalymnos
Kos
2284
Knidos
2505
Antalya
Attaleia
Side
2647
1610
3240
Göksu
Tarsus
Mersin
Telmessos
Xanthos
Çıralı/Olympos
Demre/Myra
Rhodos
Kreta
MITTELLÄNDISCHES MEER
NIKOSIA
ZYPERN
KLEINASIEN
TAURUS

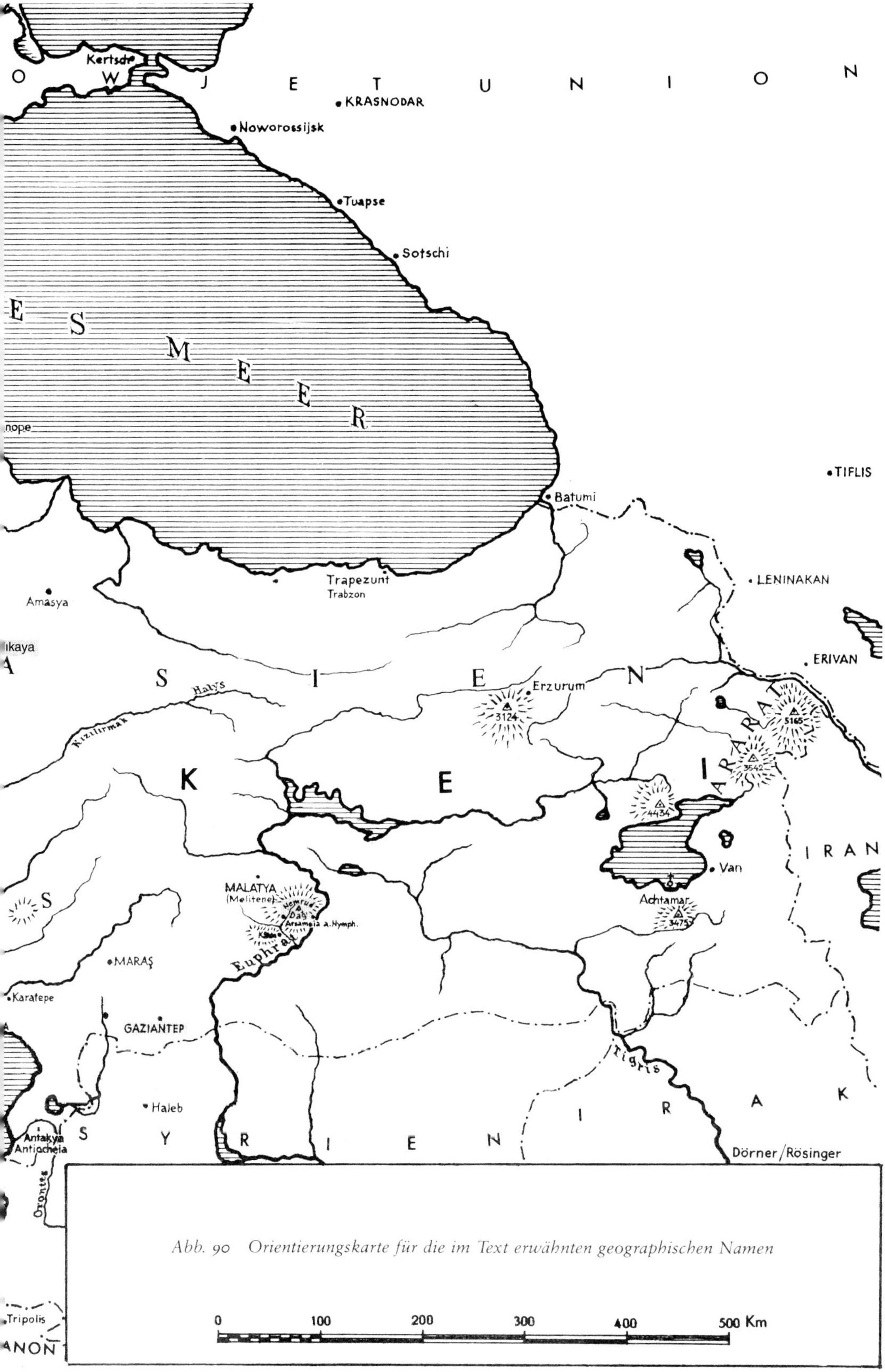

Abb. 90 Orientierungskarte für die im Text erwähnten geographischen Namen

Abb. 91 Thron des Tantalos im Sipylosgebirge. Zeichnung von Humann

Resten einst gangbar gewesen sein müssen, bildeten die Zerstörungen, welche die Erdbeben in der Gebirgsmasse selbst bewirkt haben.«

Lassen wir nun die Schilderung Humanns folgen:

»Im Jahre 1880 hatte ich bei Magnesia am Sipylos eine Felsburg entdeckt, die mir zweifellos die Stätte zu sein schien, an welche die Alten ihre Sagen von Tantalos knüpften.

Die Fülle der geschichtlichen Erinnerungen, die sich in dieser Gegend zusammendrängen, müßte längst, wie man meinen sollte, zur genauesten Durchforschung und Beschreibung jeder übriggebliebenen Spur menschlicher Tätigkeit geführt haben; und dennoch haben sich die Forschungen lange nur um den Rand des Gebirges bewegt. Das Kybelebild (früher Niobe genannt) bei Magnesia liegt vom Bergesfuß sichtbar nur etwa 100 Meter hoch über der Ebene; auf dem südlichen Abhang des Gebirges am Meere fand Texier Alt-Smyrna, Naulochos und die Nekropolis, an welche er so berühmte Namen knüpfte, daß wohl noch lange das größte Grab der Nekropolis ‚Tombeau de Tantale' heißen wird.

Magnesiagebirge: Geographie und Geologie

Dem Geographen ist es bequem, und in Ermangelung alter Einzelnamen hat es auch eine gewisse Berechtigung, das ganze Gebirge Sipylos zu benennen. Die heutigen Umwohner haben für die drei Gruppen, aus denen der Gebirgszug sich zusammensetzt und die einen ganz verschiedenen Charakter tragen, drei verschiedene Namen.

Der westliche Teil, Yamanlar Dağ (offenes, leeres Gebirge oder auch Gespensterberg) genannt, ist in seiner Grundform mit einem aufgeschlagenen Fächer verglichen worden. In der Tat laufen von einer über 3000 Fuß hohen Spitze nach Norden, nach Westen und ans Meer nach Süden strahlenförmige, allmählich sich senkende Ausläufer hernieder, mit rundlichem Rücken, von fern wie ein in seiner Gesamtheit sich hebendes Hügelland erscheinend. An den obersten Berglehnen sieht man von Smyrna aus dunkle Fichtenwälder, sonst sind die Rücken kahl; in den Tälern aber liegen mehrere Dörfer, und ihre Talsohle ist häufig angebaut. Der Gesamtton ist ein braungelber. An dem Südfuße herrscht ein braungrauer Trachyt vor und ein etwas hellerer Trachyttuff; in höheren Lagen bricht der rote Granit hervor, durchsetzt von Sandlagern, und gibt somit der in Smyrna herrschenden Sage, daß der Sand dieses Gebirges Goldkörner führe, eine geologische Begründung. Im Westen decken jüngere Schichten die Ausläufer, und Eisenstein und Kreide geben Farbenabstufungen von Weiß und Dunkelrot. Nach Norden gegen den Hermos zu hat das Gebirge mehr ein felsiges Gepräge, und der Trachyt macht sich wieder geltend.

In der Mitte des Gebirgszuges erhebt sich knotenartig ein anderer Rücken, Sabanca Beli genannt. Einsenkungen trennen ihn vom Yamanlar Dağ und vom dritten Teile, dem Magnesiagebirge. Durch die letztere führt der Weg von Burnabat nach Magnesia. Hier herrscht der blaue Schiefer vor, vielfach durchsetzt mit Marmoradern; reichliche Quellen fördern die Vegetation in den Talschluchten, gewaltige Platanen, Zypressen und viele Obstbäume beschatten den Weg.

Ganz anders und anders als die meisten Gebirge zeigt sich uns der dritte, östliche Teil, das schon genannte Magnesiagebirge, von dem wir bestimmt wissen, daß die Alten es Sipylos nannten. In senkrechten Wänden erheben sich die dunkel-blaugrauen Kalksteinmassen, jeder Besteigung von Norden spottend. In der Nähe Magnesias beginnen sie und ziehen in gleichem Charakter bis hin zum Ostende des Gebirges. Fast unmittelbar über Magnesia gehen ihre Zacken an 4000 Fuß hoch; wie eine Riesenmauer erscheinen sie, wenn man die hykranische Ebene hinaufreitet; noch weit in der Ebene meint man die zurückströmenden Sonnengluten zu fühlen, und abends und morgens sind die öden, dunklen Felsen mit einem wunderbaren roten Licht übergossen, intensiver als irgendein Alpenglühen. Der höchste Rücken des Gebirges ist nicht so tot; dort weiden die Yürüken ihre Herden trotz Panthern, Wölfen und Schakalen; dort schaufeln Menschen im Winter den Schnee in Felsspalten, bedecken ihn mit trockenem Laub und Reisig und holen ihn im Sommer mit Eseln herunter in die umliegenden Städte und Dörfer; selten versteigt sich ein Jäger so hoch; wer kein Geschäft dort hat, meidet die unwirtlichen Höhen. Und doch gibt es Leute, die sogar an den steilen Abhängen und in den Felsenspalten Arbeit finden — es sind arme Kalkbrenner, die die unzugänglichsten Stellen nach Unterholz und Wurzeln absuchen, daraus Bündel binden und diese an Wänden hinunter bis an den Fuß der Felsen kollern, bis sie endlich das Quantum für einen Kalkofen zusammen haben.

Außer diesen Hirten, Schneeschauflern und Kalkbrennern lernt fast niemand den Sipylos näher kennen; die große Menge schaut von Magnesia und überhaupt von der Ebene an den himmelhohen Felswänden empor und ahnt oft kaum, daß es oben lebende Wesen gibt, so schroff, so abwehrend erscheint das Ganze. Wer einmal den Sipylos gesehen, der vergißt ihn nicht nur nie wieder, sondern es bleibt auch der ihm anhaftende Charakter als etwas ganz Besonderes bestehen, und man ist nie versucht, den diesem Felsenlabyrinth angehörenden Namen auf runde Erdhügel anzuwenden, die auf fünf bis acht Stunden Entfernung geographisch damit zusammenhängen.

Bild der Kybele

Das Bild der Kybele liegt 6 Kilometer östlich von Magnesia an der Bergwand; unterhalb desselben dehnt sich ein kleiner See aus, der von unzähligen aus dem Bergesfuß dringenden Quellen gespeist wird. Er ist durch eine Mauer eingedämmt, und sein Wasser treibt eine Mühle. Einen halben Kilometer weiter nach Osten finden wir einen ungeheuren Spalt, der mit seinen gegen 500 Fuß hohen, steilen Wänden den Sipylos von oben bis unten durchreißt. Von einem Erdbeben kann dieser Spalt schwerlich herrühren; denn da er stellenweise oben an 100 Meter breit ist, müßte die eine Hälfte des Gebirges um soviel von der anderen abgerückt sein. Sein schauriges Gepräge mahnt allerdings an unheimliche Naturkräfte, und auch die Türken nennen ihn heute Yarık Kaya (den zerrissenen Fels). Über die antike Benennung des Yarık Kaya dürfte sich folgendes vermuten lassen. Wenn man bedenkt, daß die meisten alten Namen kleiner Flüsse sich nur da erhalten haben, wo sie durch die Nähe bedeutender Ortschaften eine gewisse Wichtigkeit erlangten, oder daß vielleicht andere Bergwässer eines Namens entbehrten, und wenn man damit noch den Umstand verbindet, daß aus dem eigentlichen Sipylos keine andere wasserführende Schlucht, die dem Yarık Kaya gleichkäme, herausführt, so geht man schwerlich irre, wenn man dieser Schlucht den einzigen bekannten Namen aus dem Sipylos beilegt, nämlich Acheloos. Dann wäre, sofern Homer richtig berichtet, das Niobebild in den oberen Regionen der Yarık Kaya Schlucht zu suchen. Jäger und Hirten, die daraufhin ausgefragt, wissen nichts darüber, und es ist wahrscheinlich soweit verwittert, daß es nicht mehr kenntlich ist. Im August 1880 hörte ich, daß Kalkbrenner von Ruinen gesprochen hätten, die sie hoch oben gefunden. Ich machte mich sofort auf und war auch so glücklich, in Magnesia Kalkbrenner Nikolas zu finden, der mich zu führen versprach.

Am 16. August früh brachen wir auf und waren bei Sonnenaufgang bereits an dem kleinen See unterhalb des Kybelebildes. Vom Seeufer stiegen wir in direkt östlicher Richtung den Berg hinan, was, da sein Fuß aus Schutt, herabgerolltem kleinen und großen Gestein, mit Humus durchmischt, besteht, keine Schwierigkeiten bietet. Die Ebene liegt 80 Meter über dem Meere; nachdem wir 105 Meter gestiegen, kamen wir an die Felswände, die sich treppenförmig oder besser terrassenartig übereinander emporschieben, oft nur 5, oft 20 bis 30 Fuß hoch. Der Führer wußte stets Rat; an jeder Wand kannte er einen Spalt, einige Löcher, in denen Hände und Füße hafteten, und nur einmal mußten wir, um eine Terrasse höher zu kommen, weit nach Westen zurückgehen. Wie wir auf den vor uns liegenden steilen Grat kommen sollten, war mir noch ein Rätsel. In 230 Meter Seehöhe waren wir am eigentlichen Fuße des Kegels angelangt, und hier bemerkte ich, daß an seinem nördlichen Abhang, der noch der mildeste ist, ein ansteigender, oberhalb wieder sichtbarer, also wahrscheinlich im Zickzack laufender Pfad von fast 1 Meter Breite in die Felswand hineingemeißelt war. Ich drang auf ihm vor, mußte aber bald zurück; denn herabgestürzte Felsen hatten ihn bis auf einige Schrittlängen zerstört, oder vielleicht auch war das fehlende Stück einst ausgemauert gewesen. Es ging also nun wieder die Terrassen hinan bis in die Nähe einer schon von fern sichtbaren, hellgelben Höhlung, die, nebenbei gesagt, indes nicht von Menschenhand herzurühren scheint.

Schwieriger Aufstieg

‚Nun geht's los!' sagte der Führer. Das Barometer zeigte 275 Meter Seehöhe. Eine enge, schmale Spalte ging fast senkrecht empor; ehe wir uns anschickten, in ihr hinaufzuklettern, verschnauften wir erst, und mit Beruhigung gewahrte ich dichtes Lorbeergebüsch, Steineichen und anderes Unterholz aus ihr hervorwuchern. Es ging besser, als ich gedacht; die Wurzeln und Sträucher boten vielfachen Anhalt, ebenso das von ihnen festgehaltene Erdreich, und hin und wieder waren rechts und links in die Felswände kleine Löcher eingehauen, die Händen und Füßen Anhalt boten. Es war dieser Spalt also auch im Altertum benutzt, vielleicht ehe der gemeißelte Pfad fertiggestellt war. Die Schlucht war 30 Meter hoch, und wir traten aus ihr hinaus auf ein kleines Plateau in 305 Meter Seehöhe. Zur Linken nach Norden, etwa 10 Fuß tiefer, lag ein in den Felsen gemeißeltes Doppelhaus, zur Rechten, aufwärts, ein anderes. Bei der starken Steigung des Felsens hatte die ganze Rückwand des Hauses, etwa 8—10 Fuß hoch, in den Fels gearbeitet werden können. Die Seitenwände und die mittlere Scheidewand, etwas über 0,5 Meter dick, waren teilweise und die Nordwand mit der Tür ganz gemauert gewesen, jetzt aber natürlich eingestürzt. Der Schutt bedeckt den Fußboden der Wohnungen, aus ihm hervor ragten vielfach grobe, große Dachziegel. In der in den Felsen gehauenen Rückenwand erkannte man noch die Löcher für die Dachbalken — den Bergrücken hinan lag so eine Wohnung über der anderen von 4 bis 10 Meter Länge und 4 bis 6 Meter Tiefe.

Ich ging querüber nach Osten und befand mich nach 30 Schritten am schwindelnden Rand der Schlucht; also nur ein schmaler 25 Meter breiter Grat war es, der sich nach Süden schroff emporhob und auf dem diese Wohnungen errichtet waren, eine auch ohne Mauern wahrlich uneinnehmbare Felsenburg.

Mein Begleiter warf einen Stein in den Abgrund, der unter hundertfachem Echo an der Felswand zerschellte, bis er in grauer Tiefe verschwand. Rauschend schoß ein Dutzend Adler und Getier aus den Felsenspalten hervor; es mochte wohl unerhört sein, daß ein Mensch sie hier störte.

Wir kletterten höher nach Süden aufwärts; ich zählte an 20 Wohnungen und dazwischen 6 oder 7 flaschenförmige Zisternen. Der Grat hatte eine Länge von 150 Meter; endlich oben angelangt, konnte ich auch nach Süden gegen das Muttergebirge hin an einer über 100 Fuß hohen, glatten, steilen Wand hinabschauen. Ähnlich war es nach Westen. Auf dem höchsten Punkt konstatierte ich 350 Meter oder 1120 Fuß Seehöhe. Es war also, um zu rekapitulieren, eine lange, schmale Akropolis von 150 zu 25 Meter, in ihrer eigenen schrägen Oberfläche noch 45 Meter ansteigend. Der höchste südliche Felsblock trug auch eine Aushöhlung, aber das war kein Haus, auch keine Warte; denn hier oben war keinerlei Zugang zu bewachen. Aus einem Block mit schräger Oberfläche ist ein Prisma herausgemeißelt von 1,55 Meter Länge, 1,30 Meter Tiefe und 1,20 Meter Höhe mit horizontaler Grundfläche, also ein Raum, gerade groß genug, um hier eines Mannes Sessel oder Sitz aufzuschlagen.

Thron des Pelops

Wie hätte ich hier nicht an den Thron des Pelops denken können? Stand ich doch, wie Pausanias sagt, ‚auf der Spitze des Berges oberhalb des Heiligtums der Göttermutter', von der mich kaum 500 Meter trennten.

Die Sonne war hochgekommen; triefend von Schweiß setzte ich mich mit meinen zerrissenen Kleidern in diesen höchsten, ausgeklüfteten Felsen und sah hinab über die treppenförmig niedersteigenden Wohnungen. War dies die Burg des Tantalos? Dann ist der See, der unten zu meinen Füßen glitzert, Saloë. Jetzt dämmt nach Norden zu eine Mauer ihn ein; durchbräche man sie, würde er sich 10 Minuten weit bis zur Eisenbahn ausdehnen; denn stetiger Sumpf in dieser Gegend beweist dessen starke Depression. Hundert Quellen, aus des Berges Fuß hervorströmend, nähren den See. Der Kalkbrenner erzählt, daß er nahe am See Kalköfen ausgegraben und eine Menge Ziegel gefunden habe. Dann wäre ja dort die *clarissima urbs, quae Tantali vocabatur,* teils im See verloren, teils vom Geröll des Berges verdeckt. Ist das der Ort, den Strabon, Pausanias, Plinius erwähnen? Am 29. Juli 1880 hatten Smyrna und Magnesia das heftigste Erdbeben dieses Jahrhunderts. Mein Begleiter erzählt, daß damals eine gewaltige Felsmasse mit daraufstehenden Bäumen, halbwegs Magnesia zu, sich losgelöst und unter schrecklichem Getöse die Wände heruntergekollert sei. Auf unserem Wege war ich wiederholt den frischen Spuren heruntergerollter Felsblöcke begegnet. Die Seitenwand eines Hauses, aus der Masse eines großen Felsblockes herausgehauen, hatte ich um einige Fuß von der Rückwand abgetrennt gefunden, und die frische Spur zeigte, daß das letzte Erdbeben ihn noch um eine Spanne verschoben hatte. Noch ein paar solcher Stöße, und der Block verschwindet donnernd im Abgrund. Nirgends kann ein Erdbeben verderblicher zerstören als an diesen Wänden, und so erklärt sich auch hier der böse Ruf der Gegend.

Ich ließ die Blicke ins Weite schweifen. Welch eine Aussicht, welch ein Herrschersitz! Brennend stand die Sonne über der Hermosebene, die ich östlich weit über Sardes, nördlich über Thyateira hinaus überblickte.

Ich springe auf wie aus einem Traume; ich schaue über die Rücklehne meines Sitzplatzes hinab in die Schluchten und hinauf an den starren, blauen Wänden des Sipylos. Einsam, öde und düster ragt der Fels, auf dem ich stehe, in die Wolken, wie das Geschlecht der Tantaliden dasteht in Sage und Geschichte. Für mich persönlich war ich in dieser Stunde überzeugt, auf der Stelle zu stehen, welche die alten Schriftsteller die Burg des Tantalos und den Thron des Pelops nennen. Ob diese Gestalten auch nur dem Mythos und nicht der Geschichte angehören, hat damit nichts zu schaffen. Die Wissenschaft schenkt nicht nur geschichtlichen Tatsachen, sondern auch den Phantasiegebilden der Sage, mit denen sich das Altertum trug, ihre Aufmerksamkeit. Und daß die genannten Sagen sich eben an diese Stelle geknüpft, scheint mir auch heute noch sicher. Die Lage der *Tantali urbs* in der Magnesia ist durch Plinius gesichert.

Das Hinabsteigen von der Höhe ging rascher als das Hinaufsteigen, obschon es etwas gefährlicher ist. Als ich wieder an die Stelle kam, wo der Burgweg in den Felsen gemeißelt ist, konnte ich noch konstatieren, daß derselbe sich nach Westen an der Berglehne fortsetzt und die Richtung zum Bilde der Kybele zu nehmen scheint.

Es würde nicht uninteressant sein, mit einem halben Dutzend Arbeiter für einige Tage hinauszugehen, um aus einigen Wohnungen den nur 1–2 Fuß hohen Schutt zu entfernen, vielleicht auch die eine oder andere Zisterne zu leeren. Man könnte Scherben alter Tongefäße finden und hätte in jedem Falle die Zeit, über die Technik der Wohnungsanlagen, die doch jedenfalls einer sehr weit zurückliegenden Zeit angehören, nähere Studien zu machen und einen genaueren Plan des Burgfelsens aufzunehmen.«

2. Revision des Monumentum Ancyranum. Anfertigung von Abgüssen 1882

Theodor Mommsen, seit 1854 Professor der Alten Geschichte in Berlin, hatte es sich zum Ziel gesetzt, ein großes Sammelwerk aller lateinischen Inschriften — das Corpus Inscriptionum Latinarum — herauszugeben, und suchte dafür begabte wissenschaftliche Mitarbeiter, die ihm aus allen Teilen des ehemaligen römischen Weltreiches Material liefern konnten. Er wurde hellhörig, als er von Humanns Erfolgen in Pergamon und von seiner ausgezeichneten Kenntnis der kleinasiatischen Straßenverhältnisse hörte.

Abb. 92 Steppe und Hügellandschaft vor Ankara

Während Humann im Sommer 1880 in Berlin weilte, richtete Mommsen die Frage an ihn, ob er es wohl unternehmen wolle, nach Angora, dem heutigen Ankara, dem Ancyra der alten Welt, zu reisen, um dort einen Abguß der großen Kaiserinschrift herzustellen. Der erste, der diese »Königin aller lateinischen Inschriften« entdeckt hatte, war Ogier Gijselin de Busbecq. Als Gesandter von Kaiser Ferdinand I. an den Sultan Suleiman I. hatte er bei seinem Aufenthalt in Angora im Jahre 1555 die Inschriften abschreiben lassen. Es handelt sich um den Lebens- und Rechenschaftsbericht des Kaisers Augustus (63 v. Chr. — 14 n. Chr.), der in der ersten Ausfertigung vor des Kaisers Mausoleum in Rom eingraviert war. Doch davon ist uns nichts erhalten. Statt dessen sind in Kleinasien drei Kopien bekanntgeworden. Am besten erhalten ist die in Ankara. Der lateinische Text ist dort in zwei Gruppen zu je drei Kolumnen in die gegenüberliegenden Innenseiten der Vorhalle eingemeißelt, die zu dem Augustus- und Roma-Tempel gehört. Die griechische Fassung steht in 19 Kolumnen nebeneinander auf der linken Außenwand des Tempels. Doch schon als Busbecq im 16. Jh. diese Inschrift entdeckte, war sie so verwittert und durch den Überbau von Wohnhäuschen so verdeckt, daß Mommsen Lücken und Lesefehler befürchtete und für eine Neuherausgabe eine gründliche Revision für erforderlich hielt.

Augustus-Inschrift in Ankara

Humann sagte gern zu und stellte sofort in der Formerei der Königlichen Museen in Berlin Versuche an, um die technisch vorteilhafteste Art und Weise zur Beschaffung eines solchen Abgusses zu ermitteln. Die Arbeiten in Pergamon nahmen ihn aber wider Erwarten so in Anspruch und waren so erfolgreich und anstrengend, daß Humann erst zwei Jahre später, im Sommer 1882, sein Versprechen einlösen konnte.

Die Königliche Akademie der Wissenschaften hatte die Mittel zu dieser Reise bewilligt, und ihr schloß sich die Generalverwaltung der Königlichen Museen mit einem Kostenbeitrag an. Außerdem wurde Humann die Aufgabe zuerteilt, von Ankara nach dem östlich gelegenen Boğazköy weiterzureisen und in dem benachbarten Yazılıkaya Abgüsse von den wichtigsten Felsreliefs zu nehmen. Die anfangs beabsichtigte Rückreise über Antiocheia und Apollonia in Pisidien anzutreten und dort die Reste der weiteren Kopien des Testaments von Augustus zu untersuchen, wurde zugunsten der Rückreise über die Nordroute, d.h. über Samsun am Schwarzen Meer, aufgegeben. Humann, als dem technischen Leiter der Expedition, wurde außerdem ein Fachgelehrter, ein Epigraphiker aus Wien, Alfred v. Domaszewski, ein Schüler Otto Hirschfelds, zur Seite gestellt. Die Österreichische Regierung unterstützte die Reise durch ein Stipendium.

Für uns Heutige bildet die Reise von Istanbul nach Ankara kein Problem mehr; eine breite Autobahn und der Schienenstrang verbinden die alte Hauptstadt am Bosporus mit der modernen Millionenstadt im Zentrum Anatoliens in wenigen Stunden. Aber am Ende des vorigen Jahrhunderts reiste man tagelang und unbequem. Sorgfältig plante Humann seine Expedition, die drei bis vier Monate dauern würde. Er trennte sich diesmal besonders schwer von seiner Familie, da ihm im Frühjahr 1882 seine Frau den kleinen Sohn Carl geschenkt hatte, der am 1. Juni getauft wurde. Trotz ihrer anstrengenden Mutterpflichten sorgte Louise Humann in gewohnter Weise für die Ausrüstung der Reisegesellschaft.

Vorbereitung der Expedition

Humann reiste mit einem förmlichen Haushalt. Außer dem österreichischen Gelehrten hatte er einen bewährten in Smyrna ansässigen italienischen Gipsgießer, der schon häufiger für die Museen gearbeitet hatte, Andrea Janini, und seinen Arbeitsaufseher aus Pergamon, Jani Laludis, mitgenommen. Als Diener und Koch begleitete ihn sein treues Faktotum Nikola.

Bei großer Hitze brachen die Reisenden auf. Zunächst war die Reise aber angenehm, der Dampfer brachte sie nach Konstantinopel. Dort galt es, ein Empfehlungsschreiben der Regierung an alle hohen Beamten im Osmanischen Reich in Empfang zu nehmen, das auf einem riesigen Bogen Papier sehr imponierend ausgefertigt worden war. Im Ministerium für öffentliche Arbeiten sah sich Humann nach neuen Landkarten um, aber ihr geographischer Wert befriedigte ihn nicht; er beschloß, wie stets mit dem Kompaß und der Uhr in der Hand zu reisen. Dieses Vorhaben und dazu, jeden Tag gewissenhaft alle Beobachtungen in seinem Tagebuch aufzuzeichnen, hat

Vermessungen und Tagebuchaufzeichnungen

er nie aufgegeben. Vom 18. Juni bis zum 10. August führte er auf 200 Seiten Tagebuch. In diesem Text skizzierte er 19 Kärtchen und 3 Inschriften. Selbst im unbequemen Reisewagen, auf miserablen Wegen, abends bei sinkendem Tageslicht, in elenden Unterkünften hat er sich dieser Verpflichtung nicht entzogen und schreibt selbst darüber:

»Auf der ganzen Reise hatte ich, fortwährend mit der Bussole in der Hand, jede geringste Wegerichtung, oft auf Viertelkilometer, notiert, hatte Berge, Hügel, Täler und Dörfer angeschnitten und die Entfernungen alle 10 Minuten nach der Schätzung aufgeschrieben. Als ich zu Hause endlich die gesamten Blätter zusammenstellte, fand ich, daß, von Mudanya (am Marmarameer) an gerechnet, Samsun nach meiner Aufnahme nur um 3 km von dem Samsun der englischen Admiralitätskarte abwich, und das nach 936 km Weglänge. Dieser geringfügige Fehler wurde verteilt.«

Auch der Reisebedarf wurde in Konstantinopel vervollständigt, besonders durch einen Petroleumkocher. Galt es doch, Landesteile zu durchqueren, wo es kilometerweit kein Holz und keine Kohle gab und man mit getrocknetem Kuhmist als Feuerungsmaterial vorliebnehmen mußte. Wichtig war der Einkauf eines Fotoapparates, von Zeichenmaterial und Abklatschpapier, erforderlich die Besuche beim Deutschen Botschafter und im Deutschen Generalkonsulat. Vor allem aber galt Humanns Besuch dem neuernannten Direktor des Osmanischen Museums, Hamdi Bey. Diese erste Begegnung bildete den Auftakt einer lebenslangen Freundschaft und gegenseitigen Hochachtung. Sechs Jahre später, in seinem Pergamonbericht von 1888, setzte Humann seinem einzigen türkischen Duzfreund ein bleibendes Denkmal:

Erste Begegnung mit Hamdi Bey

»Hamdi, Sohn des früheren Großwesirs und Berliner Botschafters Edhem Pascha, ist eine durchaus künstlerisch angelegte Natur. Seit den sechs Jahren, daß er Direktor des Türkischen Museums ist, hat er verstanden, den Organen der Regierung bis in die fernsten Dörfer des Reiches Aufmerksamkeit, Interesse und besonders Sammeleifer für archäologische Gegenstände beizubringen, und durch seine Initiative das Türkische Museum zu dem gemacht, was es heute ist. Mit der Liebenswürdigkeit des vollendeten Weltmannes kommt er den fremden Forschern entgegen, ist ihnen überall hilfreich und förderlich, und insbesondere unser pergamenisches Unternehmen ist ihm zu großem Danke verpflichtet.«

Noch einmal konnte man zunächst von Konstantinopel aus mit dem Dampfer weiterreisen, und zwar bis nach Mudanya, dem Hafen von Bursa. An der Landungsbrücke wartete ein großer, schlanker Tscherkesse, Hasan Bey, der der Expedition von Ankara aus entgegengekommen war. Er war Humann als Reisebegleiter empfohlen worden. Hasan Bey, als Sohn einer angesehenen tscherkessischen Familie, wußte sich Respekt bei seinen Landsleuten zu verschaffen; denn die räuberischen Tscherkessen waren zu dieser Zeit eine förmliche Landplage geworden. Er hat Humann und seinen Begleitern ausgezeichnete Dienste geleistet.

Die Reisegesellschaft war nun auf 6 Personen angewachsen. Herr Scholer, der deutsche Vizekonsul in Bursa, schickte ihr einen Reisewagen und einen Gepäckwagen zur Dampferanlegestelle entgegen; so fuhren sie auf einer glatten, neuen Chaussee nach Bursa.

Bedeutung von Bursa

Bursa ist auch heute noch eine der schönsten Städte der Türkei, »yeşil Bursa«, »das grüne Bursa« genannt. Es liegt am Fuß des Ulu Dağ, der in der Antike den Namen »der Bithynische Olymp« trug. Zwischen Maulbeerbäumen und Zypressen leuchten die Kuppeln der Moscheen und der Grabbauten der Osmanischen Sultane, die es im 14. Jh. zu ihrer Residenz erwählten, bevor sie Konstantinopel erobert hatten. Dank der wahrscheinlich bereits im 6. Jh. unter dem byzantinischen Kaiser Justinian eingeführten Seidenraupenzucht war die Stadt vor allem im Anfang des 19. Jahrhunderts eines der bedeutendsten Seidenwarenzentren der Welt. Heute noch verfertigen die Werkstätten von Bursa den kostbaren Stoff. Warme Quellen haben die Stadt als Heilbad berühmt gemacht.

Humann fand Bursa leider gerade in einem Tiefstand seiner Geschichte vor. Durch eine Krankheit der Seidenraupen war die einst so blühende Seidenzucht fast zugrunde gegangen und wurde in diesen Jahren durch den schon genannten deutschen Vizekonsul Scholer neu zu beleben versucht, der gesunde Seidenraupeneier einführte. So fand Humann, der sich lebhaft für die türkischen einheimischen Handarbeiten interessierte, nur noch im Trödelbazar Seidenstoffe, die durch »ihre Feinheit, Zeichnung und ihren Farbenschmuck Bewunderung erwecken«, wie er berichtet. Auch die Kunst der Fayencemalerei und das Teppichweben und -knüpfen schien ihm in der verarmten Stadt völlig erstorben zu sein.

Glücklicher war Domaszewski, der in Bursa manche antike Inschrift aufspüren konnte, die in den Mauern verbaut war. Humann bereitete die Weiterreise vor. Reitpferde und Packpferde mit den dazu benötigten Pferdeknechten zu mieten, erschien ihm zu kostspielig. Vorteilhafter war es, in einem Pferdewagen zu reisen. Es gab hier den solide gebauten, allerdings völlig ungefederten sogenannten Tatarenwagen. Auf vier Rädern lag *Abb. 93* ein flacher Holzkasten mit einem Schutzdach aus runden Reifen und einer darübergespannten Leinwand. Die Reisenden waren so gegen Sonne und Regen geschützt, saßen allerdings nicht nach europäischer Weise, sondern lagen auf Matratzen oder Decken, wenn sie nicht auf einem ihrer Gepäckstücke hockten. Drei solcher Wagen wurden für das Gepäck und die Begleiter gemietet, dazu für die leitenden Herren eine geräumige Kutsche.

Am 18. Juni setzte sich die nunmehr ganz stattliche Reisegesellschaft unter fröhlichen Abschiedsrufen des zurückbleibenden Gastfreundes Scholer in Bewegung. Die Fahrt sollte nicht ohne Hindernisse vor sich gehen. Zunächst kam man gut voran, wenn auch die Wege steinig waren. Doch am Abend begann es zu regnen, und das Thermometer sank auf 17 Grad. Die Reisenden hatten das kleine Städtchen Inegöl erreicht, wo sie *Abb. 13* ein »ziemlich gutes Unterkommen«, das heißt ein leeres Zimmer fanden,

Abb. 93 Reisewagen, wie ihn Humann bei seinen Unternehmungen in Anatolien gern benutzte

in das es nicht hereinregnete. Es regnete die ganze Nacht, und noch am nächsten Morgen goß es in Strömen.

Trotzdem beschloß Humann nach einigen Wartestunden, wenigstens bis zu der nächsten Ortschaft vorzudringen. Der Weg lag wie ein Hohlweg tiefer als die angrenzenden Felder und wurde allmählich in einen Morast verwandelt. Nach einer Stunde Fahrzeit begann den Reisenden ein kleiner Fluß entgegenzuströmen, der schon tiefe Löcher in den Weg gerissen hatte. Ein Umkehren oder Ausbiegen war nicht möglich. Hasan Bey und ein Kutscher sprangen ab, wateten den Wagen voran durch das Wasser und tasteten mit ihrem Stock den fahrbaren Grund ab.

Schließlich stiegen alle aus, um die Wagenlast zu erleichtern, und gingen zu Fuß auf dem höher gelegenen Rand des Weges neben den Wagen her. Langsam erreichte die Gesellschaft am Abend ein kleines Dorf, durch das sich der ihnen feindliche Bergfluß ein neues Bett gesucht hatte, ohne daß die Einwohner ihm Einhalt geboten hätten. Die armseligen Hütten verlockten nicht zum Übernachten, und so machte sich die Expedition erneut auf den Weg.

Er wurde nicht, wie erhofft, besser, sondern noch schlechter. Schließlich gerieten sie erneut in ein reißendes Bergwasser, durch das jeder der

Reisenden, gestützt auf die anderen, mühsam waten mußte. Doch kamen zum Glück nicht nur sie, sondern auch Pferde und Wagen unbeschädigt in der Dorfherberge an, die allerdings nur ein einziges leeres und trockenes Zimmer zu bieten hatte. Um Mitternacht wurde ihre Ruhe durch einen Boten gestört, der aufgeregt meldete, daß der Reisewagen eines türkischen Pascha in dem reißenden Bergstrom umgeschlagen sei. Die Dorfbewohner zogen zur Hilfe in die Nacht heraus und führten die späten Gäste unter das schützende Dach.

Am nächsten Tag fiel nur noch ein feiner Sprühregen, aber durch die aufgewühlten Wege kam man langsamer vorwärts, als Humann gehofft hatte.

»Der »Blaue Führer« der Türkei berichtet 1968 über die Straße von Bursa nach Eskişehir: »Zwischen Bursa und Eskişehir ist nichts Lohnendes zu vermerken.«

Humann aber reiste mit offenen Augen für die landschaftliche Schönheit und für alle Spuren der alten Zeit, für römische Ruinen, griechische Inschriften oder verfallene Gebäude des Mittelalters. So schreibt er an dem zweiten regnerischen Tag: »Herrlich war der Blick von hier rückwärts auf die Ebene und den Olymp, dessen Gipfel zwar in Wolken gehüllt, dessen tiefere Massen aber durch Regenzüge und Sonnenstreifen eine wunderbar phantastische Beleuchtung erhielten. Es sollen viele Hirsche und Rehe, auch Panther, Wölfe und Schakale sich in dem Waldgebirge aufhalten.«

Rast in Inönü

Ein kleiner Abstecher wurde zu dem Dorf Inönü gemacht. Schon Busbecq hatte 1554 von einer Felshöhle berichtet, die man im Winter voll Schnee packte, um im Sommer das herabrieselnde Wasser aufzufangen. Spätere Reisende glaubten, Grabkammern im Felsen unterschieden zu haben. Inönü gefiel unserer Reisegruppe wegen seiner malerischen Lage und dem freundlichen Empfang durch die Honoratioren des Städtchens. Domaszewski kopierte eine griechische Inschrift, Humann kletterte zu den Felsen hinauf, um die Höhlen und Grabkammern zu untersuchen. Er fand einen Teil von Menschenhand ausgebaut; doch handelte es sich bei allen Höhlen um natürliche Formationen und nicht um Grabkammern.

In unserem Jahrhundert erlangte der Ort Inönü Weltbedeutung. Er bildete eine wichtige Schlüsselstellung für den Weg von der ägäischen Küste nach Ankara. Als Befehlshaber der kemalistischen Truppen im Westen schlug der General Izmet Pascha die griechischen Divisionen zweimal bei Inönü zurück, als die Situation der Türken bereits verzweifelt schien. In Dankbarkeit für diesen Sieg wurde ihm der Ehrenname »Inönü« verliehen. In der von Atatürk gebildeten Regierung war er 1922 der erste Außenminister, später wurde er Ministerpräsident und nach dem Tode von Atatürk von 1938 1950 sein Nachfolger als Staatspräsident. Doch von diesen Ereignissen ahnte Humann noch nichts, der nach den Spuren der Vorzeit dort suchte.

Abb. 94 Burg und Altstadt von Ankara im Jahre 1882. Zeichnung nach Fotografien von Humann

Antike Ruinen fanden sich nirgends, nur der Bau eines heißen Bades, in dem wohl fünfzig Männer in einem riesigen, dampfenden Bassin badeten, schien byzantinischen Ursprungs zu sein. Wenigstens war Domaszewski zufrieden, der einige antike griechische Inschriften kopieren konnte. Überraschend war das Zusammentreffen mit einem Deutschen, der hier Meerschaum aufkaufte.

Wieder hatte es in Strömen geregnet; die Wege waren fast grundlos und erschwerten das Vorwärtskommen. Humann war sich bewußt, daß sie sich auf historischem Boden, der Wiege des Osmanischen Reiches, befanden. Im Jahr 1225 schenkte der Sultan Ala-eddin seinem siegreichen Feldherrn Ertogrul das Dörfchen Sultanönü südlich von Eskişehir zu Lehen und als Wachposten gegen die Byzantiner. Ertogruls Sohn Osman dehnte den Besitz bis nach Bursa aus, und sein Ansehen war so groß, daß seine Untertanen seinen Namen annahmen und ihn fortan führten: die Osmanen. Hier im Süden von Eskişehir hatte 200 Jahre davor Gottfried von Bouillon den ersten großen Sieg auf seinem Kreuzzug errungen; doch 150 Jahre später wurde das christliche Kreuzheer unter Kaiser Konrad III. auf dem gleichen Schlachtfeld fast völlig vernichtet.

Trotz des schlechten Wetters setzte die Expedition ihre Reise entlang dem Fluß Pursak fort. Humann fiel eine Brücke auf, »wie alle Brücken hier im Lande von eigentümlicher Bauart. Man denke sich die vier Wände einer aus 5 bis 6 Meter langen Balken konstruierten Blockhütte ins Wasser gesetzt und diese Hütte mit großen Feldsteinen ausgefüllt, so

hat man ein Bild der hier üblichen Brückenpfeiler. Die Öffnungen zwischen zwei solchen Pfeilern sind nur so breit wie die Pfeiler selbst; es scheint, daß die Deckbalken, welche die Pfeiler verbinden, in größerer Länge nicht zu beschaffen sind.«

Erst am folgenden Tag, dem 25. Juni, hörten die Gewitterregen auf, und da die Wege rasch getrocknet waren, trieb Humann die Kutscher zu einer langen Fahrt an. Nach 61 km erreichte man Sivrihisar. Domaszewski fand auf dem armenischen Friedhof der Stadt eine große Anzahl von Inschriften. Humann fotografierte die Lehmhäuser, die unter hoch aufragenden schwarzen Felsen mit den Resten eines alten Kastells einen malerischen Anblick boten.

Reiche Inschriftenfunde

»Wie interessant wäre es, Pessinus zu durchsuchen!«, hatte Conze im März an Humann geschrieben. In Pessinus befand sich einstmals der heilige Meteorstein, in dem die Göttermutter Kybele verehrt wurde. In Kriegsnöten hatten ihn die Könige von Pergamon in ihr Megalesion in der Hoffnung auf ihre Hilfe geholt. Dasselbe erwartete man auch in Rom bei der Bedrohung durch Hannibal. Im Jahre 204 v. Chr. zog Kybele feierlich in Rom ein. Der heilige Meteorstein wurde zunächst im Tempel der Victoria mit der Hoffnung auf baldige Hilfe aufgestellt. Schon 1839 hatte der Franzose Charles-Felix Maria Texier diesen Ort, 13 km entfernt von Sivrihisar, besucht und einen Plan herausgegeben, der von antiken Gebäuderesten ausgefüllt war, so daß auch noch der Geograph Karl Ritter nach diesen Angaben hier ein reiches Ruinenfeld vermutete. Die französischen

Forscher Perrot und Guillaume konnten sich allerdings 1861 mit dem Plan von Texier in der Hand nicht zurechtfinden und bezeichneten die ganze Stadtaufnahme als reine Phantasie. Natürlich reizte es Humann, diesen Tatbestand nachzuprüfen, und er schritt sorgfältig das gesamte Gelände ab. Entgegen den Angaben von Texier, der das vermutliche Burgplateau als von Marmorquadern umschlossen schilderte, stand nur eine niedrige Umfassungsmauer von gewöhnlichen Feldsteinen. Auch auf dem Plateau selbst fanden sich nur spärliche Ruinenreste. Der in der Nähe gelegene türkische Friedhof wies keine antike Inschrift auf. In einem südöstlich des Plateaus verlaufenden Tal waren noch die Ruinen eines antiken Theaters erkennbar. Drei Ruinenfelder südlich der Akropolis könnten nach Humanns Ansicht noch ergiebig sein, doch waren sie von einer meterhohen Schicht angeschwemmter Erde bedeckt. Ein antikes Gräberfeld hinter dem Theater wurde für den Bau einer armenischen Kirche in Sivrihisar ausgebeutet, ebenso wie das Theater selbst.

Enttäuschung in Pessinus

Humann zeichnete einen sorgfältigen Plan, in den er alle seine Beobachtungen eintrug.

Seit einiger Zeit führt der belgische Forscher John Devreker (Gent) Untersuchungen im Stadtgebiet von Pessinus aus, die interessante Ergebnisse erwarten lassen.

Im Verlauf der Reiseroute hätte Humann außerdem gern die Lage und die Ruinen der berühmten antiken Stadt Gordion festgestellt. Sie mußte nach der Aussage der alten Schriftsteller, besonders der des Strabon, am Sangarios gelegen haben, dessen rechtes sowie linkes Ufer Humann gewissenhaft absuchte. Doch fand er den Platz nicht, der weiter nördlich lag, als er vermutete. Aber fast, als hätte er dies geahnt, bedauerte Humann, daß sie aus Zeitmangel dem Sangarios nicht nach Norden bis zu seinem Zusammenfluß mit dem Pursak folgen konnten.

Gerade an dieser wichtigen Stelle lag die phrygische Stadt Gordion, das Winterquartier Alexanders des Großen im Jahr 333, in dem er den gordischen Knoten mit einem Schwerthieb auflöste, den niemand vorher zu entwirren vermocht hatte. 12 Jahre später als Humann erkannten die Brüder Körte den Stadthügel und gruben erste Fundstücke aus, die den Museen von Konstantinopel und Berlin übergeben wurden. Erst nach dem zweiten Weltkrieg fanden umfangreiche Ausgrabungen der University of Pennsylvania statt, und die amerikanischen Archäologen legten nicht nur die antike Stadt, sondern auch eine riesige Nekropole frei. Vor allem erregt das gewaltige Baudenkmal des bis dahin unberührten Königsgrabes die Bewunderung aller Besucher.

Humanns Expedition setzte nun bei gutem Wetter ihren Weg fort und bezog das letzte Nachtquartier am 30. Juni in dem Dorf Polatlı, das allen aber wenig gefiel. Die Häuser waren schmutzig, die Bewohner hatten »rechte Halunkengesichter« und gaben nur zögernd für Geld und gute Worte ein paar Hühner für die Abendmahlzeit der Reisenden her.

Farbtafeln 1–8

Tafel 1
Ausschnitt aus einem Mosaik im Palast V der Burg (Pergamonmuseum, Berlin).

Tafel 2
Ansicht der Ostterrasse des Nemrud Dağ.

Tafel 3
Ansicht der Westterrasse des Nemrud Dağ.

Tafel 4
Das Stadtgebiet von Milet, nach einem regenreichen Winter in eine Sumpflandschaft verwandelt.

Tafel 5
Die Überreste des Artemisions von Ephesos, dahinter die Isa-Bey-Moschee, auf dem Hügelrücken die Johannes-Basilika und die Zitadelle.

Tafel 6
Das große Theater von Ephesos und die Arkadiane, die einstmals zum Hafen der Stadt führte.

Tafel 7
Das Stadtgebiet von Priene.

Tafel 8
Fragmente vom Tempel des Kaisers Domitian in Ephesos.

Tafel 2

Tafel 3

Tafel 4

Tafel 6

Tafel 7

Tafel 8

Am nächsten Tag brach man früh auf; es waren noch 71 Kilometer zurückzulegen. Bei der Mittagsrast hielt es Humann nicht lange; im scharfen Trab fuhr er mit Hasan Bey voraus, um in Ankara Quartier zu besorgen. Im Haus des befreundeten Regierungs-Ingenieurs Wankowicz waren schon vier Zimmer vorbereitet, und erleichtert richteten sich am Abend alle häuslich darin ein. Es gibt wohl kaum einen größeren Gegensatz zwischen dem Ankara von damals und der heutigen modernen Hauptstadt der Türkei. Humann schildert die Stadt als kleiner, als sie ihm angegeben war. Eine Heuschreckenplage hatte einen Teil der Einwohner vertrieben. Eine schwere ungesunde Luft zwang fast alle Bürger, während der heißen Monate in die umgebenden Weinberge auszuweichen. Doch diese angeblich erholsameren, kühleren Weinberge wirkten öde und vertrocknet. Fließendes Wasser, grüne Gärten oder Hecken fehlten in den primitiven Landsitzen im Weichbild der Stadt, einige wenige Obstbäume fristeten ein mühseliges Dasein.

Ankara — einst und jetzt

Als Atatürk Ankara zur neuen Hauptstadt in der Steppe wählte, wurde mit einem ungeheuren Energieaufwand das Klima allmählich verbessert. Millionen kostete die künstliche Bewässerung, der dreifache Grüngürtel, der um die Stadt herum gepflanzt wurde. Unermüdlich ging Atatürk selbst auf seinem Mustergut im Stadtbild mit der Gartenkultur beispielhaft allen voran. Baumalleen entstanden in den Straßen, Rasenflächen auf den Plätzen und in den Parks. So kann man jetzt überall Schatten finden, wo zu Humanns Zeit erbarmungslos die Sonne brannte.

An der Stelle der heutigen Hochhäuser fand Humann erbärmliche Behausungen aus Holzständern und Lehmpatzen gebaut, und er schildert seinen Eindruck mit den Sätzen:

»Da auch die Dachziegel wie die Hauswände eine grau-gelbe Farbe haben, so zeigt das ganze Stadtbild den gleichen Farbton, und ich kann es mit nichts anderem vergleichen, als mit einigen tausend großen Schwalbennestern, die eins über dem anderen an die Bergwand geklebt sind. Der Gebrauch von Kalk ist hier unbekannt, und wenn es vielleicht irgendwo in der Nähe Kalkstein gibt, womit sollte man ihn brennen? Laufen doch in den Straßen der Stadt die Kinder und Weiber den Kühen nach und zanken sich um deren Kot, der getrocknet zum Backen der dünnen Brotfladen dient.«

Humann hielt es für ratsam, seinen Mitreisenden jeden Morgen eine Dosis Chinin einzugeben, aber es traten trotzdem einige Fieberanfälle auf.

Antike Denkmäler

Allerdings besaß Ankara mehr Denkmäler aus antiker Zeit als Konstantinopel, dessen Baumaterial nach Kriegen und Feuersbränden immer wieder neu verwendet wurde. Ankara bewahrte noch römische Badeanlagen; aufrecht standen die Wände des Tempels mit dem Tatenbericht des Kaisers Augustus, den es zu bewahren und zu entziffern galt.

Inzwischen hat sich seit Humanns Besuch im Tempelbezirk eine durchgreifende Veränderung vollzogen. Dank der Initiative von Martin Schede

Abb. 95 Das Monumentum Ancyranum. Beginn der lateinischen Fassung

und Daniel Krencker wurde auf Vorschlag des Deutschen Archäologischen Instituts der Tempel von dem Einbau der Haci Bayram-Moschee befreit und diese unmittelbar daneben als Neubau aufgeführt. Von beiden Gelehrten sind anschließend umfassende Forschungsergebnisse veröffentlicht worden. Heute hat man Restaurierungen in Angriff genommen, um die drohende Zerstörung der »Königin aller lateinischen Inschriften« aufzuhalten.

Abb. 94 Der weiterhin sichtbare Burghügel ist auch heute noch wie damals von einer riesigen Festungsmauer mit Wehrtürmen umgeben. In den Notzeiten des Mittelalters verbaute man wahllos und eilig, was sich an Trümmersteinen in der Stadt bot, antike Säulentrommeln, Grabstelen, Relieffiguren oder Inschriftplatten. Auch diese Mauern sollten später abgerissen, die Steine neu verwertet werden oder zerschlagen in den Kalkofen wandern. Aber eine geschichtsbewußte Regierung hat dem Einhalt geboten und zu Füßen der Burg in einer alten Karawanserei ein vorbildliches Museum eingerichtet.

Gleich am folgenden Sonntag machte Humann die notwendigen Besuche bei den Regierungsstellen, bei dem Kommandierenden General und vor allem bei dem Geistlichen der Haci Bayram-Moschee, in deren Bezirk der Augustus-Tempel gelegen war. Er schrieb sehr amüsant darüber:

»Der Scheich beantwortete mein Gesuch um die Erlaubnis, auf diesem seinem Terrain frei hantieren zu dürfen, mit einem kurzen Kopfnicken, offenbar in schlechter Laune. Der Wagen stand nämlich bereit, um ihn auf ein Landgut zu führen, und beim Bepacken desselben war eine große Gallone mit Raki zerbrochen, so daß der ganze Moscheehof nach dem dort herumlaufenden Fusel roch. Die Etikette verbot mir noch obendrein, dem heiligen Mann mein Beileid auszudrücken.«

Humanns erste Sorge war die Beschaffung von Gips. Die griechischen Mitarbeiter brachten erst einmal anderthalb Zentner aus einem zwei Stunden entfernten Dorf, der in einem Bäckerofen gebrannt wurde.

»Am ersten Tag«, schreibt Humann, »brachten wir wenig zustande, da ich eine Platte schon des geringsten Fehlers halber verwarf, um die Leute an Aufmerksamkeit und Genauigkeit zu gewöhnen. Aber am sechsten Tage war die vom Eintretenden linksseitige Hälfte des lateinischen Textes in 38 Platten und am elften auch die rechtsseitige in 40 Platten vollendet, nachdem nach genauer Revision immer die unvollkommenen Platten verworfen und durch neue Abdrücke ersetzt waren.«

Abguß des lateinischen Textes

Zugleich hatte Domaszewski begonnen, den originalen Text mit den bisherigen Abschriften zu vergleichen, da sich manche fast verwischte Spuren auch mit einem guten Gipsabdruck nicht entziffern ließen. Kaum war die Arbeit an dem lateinischen Text vollendet, als Domaszewski über heftige Kopfschmerzen und hohes Fieber klagte. Das einzige Medikament der Expedition war Chinin, der einzige Arzt in Ankara ein türkischer Militärarzt. Das Fieber ging anfangs zurück, aber eine Woche später trat ein heftiger Rückfall ein, der alle mit größter Sorge erfüllte. Erst ganz allmählich erholte sich der Patient und konnte nicht daran denken, seine Arbeit an der Inschrift im Freien wieder aufzunehmen. Humann bedauerte den Ausfall dieser wichtigen epigraphischen Arbeit sehr. Wenigstens gelang es ihm, in der Stadt einen intelligenten, griechischen Fotografen aufzutreiben, dem er Abklatschpapier anvertraute und der ihm 40 Abdrücke antiker griechischer Inschriften brachte, die verstreut in der Stadt verbaut und bisher nur zum Teil bekannt waren.

Nachdem der Abguß des lateinischen Textteils der großen Kaiserinschrift vollendet war, wurde nun die griechische Fassung in Angriff genommen. Sie bot vor allem dadurch große Schwierigkeiten, weil sie durch drei türkische Häuser, die an die Tempelwand gebaut worden waren, verdeckt wurde. Früheren Gelehrten war es dadurch nicht gelungen, die 9. Kolumne freizulegen. Humanns Talent, mit einfachen Leuten umzugehen und mit ihnen in ihrer eigenen Sprache zu verhandeln, vermochte es, die Eigentümer zu bewegen, ihr Haus betreten zu dürfen, ja sogar gegen einen angemessenen Preis etwas von der Hausmauer abzutragen, die Humann dann natürlich wiederherstellen ließ.

Abb. 95

Abguß des griechischen Textes

Am 18. Juli wurde in 116 Platten auch der Abguß des griechischen Textes fertig. Es waren nun insgesamt 194 Gipsplatten, für die bei einem Schreiner

Abb. 96

Abb. 96 Das Monumentum Ancyranum. Die griechische Übersetzung auf der Außenseite des Tempels

Kisten bestellt wurden. Ein Telegramm über die glücklich abgeschlossene Arbeit ging nach Berlin, und zu Humanns Freude kam umgehend die telegraphische Antwort:

»Bericht und Telegramm der Akademie vorgelegt. Akademie dankt. Glückauf! Mommsen. Kiepert. Conze.«

Ein englisches Handelshaus übernahm den Transport der Kisten zunächst an das Deutsche Konsulat in Konstantinopel. Am 20. September schrieb Conze an Humann, der inzwischen nach Smyrna zurückgekehrt war, daß sämtliche Kisten wohlbehalten im Museum in Berlin angekommen seien. Voller Spannung nahm sich Mommsen zusammen mit Domaszewski das Studium des Monumentum Ancyranum vor und dankte Humann ausführlich in einem Brief für seine aufopfernde Arbeit, die eine revidierte Ausgabe der Inschrift erst möglich gemacht hatte. 1889 konnte die Arbeit der Epigraphiker bereits im Druck erscheinen, und in seinem lateinischen Begleittext benutzte Mommsen den Begriff »Ectypa Humaniana« für die Gipsabformung Humanns, dem er sein höchstes Lob und seine Anerkennung aussprach.

Auch Domaszewski bedankte sich ausführlich bei Humann:

»Wie trefflich sich Ihre Gipsabdrücke bewährt und daß auch meine Mühen nicht umsonst waren, wissen Sie seit langem. Aber daß dieses schwierige Unternehmen überhaupt gelingen konnte, dankt die Wissenschaft nur Ihnen, und ich hoffe, Mommsens ausgezeichnete Anerkennung hat dies nicht nur den Eingeweihten für alle Zeiten klar gemacht. Mir war es vergönnt, auch noch an der Lesung der Gipse Anteil zu haben und das nachzuholen, was mich jene böse Krankheit leider in Ankara versäumen ließ . . . Und es mutet mich ganz seltsam an, wenn ich die bunten Bilder unserer Reise voll Mühsal und Gefahr vorüberziehen lasse.«

Humann hat seinen eigenen Reisebericht über Ankara, zusammen mit den Schilderungen der folgenden Reisen, in dem Band »Reisen in Kleinasien und Nordsyrien«, erschienen 1890 in Berlin, herausgegeben. Sie weichen in manchem von seinen Tagebüchern ab, die auch ganz persönliche Eintragungen enthalten.

3. Forschungsexpedition nach Boğazköy und Yazılıkaya 1882

Nach der glücklichen Erledigung ihrer Aufgabe in Ankara, nach den notwendigen Abschiedsbesuchen und der Miete von 5 weiteren Wagen brach die Expeditionsgruppe am 24. Juli zu ihrem neuen Ziel, nach Boğazköy und Yazılıkaya auf. Dort sollte ein Teil der Felsreliefs abgeformt werden. Zum Glück war Domaszewski wieder imstande mitzureisen.

Die Anregung, diesen Platz aufzusuchen, ging im April 1882 von Conze aus, Gustav Hirschfeld hatte ihn vor allem darauf aufmerksam gemacht, und dieser wiederum hatte einen Brandbrief des englischen Reisenden Ramsay erhalten, daß man bei einer Abformung der großen Inschrift in Ankara die Gelegenheit zu einer gleichen Arbeit in Yazılıkaya nicht ungenutzt lassen sollte, da die Fotografien des Franzosen Perrot undeutlich wären und man auf Details dieser großen Reliefs gespannt sein könnte.

Im Mai wurde aus dieser Anregung eine festumrissene Aufgabe.

Wieder waren, wie in Pessinus, bereits französische Forschungsreisende in Boğazköy gewesen. Texier gedachte hier den antiken Ort Tavium zu finden. Aber angesichts der riesigen Ruinenreste, der kilometerlangen Mauern, der gigantischen Steinblöcke mußte er bekennen:

»Hier war kein Bau irgendeiner römischen Epoche einzuordnen; dieser großartige und eigenartige Charakter der Ruinen brachte mich in außerordentliche Verlegenheit, als ich versuchte, der Stadt ihren historischen Namen zu geben.«

Rätsel um die Ruinen von Boğazköy

Und weiter fand er zwei Fußstunden entfernt eine Felsenstraße, eine Prozessionsstraße mit Götter- und Kriegergestalten aus dem Stein herausgemeißelt, auf den Köpfen hohe Spitzmützen, auf den Schultern Sichelschwerter. Er kannte nichts Vergleichbares. Als er seine Entdeckung in Europa mitteilte, wußte man auch dort keine Erklärung. Das archäologische Interesse war zur Zeit auf Ägypten und Assyrien gerichtet, denen sich die Felsreliefs nicht zuordnen ließen. Spätere englische, deutsche und französische Reisende berichteten etwas mehr, konnten aber ihre Eindrücke nicht deuten. Nur eine sorgfältige Ausgrabung würde Klarheit verschaffen. Im allgemeinen gab man dem Ort den Namen Pteria.

Noch ahnte niemand den Umfang und die Ergebnisse, die die deutschen Ausgrabungen im kommenden Jahrhundert zutage bringen würden, noch gab niemand dieser gewaltigen Ruinenstätte den Namen Hattuša — Hauptstadt des Reichs der Hethiter. Noch waren keine Tontafeln mit hethitischer Schrift gefunden, und keiner lebte, der sie hätte entziffern können. Trotz allem — das Interesse der Archäologen war erwacht!

Humann hatte in Ankara den Rat erhalten, nicht den direkten, sehr schlechten Weg zu wählen, sondern einen Umweg zu machen und südöstlich von Ankara den Halysfluß bei Köprüköy zu überqueren. Es sollte der bedeutend bessere Weg sein. Aber auch er erwies sich als beschwerlich, ja als halsbrecherisch und führte durch ein ausgewaschenes Flußbett in einer engen Schlucht. Das Thermometer stand tagsüber auf 40 Grad im Schatten. Als die Reisenden in dem Dorf Binam Köy, 33 km entfernt von Ankara, am Abend ankamen, waren alle todmüde.

Die zum großen Teil sehr eindrucksvolle Landschaft tröstete Humann in dieser Mühsal. Besonders in einem Tal zu Füßen des Elma Dağ zeigte sich ihm ein überraschendes Bild:

»Die das Tal einschließenden Hügel bergen die verschiedensten Metalle. Dunkelbraun bis lichtrot lagert sich das Eisen, ockerfarbig bis lichtgelb schienen sich die blei- und antimonhaltigen Erze darzubieten, grüne und blaue Schichten deuteten auf Kupfer, und dann wieder standen dicke Massen des blauschwarzen Mangan an. Alles im bunten Wechsel. Nie sah ich solch farbenreiches Bild in der anorganischen Natur.«

Am nächsten Morgen entlud sich gerade in einem steil ansteigenden Taleinschnitt ein heftiges Gewitter über der Wagenkolonne:

»Mit Decken und Regenmänteln schützten wir vor allem unsern kostbaren Gips; als es dann weitergehen sollte, war der Boden so schlüpfrig geworden, daß die Pferde stürzten und kein Wagen vorwärts wollte, indem sich dicke, steifklebrige Massen an die Räder hingen. Wir mußten ausspannen und jeden Wagen einzeln mit vier bis sechs Pferden zur Höhe bringen, die wir in 1250 Meter Höhe erreichten. Wir befanden uns auf dem Sattel zwischen dem Küre- und dem Kartal Dağ und schauten nach Osten und nach Südosten weit hinein ins Land und die Ebene des Halys, der tief unten hin und wieder heraufglitzerte.«

Nach diesem mühsamen Aufstieg ging es wieder bergab und verhältnismäßig rasch dem Flußtal entgegen:

»Als wir auf dieser letzten Höhe ankamen«, schreibt Humann, »ging, unter dem Gewittergewölk durchscheinend, die Sonne unter und übergoß die ganze Landschaft mit einem magisch-roten Licht, das an den roten Bergen, die den Strom auf beiden Seiten umgeben, nur noch intensiver wurde; die reifen Saatfelder zeigten den satten Ton gebrannter Terra di Siena, fast schwarz hingegen erschienen die Gebüsche eines Tales, in dem das Dorf Karaketcili (Schwarzziegenort) liegt. Über uns Stellen blauen Himmels, am Horizont schwere Wetterwolken; so war das Ganze ein Farbenbild mit rotem Grundton, das mir unvergeßlich bleibt. War es doch, als habe der Halys uns ad oculos demonstrieren wollen, warum er heute Kızıl Irmak (roter Fluß) heißt, und als wolle er unserer ohnehin gehobenen Stimmung beim Überschreiten der alten großen Völkerstraße noch einen besonderen Nachdruck geben, indem er sich in denkbar schönstem Lichte zeigte.«

Brücke über den Kısıl-Irmak

Ein auch heute noch bestehendes monumentales Bauwerk ist die türkische Brücke über den Strom, die auf Felsriffen gegründet ist. Allerdings ereignete sich auf dem löchrigen Brückenpflaster das Pech, daß eine Deichsel brach. Das Quartier in dem Dorf Köprüköy, zu dem die müden Gäule den Flußhang hinaufsteigen mußten, bezeichnete Humann »wie eine etwas geräumige Hundehütte«.

Obwohl die nächste Strecke, die nun nach Norden führte, bequemer zu fahren war, legte die vom Vortag sehr ermüdete Reisegruppe nur 31 km zurück. Humann mußte am Tag seine Notizen und Karteneintragungen nachholen, da es am Abend vorher keine Beleuchtung gegeben hatte und die Schwüle allzu drückend gewesen war. Dafür ging am folgenden Tag die Fahrt bis zu dem Dorf Kızılosman zügig weiter, und alle nahmen dankbar die Einladung zu einem Frühstück an, das ihnen von einem Yürükenstamm angeboten wurde. Es gab saure Milch.

Von Boğazköy trennte die Reisegruppe nun noch die wild zerklüftete Gebirgskette des Ağara Dağ, die sie in einem großen Bogen umfahren mußte. Auf den Ausläufern der Bergkette erzählte ihnen ein Hirtenjunge Wundergeschichten von alten Mauern und Inschriften in seinem Dorf, es war aber reine Erfindung; denn eine mühsame Ortsbegehung ergab nichts Derartiges.

In dem nächsten Dorf schliefen alle Männer im Schatten der Vorhalle ihrer Moschee, da man Ramadan, den Fastenmonat, feierte, wo es erst nach Sonnenuntergang zu essen erlaubt war. Humann meint verständnisvoll:

»Arbeiten ohne Speise und Trank von Sonnenaufgang bis -untergang ist nicht jedermanns Sache.«

Er und seine Begleiter verzichteten jedenfalls nicht auf ihr gewöhnliches Frühstück: kaltes Huhn. Entsetzt waren sie bei ihrer Ankunft in Sungurlu über die ungewöhnliche Verwahrlosung, den Unrat in den Gassen und den pestilenzartigen Gestank. Mit Mühe entdeckten sie ein einigermaßen sauberes Zimmer, in dem sie aber nachts derart von Ungeziefer geplagt wurden, daß sie keinen Schlaf finden konnten. Im Hof dieses Hauses standen zwei Wagen, die auf Beschäftigung warteten. Klug vorausschauend mietete sie Humann schon jetzt, um die in Yazılıkaya herzustellenden Gipsplatten zum Schwarzen Meer transportieren zu können. Auch machte er hier dem Gutsherrn von Boğazköy einen Besuch, der sich gerade in Sungurlu aufhielt. Das Gut in Boğazköy verwaltete stellvertretend sein Bruder Halil.

Abgüsse der Reliefs von Yazılıkaya

Endlich, nach 6 Tagen, war die Expeditionsgruppe am Ziel und wurde nicht mit gewohnter türkischer Gastfreundschaft, sondern mit merklicher Zurückhaltung von Halil Bey aufgenommen. Er galt in der Gegend als Geizhals. Humann bekümmerte das wenig. Er machte sich noch am gleichen Nachmittag nach Yazılıkaya auf, um die Felsengruppe mit den Reliefs in Augenschein zu nehmen, die es abzuformen galt. Domaszewski begleitete ihn. Sie trafen sofort eine Auswahl der abzuformenden Figuren; denn ihre Gesamtheit hätte ihr Gewicht allzusehr belastet. Zum Glück wiederholten sich auch manche Gestalten.

Am nächsten Morgen wurde schon mit der Arbeit begonnen, und zwar ließ Humann zunächst eine unvermischte Schicht Gips über die Figuren legen und darüber dann eine zweite, die dicht vermengt mit Ziegenhaaren wie eine Schutzschicht aus Filz wirkte. Bis Berlin war dann auch wirklich kein Formstück zerbrochen. Sie wanderten in die Ägyptische Abteilung der Berliner Museen. Dort angekommen, beschrieb sie Puchstein. Humann hatte auch hier wie in Pergamon sorgsam jeden Block gezeichnet, aber in seinem Reisebericht von 1890 wurde nur eine Auswahl abgebildet.

Obwohl Humann inzwischen auch ein begeisterter Fotograf geworden war, verzichtete er nicht auf den Zeichenstift. Conze hatte ihn vor seiner Reise noch dazu ermuntert:

»Das ist *sehr* brav von Ihnen, daß Sie zeichnen wollen. Das ist eine gute grundlegende Arbeit. Sie bewähren sich damit als Mitglied des Instituts.«

Humann führte als Vergleich die Veröffentlichungen von Perrot mit seinen fotografischen Aufnahmen und den Beschreibungen der Felsskulpturen mit sich.

In fünf Tagen waren 41 Platten hergestellt und der Gipsvorrat erschöpft. Die Anschaffung der Wagen hatte sich bewährt; sie mußten jeden Morgen den Gips von dem Gutshof nach Yazılıkaya und abends die fertigen Platten, sorgfältig auf Heu gebettet, wieder zum Standort zurückbringen, wo sie den nächsten Tag in der Sonnenhitze rasch trockneten. Gleich am ersten Tag nach der Ankunft fuhr Hasan Bey mit zwei Wagen in den nächsten größeren Ort, Yozgat, um die Bretter und Nägel zum Zimmern der Transportkisten zu kaufen. Die Gipse wurden darin auf Heu gebettet.

Da Humann nur stundenweise mit der Kontrolle der Gipsabformung beschäftigt war, hatte er sofort begonnen, den genauen Plan der alten Stadt, die Texier nach langem Zögern schließlich als Pteria bezeichnet hatte, aufzunehmen.

»An einer solchen Riesenstadt mögen Jahrhunderte gebaut haben«, ruft er aus. Er weist auch noch nachdrücklich auf die breite Inschrift auf dem Nişantaş hin:

»Jene Inschrift in unkenntlich gewordenen Resten, die, wenn sie lesbar wären, vielleicht Auskunft über die Gründung der Stadt geben würden.« Genau beschreibt er den Verlauf der Mauer und die Tore, auch die Ruinen auf der Büyükkale und die eines großen Gebäudes, die teils als Palast, teils als Tempel gedeutet wurden. Andere Denkmäler und ihre Deutungen durch frühere Reisende betrachtete er kritisch und kam teilweise zu abweichenden Erkenntnissen.

Am 4. August verabschiedeten sich die Forschungsreisenden von Halil Bey. Obwohl sie am nächsten Tag früh um 4 Uhr aufstanden und alle Wagen abends vorher beladen worden waren, wurde es doch 7 Uhr morgens, bis die große Kolonne in Gang kam. Am Schluß fuhr Humann mit Domaszewski in der Kutsche, um alles überwachen zu können. Die Wagenführer brachen nur ungern auf, sie hatten wohl die beschwerliche Strecke von Ankara nach Boğazköy in schlechter Erinnerung. Besonders ein störrischer Tatar ließ seine Pferde auch auf ebenem Weg eigensinnig nur langsam im Schritt gehen.

Humann riß schließlich die Geduld; er griff zum Peitschenstiel und verprügelte den Widerspenstigen. Seither hörte alles auf sein Kommando.

In Alaca Hüyük, das ebenfalls schon von europäischen Reisenden besucht worden war, fotografierte Humann lediglich; denn Gips hatte er nicht mehr, um die Skulpturen abzuformen.

Rasch durchfuhren die Wagen an diesem Tag gut bestellte Felder in einer großen Flußebene bis nach Çorum, das in einem Seitental von hohen Bergen umschlossen liegt. Hier mietete Humann noch einen 12. Wagen, um einige sehr schwer beladene Wagen etwas zu erleichtern. Nach einer Steigung von 300 Metern führte der Weg erneut abwärts in eine Ebene, in der man schon den kalten Nordostwind vom Schwarzen Meer verspürte. Das Thermometer sank von 30 Grad auf 19 Grad. Doch das Nachtquartier war diesmal freundlich und warm.

Über Berg und Tal erreichten die Reisenden am dritten Tag Merzifon. *Merzifon*
Hier atmeten sie auf, die Straßen waren gut gepflastert, die Zimmer in der Herberge sauber, und von den Türmen der griechischen und armenischen Kirchen läuteten die Glocken. Humann meinte lachend, »daß die Griechen gleich zum Vorschein kommen, wenn man das Meer riechen kann.« Das türkische Element herrscht hier nicht vor.

Humann rühmt die herrliche landschaftliche Lage der Stadt, über der sich »unmittelbar und steil, fast drohend der hohe, düster bewaldete Tavşan Dağ« erhebt und sich im Osten der Akdağ deutlich abzeichnet. Doch auf der Weiterfahrt nimmt er sein Lob für die Stadt zurück; als sie die sogenannte »Şeytanboğaz«, die Teufelsschlucht, durchqueren mußten:

»Es ist eine Schande, daß zwei Stunden von der großen, reichen Stadt Merzifon, deren ganzer Handel nach Samsun über diesen Weg geht, nicht ein paar hundert Tagewerke angewendet wurden, diese Stelle gründlich auszubessern, zumal an ihr, wie man mir sagte, oft genug Unglück geschieht. Doch wer hätte hier Interesse für das Gemeinwohl? Jeder kennt nur seine Tasche.«

Teufelsschlucht

Die Teufelsschlucht hatte seiner Wagenkolonne schwer zu schaffen gemacht:

»Der Weg wurde hier so schmal, daß kaum noch ein Wagen fahren konnte; rechts hatten wir die Tiefe, links die Wand. Dazu lag der Pfad seiner Breite nach nicht einmal horizontal, sondern war zum Fluß hin stark geneigt, und wo hin und wieder das Bergwasser Rinnen durchgerissen hatte, waren diese mit Schotter gefüllt, der beim Darüberfahren nachgab und in die Tiefe rollte. Es war eine kritische Stelle von 200 Meter Länge. Ich ließ alle Mann absteigen und jeden Wagen einzeln hinüberbringen; da wo der Weg hing, gingen einige Mann auswärts neben dem Wagen her, um ihn zu stützen; wo der Weg aber dazu zu schmal war oder der nachgebende Schotter den Leuten keinen hinreichend festen Standpunkt bot, mußten sich jedesmal zwei bis drei Mann an der Festseite an den Wagen hängen, um ihn so vor dem Umschlagen und dem dann unvermeidlichen Sturz in die Tiefe zu schützen.

Die Kutscher waren nie so folgsam und gelehrig gewesen wie hier, wo es sich um ihr Eigentum handelte. Nach zweistündiger Arbeit war alles glücklich überstanden, und wir fuhren wieder in die Talsohle hinab.«

Aber noch einmal kamen sie vom Regen in die Traufe:

»Wir fuhren nun gemächlich die Talsohle aufwärts. Plötzlich sah ich, wie ein Wagen abschwenkte und zur Erfrischung der Pferde in den Fluß fuhr; während die linken Räder noch nahe dem harten Ufer standen, versanken die rechten im Triebsand. Ich schrie, der Kerl schlug auf seine Gäule, kam aber damit nur noch tiefer herein, und eben, als der Wagen sich zum Umschlagen neigte, sprangen wir in die erhöhten Räder, Hasan Bey ins Wasser, um zu stützen. Ich ließ die Kisten einzeln herunterheben und dann den Wagen herausziehen, was nur mit großer Mühe gelang.«

Nach diesen Anstrengungen hätten die Kutscher gern in dem Ort Havza Rast gemacht, da es schon Mittag war und der nächste Ort noch 5 Stunden entfernt sein sollte; aber Humann trieb sie voran, so daß sie am Abend 50 Kilometer geschafft hatten.

Die kleine Raststation, in einem grünen Wald gelegen, erschien ihnen wie ein Paradies, auf das sich aber zu Humanns großer Sorge dichter Nebel herabsenkte:

»Ich saß noch lange beim Schein der letzten Kerzen, um die zuletzt durchmessene Strecke in die Karte einzutragen; immer aber trieb es mich wieder, nach dem Wetter zu schauen; denn alle Wagen standen im Freien. Übermüdung und Sorge ließen mich nicht schlafen, und als endlich der Tag graute, begann ein feiner Sprühregen, hörte auf, begann wieder, bald stärker, bald schwächer. . . Doch je länger es regnete, um so schlechter mußten die Wege werden. Das nächste Dorf sollte nur 2 1/2 Stunden entfernt sein, und der Weg dorthin immer talabwärts führen: also vorwärts!«

So ging es auf steilen und schlüpfrigen Wegen langsam bergauf und wieder talab. Sechs Stunden Weg nach Samsun waren noch zu bewältigen, als die Wagenkolonne sich noch einmal zur Nachtruhe einrichtete. Auch in den folgenden Stunden strömte der Regen vom Himmel; aber dann brach die Sonne durch und machte allen Mut für das letzte steile Stück. Am 10. August war das Hochplateau erreicht, und nun muß man Humanns Tagebuchaufzeichnungen lesen, um das Glück mitzuerleben, das die Reisegruppe erfaßte:

»Auf dem eigentlichen Gipfel waren wir damit noch nicht, fuhren aber in sanfter Steigung schräg gegen den Grat ab, der in zwei Kuppen gipfelte.

Im Anblick des Schwarzen Meeres

Als wir uns dem Sattel zwischen diesen beiden Kuppen näherten, standen wir im Wagen auf; noch etwas vor, und unsere Köpfe waren mit dem oberen Rade im gleichen Niveau; hinter dem Grat erschienen keine neuen Berge; immer vorwärts, immer tiefer tauchte der Blick darüber hinab, immer tiefer erschienen Himmel und Wolken, und dann unten ein hellglänzender horizontaler Streif, und dann — die endlose Fläche des blauen Meeres! Alles sprang von den Wagen und eilte auf den Grat. Andrea Janini, der Gipsgießer, der in seinen Mußestunden in der italienischen Oper in Smyrna Chorsänger ist, schlug erst drei Purzelbäume und stimmte dann die Arie aus dem Troubadour an: Addio, Leonora addio! Wohl nie hat das schwermütige Lied eine so komische Wirkung gehabt. Non ti scordar di me — ja aber wir werden noch oft an dich denken, du Pontisches Küstengebirge!«

Die letzten Stunden brachten zwar noch schlechte Wegstücke, aber man war nun in Hochstimmung und Humann kam zum Ende seines Berichtes:

»Endlich gelangten wir nach Samsun. Domaszewski und ich waren vorausgefahren, um noch vor Eintritt der Dunkelheit Quartier zu suchen. Wir begaben uns direkt zur Agentur des Österreichischen Lloyd, wo man uns Briefe und Depeschen übergab und uns in einem Kaffeehaus ein paar leere Zimmer und ein Magazin für unsere Kisten anwies. Um 8 1/2 Uhr kamen die übrigen Wagen bis auf einen, der vor der letzten Anhöhe unter Hasan Beys Obhut liegengeblieben war. Auch der wurde erst noch nachgeholt und dann alle Kisten ins Magazin gebracht. Am nächsten Morgen telegrafierten

Verladung der Gipse in Samsun

wir nach Berlin und an unsere Angehörigen, ordneten unsere Sachen, und als ich die Kisten öffnete, lag der Gips trocken und unversehrt in seinem Heubett; die Wagenführer wurden entlohnt und erhielten ein Trinkgeld je nach Verdienst und Benehmen. . . .

Am folgenden Tage, Sonnabend den 12. August, lief der Lloyddampfer Calypso ein; ich brachte sämtliche Sachen an Bord, und nachdem noch Hasan Bey mit Tränen von uns Abschied genommen hatte, dampften wir um 4 Uhr nachmittags ab.

Spiegelglatt war die See, und ein eigentümlich wohliges Gefühl beschlich uns im Bewußtsein, daß unsere Aufgabe nunmehr glücklich erledigt war. Wir saßen wieder in Sammetfauteuils und speisten an weißgedecktem Tisch, worüber wir uns verwundert anschauten. . . .

Als ganz abgeschlossen konnte ich die Expedition erst ansehen, als mir von Berlin die Nachricht zuging, daß sämtliche Gipsformen, sowohl die vom Monumentum Ancyranum als auch die von den Skulpturen von Boğazköy, befriedigende Abgüsse geliefert hätten.«

Vielleicht fragt sich heutzutage mancher, ob sich die großen Mühen und Strapazen dieser Expedition, die keine neue wissenschaftliche Entdeckung brachte, gelohnt haben, ob man bedauern müßte, daß Humann die Erkenntnis noch verschlossen blieb, daß er auf dem Boden der hethitischen Hauptstadt Hattuša gestanden hatte. In jedem Fall muß man die Expedition als eine Pioniertat archäologischer, exakter Forschungsreisen werten. Noch zu Humanns Zeit herrschte auf den archäologischen Ausgrabungsstätten Schatzsuche statt wissenschaftlicher Systematik. Allein Humanns Vorbereitungen waren vorbildlich. Er sorgte für einen möglichst reibungslosen Transport der Zelte und Ausrüstungsgegenstände, von denen er wußte, daß sie im Land selbst nicht erhältlich waren, er sorgte für einen Aufseher, einen Steinmetzen, für einen Koch, Lebensmittel, Werkzeuge, für fotografische Utensilien, Abklatschpapier und Gips. Er bewies, daß die Arbeit am Schreibtisch für einen gewissenhaften Forscher nicht allein ausreichend ist. Er muß über Reiseerfahrung, Landes- und Sprachkenntnisse verfügen, er muß die antiken Quellen und Schriftsteller studiert haben.

Auf solcher Einsicht basierend gewährt das Deutsche Archäologische Institut jungen, begabten Wissenschaftlern nach Abschluß ihres Hochschulstudiums ein Reisestipendium von einem Jahr, um sie unmittelbar an die antiken Stätten und an die Arbeit einer Ausgrabung heranzuführen.

Der zuverlässige Plan des Ruinenfeldes von Boğazköy, den Humann auf dieser Expedition gezeichnet hatte, bildete die Grundlage für die Orientierung der späteren Ausgräber, für die aufsehenerregenden Funde und Entdeckungen wie die von Hugo Winckler oder Kurt Bittel in Hattuša.

4. Untersuchung der Sarkophage von Klazomenai 1882 und 1887

Südlich von Smyrna, an der heutigen Hauptstraße nach Çeşme, hatte im Altertum die Inselstadt Klazomenai gelegen, die Alexander der Große durch einen Damm mit dem Festland verbinden ließ. Zu Humanns Zeiten hieß der Ort Vurla, und hier hatte sein Bruder Franz als Ingenieur gearbeitet. Dadurch war auch Carl Humann die Gegend vertraut geworden, und er erfuhr 1882 von der Auffindung antiker Schmucksärge aus Terrakotta, die mit Szenen aus der Ilias bemalt worden waren. Sogleich fertigte er Zeichnungen von ihnen an und schickte sie nach Berlin. Sie interessierten Conze und Puchstein auf das höchste.

Im Laufe der Jahre wurden in Klazomenai zahlreiche solcher bemalter Sarkophage gefunden, eine Besonderheit dieser antiken Stadt. Leider sind die meisten, die nach Izmir gelangten, später bei der Feuersbrunst von 1922 zerstört worden; man kann aber noch schöne Beispiele in den Museen von Berlin, London und Paris sehen.

1887 besuchte Humann nochmals mit den jungen Stipendiaten Franz Winter und Walter Judeich die Fundstätte der Sarkophage. Winter veröffentlichte später seine Zeichnungen in den »Antiken Denkmälern«.

5. Expedition zum Nemrud Dağ 1883

Im Winter 1881/82 traf in Berlin bei der Königlich Preußischen Akademie der Wissenschaften ein Brief aus der Türkei ein, der das Präsidium und die Mitglieder der Akademie in große Aufregung versetzte. Darin berichtete der deutsche Vizekonsul Müller-Raschdau in Smyrna über eine Gruppe Denkmäler von gigantischer Größe, die ein der wissenschaftlichen Welt bis dahin unbekannter Deutscher, Karl Sester, auf einem Berggipfel im östlichen Antitauros entdeckt haben wollte. Angeblich sollten die kolossalen Figuren auf zwei gegenüberliegenden Terrassen stehen und durch einen Hügel voneinander getrennt sein. Die monumentale Anlage erstreckte sich in einer Höhe von mehr als 2000 m über dem Meer und gehörte nach Meinung des Entdeckers der assyrischen Kulturwelt an.

Assyrische Denkmäler?

Die Kartierung dieses Gebietes ging auf niemand Geringeren als den damals in Berlin noch im Ruhestand lebenden Generalfeldmarschall Graf Helmuth von Moltke (Ehrenmitglied der Akademie) zurück. Als junger Hauptmann hatte dieser im Auftrag des türkischen Oberkommandos genaue Rekognoszierungen nördlich und südlich des Antitauros, im Gebiet zwischen Malatya und Birecik durchgeführt. Helmuth von Moltke war als militärischer Berater von Berlin nach Konstantinopel an den Hof des türkischen Sultans abkommandiert. Als nämlich der gegen das osmanische Herrscherhaus rebellierende Pascha Mehmet Ali, Statthalter von Ägypten, seine Machtsphäre über Palästina und Syrien ausgedehnt hatte, erhielt Moltke die Weisung, exakte Unterlagen über die Straßenverhältnisse und Nachschubmöglichkeiten zu erbringen.

Helmuth von Moltke fertigte bei seinen Ritten durch das für die türkische Armee ins Auge gefaßte Aufmarschgebiet südlich des Tauros umfangreiches kartographisches Material an. Dabei konnte er die markante, von allen Seiten weithin sichtbare Spitze des Nemrud Dağ immer wieder als Fixpunkt bei seinen Routenaufnahmen benützen. Und diese Höhe, so fragten sich die Experten bei der Akademie in Berlin, sollte nun nach den Angaben des Herrn Sester von einer assyrischen Denkmälergruppe gekrönt sein?

Die Mitteilungen von Sester wirkten vor allem deshalb so unwahrscheinlich, weil der junge Moltke keineswegs achtlos an den Zeugnissen antiker Kultur vorübergeritten war. Im Gegenteil, er hatte ihnen größte Aufmerksamkeit geschenkt, sich um eine möglichst genaue Beschreibung ihres Erhaltungszustandes bemüht und mit kundiger Hand alle von ihm gemachten Entdeckungen aufgezeichnet.

Zuletzt überwog aber doch die Meinung derjenigen Gelehrten, die den Rat gaben, den Bericht von Sester auf seinen Wahrheitsgehalt zu überprüfen.

Besonderen Anreiz bot natürlich die von Sester mitgeteilte Vermutung, es handle sich auf dem Nemrud Dağ um »assyrische Denkmäler«. Denn fast genau um die gleiche Zeit wurde in Berlin eine in London erschienene Publikation mit dem Bericht einer Reise durch Kleinasien von Mrs. Mary Esmé Gwendoline Scott-Stevenson bekannt, in dem ebenfalls von »assyrischen Reliefs« die Rede war: Es handelte sich um die Darstellung einer Löwenjagd, die in einem Gutshaus im Dorfe Sakçagözü verbaut sein sollte, einer Ortschaft in der Nähe von Aintab (heute Gaziantep), also in nicht allzu weiter Entfernung vom Nemrud Dağ.

Nun muß man wissen, daß »assyrisch« in jenen Tagen ein Zauberwort war. Die Museen in London und Paris besaßen bereits ansehnliche Skulpturen aus assyrischer Zeit; die Entzifferung von Keilschrifttafeln, die Georg Friedrich Grotefend mit seiner bei der Göttinger Gesellschaft der Wissenschaften im Jahr 1821 vorgelegten Abhandlung eingeleitet hatte, machte durch Neufunde von beschrifteten Tontafeln großartige Fortschritte. Konnte man es daher verantworten, den Brief von Sester unbeachtet zu lassen?

An sich wäre Humann der geeignete Mann gewesen, die Angaben von Sester zu überprüfen; aber in Anbetracht seines schon längst festgelegten Arbeitsprogramms war er im Jahre 1882 unabkömmlich, zumal er sich bereits auf seine Expedition nach Zentralanatolien im Auftrag der Akademie vorbereitete. Hinzu kam, daß Sester, als sein Brief in Berlin eintraf, sich nicht mehr in der Türkei, sondern in Ägypten aufhielt. Die Vermutung, daß Alexander Conze der Mann gewesen ist, auf dessen Vorschlag hin schließlich doch noch eine Lösung für das Dilemma gefunden wurde, in das man in Berlin durch die so unwahrscheinlich klingenden Mitteilungen von Sester geraten war, gründet sich auf eine Angabe des jungen Gelehrten Otto Puchstein. Dieser befand sich zu Beginn des Jahres 1882 vorübergehend ebenfalls in Ägypten, da man ihn für besondere wissenschaftliche Leistungen mit dem »Reisestipendium für Archäologie« ausgezeichnet hatte, das durch die »Zentraldirektion des Archäologischen Instituts des Deutschen Reiches«

jährlich an junge Gelehrte der Altertumswissenschaft verliehen wurde. In seinem Bericht schreibt nämlich Puchstein: »Ich erhielt von Alexander Conze namens der Königlich Preußischen Akademie der Wissenschaften zu Berlin den Auftrag, persönlich bei dem zufällig in Ägypten verweilenden Ingenieur Karl Sester nähere Erkundigungen über ein von demselben am oberen Euphrat auf dem Nemrud Dağ nachgewiesenes Monument einzuziehen und je nach den Umständen mit ihm über eine Rekognoszierungsreise dorthin zu unterhandeln.«

Aufgrund des Berichtes, den Puchstein über seine Eindrücke von der Persönlichkeit Sesters und Glaubwürdigkeit von dessen Angaben nach Berlin an Conze schickte, erhielt er umgehend von der Königlich Preußischen Akademie den Auftrag, zusammen mit Sester an Ort und Stelle zu prüfen, worum es sich bei den »assyrischen Monumenten« auf dem Nemrud Dağ handle.

Sester und Puchstein auf dem Nemrud Dağ

Das schien von Berlin aus eine recht harmlose Angelegenheit zu sein. Wie sich aber bald zeigen sollte, war es doch ein äußerst schwieriges Unternehmen, das dem jungen Gelehrten zugemutet wurde. Es führte Puchstein zum ersten dramatischen Höhepunkt der Entdeckung des Nemrud Dağ. Aufgrund der von Puchstein erzielten Erfolge und seines Berichtes setzte dann bereits im Jahre 1883 die systematisch durchgeführte Untersuchung des Nemrud Dağ und die Erforschung von Kommagene ein, mit deren Leitung man Carl Humann betraute.

Humanns Expedition 1883

Mit den Erfahrungen, die Humann im Sommer 1882 bei seiner Expedition nach Ankara und Boğazköy gemacht hatte, ging er an die Vorbereitungen für das große Unternehmen einer exakten wissenschaftlichen Untersuchung des Nemrud Dağ mit dem zusätzlichen Auftrag, auch hier — soweit dienlich und möglich — Gipsabgüsse der vorhandenen Denkmäler anzufertigen. Im Frühjahr bereitete Humann noch in Pergamon die neue Grabungskampagne vor, die während seiner Abwesenheit von Richard Bohn geleitet werden sollte.

Von Izmir aus trat er zusammen mit Puchstein auf einem russischen Dampfer die Fahrt nach Alexandrette an, dem heutigen Iskenderun, dem Ausgangspunkt der gesamten Expedition. In ihrer Begleitung befand sich bereits Hasan Bey, der zuverlässige und landeskundige Helfer bei der Ankara-Expedition. Seine Aufgabe bestand in der Beschaffung von allem notwendigen Zubehör aus dem Lande und außerdem in der Aufsicht und Betreuung der Reit- und Lastpferde.

Ihm zur Seite stand der vielfach bewährte Nikola, »Mädchen für alles« und langjähriger Diener von Humann.

Dazu gesellte sich noch Jani Laludis, der in Pergamon unter Humann als Aufseher bei den Ausgrabungen fungiert und sich inzwischen in Ankara und Yazılıkaya bestens als Helfer des italienischen Bildhauers Andrea Janini bewährt hatte. Diesmal sollten beide zum Kreis der Helfer gehören. Zu dieser Arbeitsgruppe stieß in Iskenderun noch als Arzt Felix von Luschan, der soeben an den österreichischen Expeditionen zur Erforschung des südlichen Kleinasien in Lykien, Pamphylien und Kilikien teilgenommen hatte und zu dessen Bereich auch ethnographische Untersuchungen in dem zu erforschenden Raum gehören sollten.

Das Löwenrelief von Sakçagözü

Als der Dampfer mit den von Izmir anreisenden Teilnehmern am 4. Mai in Iskenderun eintraf, war Luschan bereits in Aleppo, um dort die benötigten Reitpferde zu kaufen. Er kam am 7. Mai mit 10 Pferden zurück und hatte außerdem drei Pferdeknechte angeheuert, die auch für die Pflege der 20 Lasttiere zuständig waren, welche Humann inzwischen gekauft hatte. Am 9. Mai war gesattelt und gepackt; das Unternehmen konnte beginnen!

Schnell lernten die Expeditionsmitglieder die zeitraubende Arbeit der Verteilung und Verschnürung des recht umfangreichen Gepäcks, so daß der morgendliche Abmarsch von Tag zu Tag weniger Zeit beanspruchte. In seinem Bericht hat Humann, der auch die Kartographierung übernommen hatte, ausführlich den Anmarsch beschrieben. Er führte von Iskenderun zunächst nordwärts bis Osmaniye. Hier begann die Überquerung des Amanos-Gebirges in Richtung auf Sakçagözü. Unterwegs konnte Hasan Bey frohes Wiedersehen mit seinen Verwandten, den in dieser Gegend zahlreich angesiedelten Tscherkessen, feiern, bevor man in Sakçagözü die erste Aufgabe erledigte. Dabei handelte es sich um den Ankauf mehrerer Reliefs aus schwarzem Syenit, die dort in einem Gutshaus verbaut waren, darunter drei vollständig erhaltene Platten mit der Darstellung einer Löwenjagd. Humann einigte sich mit dem Gutsherrn bald über den Kaufpreis; aber es blieb das Problem, wie man die drei Reliefs, von denen jedes etwa 400 kg schwer war, zum Hafen nach Iskenderun transportieren solle.

Für die Lösung dieser Aufgabe war Hasan Bey der richtige Mann. Während Jani und Andrea mit dem Zimmern der Kisten und der Herbeischaffung des Verpackungsmaterials beschäftigt waren, mobilisierte Hasan Bey seine tscherkessischen Verwandten und Freunde. Diese hatten bei ihrer erst vor kurzer Zeit erfolgten Einwanderung aus Rußland auch den pferdebespannten Wagen als Transportmittel eingeführt. Aber das Amanos-Gebirge hatte mit einem solchen Fahrzeug noch keiner von ihnen überquert. Sie erklärten sich bereit, die Kisten südwärts bis Kırık Han zu transportieren, einem Ort am östlichen Aufstieg zum Beylan-Paß. Doch weiter, so erklärten die Tscherkessen mit Bestimmtheit, sei ein Transport mit ihren Pferdefuhrwerken unmöglich.

Da fragte sie Humann, ob sie vielleicht nicht wüßten, daß der Name des Passes Top Yolu (d. h. Kanonenweg) sei? Über diesen Paß habe der gegen den Sultan rebellierende Ibrahim Pascha von Ägypten seine Kanonen hinübergebracht. Und listig appellierte Humann an das Ehrgefühl der Fuhrwerksbesitzer mit seiner Frage, ob sie sich nicht imstande fühlten, dasselbe mit den Kisten zu schaffen? Gehe es an absolut unwegsamen Stellen einmal nicht, dann müßten sie eben für dieses Stück die Wagen zerlegen und je acht Mann an zwei Stangen die Kisten und die zerlegten Wagenteile über diese doch gewiß nur kurze Wegstrecke tragen.

Was für eine herrliche Diskussionsmöglichkeit bot dieser Vorschlag von Humann! Schließlich gelangte man zu einer Einigung, und die Tscherkessen versprachen, die Kisten nach Alexandrette (Iskenderun) zu befördern. Sie stellten nur die Bedingung, daß man die bessere Jahreszeit abwarten müsse; die schweren Regenfälle nämlich behinderten zum jetzigen Zeitpunkt den Verkehr. Sie würden auch — so versprachen sie — die Kisten in ihrem Dorf sorgfältig aufbewahren, bis die Ebene wieder trockener sei. Die Männer haben ihr Humann gegebenes Wort gehalten, und die Kisten sind unverletzt nach Berlin gelangt, wo das Löwenrelief noch heute in den Staatlichen Museen ausgestellt ist.

Der Regen war natürlich auch für die Arbeiten in Sakçagözü ein schweres Hindernis. Man hatte Unterkunft im Gästezimmer des Gutshauses gefunden, dessen Boden nach Landessitte aus gestampfter Erde bestand, die — wie Humann berichtet — »von dem reichlich hereinlaufenden Regen zu Schlamm geworden war . . . Zum Glück lag das Zimmer nicht zu ebener Erde, so daß das überflüssige Wasser durch verschiedene Löcher des Fußbodens in die untere Etage ablaufen konnte.« Aber statt nachzulassen, wurde der Regen heftiger; bald »regnete es in Strömen, so daß unsere Feldbetten in dem Zimmer wie in einem Morast standen und die aufgespannten Schirme nur mäßigen Schutz gewährten« — beschreibt Humann dieses Quartier. Trotzdem wurden die Kisten fertiggestellt, und gewalkte, alte Hirtenmäntel lieferten dabei ein ideales Verpackungsmaterial.

Währenddessen war Puchstein mit Luschan unterwegs, um in dem Ort Sendschirli Nachforschungen über antike Denkmäler anzustellen, von deren Existenz er schon im vergangenen Jahr gehört hatte, ohne daß die Lage dieser Örtlichkeit zuverlässig fixiert werden konnte. Jetzt hatte man genauere Ortsangaben erhalten, so daß Humann anregte, die Pause in Sakçagözü zu einem Erkundungsritt zu nutzen.

Bei strömendem Regen ritten Puchstein und Luschan durch die bereits unter Wasser stehende Ebene zum Amanos-Gebirge zurück. Auf Grund der genauen Wegbeschreibung erreichten sie schon nach vierstündigem Ritt den Hüyük von Sendschirli (Zincirli). Zu ihrer Überraschung fanden sie am Südrande des antiken Wohnhügels mehrere Reliefs, die erst kürzlich freigelegt worden waren. Diese Arbeit war im Auftrag des Direktors der Kaiserlich-Ottomanischen Museen, Hamdi Bey, ausgeführt worden. Hamdi Bey hatte natürlich Kenntnis von dem Unternehmen des Jahres 1882 und von der Entdeckung des Nemrud Dağ erhalten, und er wünschte, Kommagene ebenfalls kennenzulernen. So war er nun in Begleitung des armenischen

Bildhauers Osgan Efendi zur gleichen Zeit unterwegs, jedoch der Reisegruppe von Humann immer einige Tage voraus.

Hamdi Bey entdeckt Sendschirli

Damit wurde Hamdi Bey der Entdecker des Hüyük von Sendschirli (Zincirli); er gestattete später seinem Freund Humann großzügig, hier Ausgrabungen durchzuführen, die im Jahre 1888 begannen und über deren Schwierigkeiten und wichtige Ergebnisse in Kapitel VIII. 9 berichtet wird.

Marsch von Sakçagözü zum Euphrat

Abb. 97

Wie verabredet, trafen am Sonntag, dem 20. Mai, drei Wagen in Sakçagözü ein, einer davon sogar vierspännig. Mit Freude sah Humann, wie geschickt die kräftigen, gelenkigen Tscherkessen die Kisten auf ihre Wagen hoben, dort sicher befestigten und im Trabe davonfuhren. Der Regen hatte inzwischen nachgelassen, und so konnte Humann auch seinerseits das Kommando zum Aufbruch geben. Die allgemeine Richtung hieß: »Nach Osten!« Das nächste Ziel war der Verkehrsknotenpunkt Aintab (Gaziantep), den man nach einem flotten Ritt am Abend des kommenden Tages erreichte.

Hier legte man einen größeren Halt ein; Briefe wurden geschrieben, Fotoplatten entwickelt, Gips beschafft, weitere Lasttiere gemietet und vor allem auch bei den Behörden offizielle Besuche abgestattet. Der deutsche Botschafter in Konstantinopel von Radowitz hatte von der Hohen Pforte die notwendigen Empfehlungsschreiben an die zuständigen Vilayets erwirkt. So waren durch den damals in Aleppo residierenden türkischen Generalgouverneur bereits alle nachgeordneten Dienststellen über die deutsche Expedition informiert. Daß sogar Offiziere zu Dienst- und Hilfeleistungen in Gaziantep abkommandiert wurden, war natürlich von größter Wichtigkeit für die zügige Abwicklung der vielen Dinge, die bei dieser Rast noch zu bedenken und zu erledigen waren.

Schwierige Gipsbeschaffung

Die Hauptsorge von Humann bestand in der Beschaffung von Gips. Eingeholte Erkundigungen hatten ergeben, daß östlich von Gaziantep bisher keine Lagerstätten bekannt geworden waren. In Gaziantep konnte man nur einen Zentner Gips auftreiben, der glücklicherweise noch nicht gebrannt war, und Humann brachte in Erfahrung, daß er am Euphrat, nicht weit von Birecik, gebrochen worden sei. Immerhin dauerte ein Ritt bis zur Lagerstätte etwa vier Tage. Doch gelang es Humann, einen Liefervertrag für 500 Okka (etwa 640 kg) abzuschließen, natürlich ungebrannt, um nicht etwa durch Nässe oder Regen zu verderben. Durch ihre bisherige Mitarbeit bei Humann beherrschten inzwischen Jani und Andrea die Kunst der Herstellung von Gips aus örtlichen Vorkommen, eine wichtige Voraussetzung für die geplanten Arbeiten auf dem Nemrud Dağ. Es wurde vereinbart, das Material direkt von Birecik nach Adıyaman zu transportieren und es bei

Abb. 97 Die Burg von Gaziantep. Zeichnung von Humann

dem dortigen Kaymakam abzuliefern. Humann bemerkt hierzu, daß eine nähere Anlieferung an den Nemrud Dağ nicht zu erreichen gewesen sei, weil niemand sich getraut habe, sich weiter in östliche Richtung vorzuwagen, »da jene Gegend für durchaus unsicher galt.«

In Gaziantep endete auch der Postverkehr mit der zivilisierten Welt; hier hörten also im Jahre 1883 sämtliche Post- und Telegraphen-Verbindungen auf; aber Humann trug weitsichtig Vorsorge, daß einmal wöchentlich ein Kurier die Postverbindung zum und vom Nemrud Dağ besorgen werde — eine Einrichtung, die auch tatsächlich funktioniert hat.

So trat man am nächsten Wochenende, am Sonnabend, dem 26. Mai, erneut den Marsch an. Beobachtungen über die Besiedlung von Gaziantep in der Frühzeit hatte man nicht gemacht; doch verdanken wir dem Zeichenstift Humanns eine hübsche Skizze der ausgedehnten, mittelalterlichen Burganlage, um die herum sich die moderne Stadtanlage ausgebreitet hat. Humann hatte sich entschlossen, im Gegensatz zu der Marschroute von Puchstein, von Gaziantep direkt nach Osten an den Euphrat zu marschieren, wo in dem in der Nähe von Rumkale gelegenen Halfeti (Khalfete) der Kaymakam seinen Amtssitz hatte.

Am Euphrat

Es wurde ein zügiger Ritt durch das fruchtbare Land mit seinen ansehnlichen Pistazien-Plantagen und den reichen Beständen an Nuß-und Obstbäumen. Als man nach einer Mittagsrast um einen Berg herumritt, erblickten die Reiter unvermutet den Euphrat, und der sonst so nüchterne Humann wird bei diesem Anblick zum Poeten: »Unwillkürlich machten wir halt; denn man sieht nicht zum ersten Male diesen Strom, ohne den Flügelschlag einiger Jahrtausende Menschengeschichte zu fühlen.« Dann aber berichtet er sachlich weiter: »In dankbarem Andenken an Sultan Murad, der viel für das Land getan, heißt der Strom heute Muradçay oder auch einfach Murad; seltener hört man hier die Bezeichnung Fırat. Sein Wasser ist nur in den Frühlingsmonaten, wo er hoch anschwillt, lehmig, sonst klar; den höchsten Stand erreicht es gewöhnlich im April, wenn der Schnee im Norden schmilzt, wir finden es schon zwei bis drei Meter niedriger. Im September ist der Wasserstand am niedrigsten, so daß dann an gewissen Stellen ein Mann bis zu den Schultern im Wasser den Fluß durchwaten kann.«

Als man sich in einem leerstehenden Gehöft für das Nachtquartier einrichten wollte, gab es plötzlich am gegenüberliegenden Ufer eine unvermutete Ansammlung von Menschen. Bald darauf legte auch ein Kelek, das ortsübliche Fahrzeug aus aufgeblasenen Tierhäuten, vom Ufer ab. Welche Überraschung für die ermüdeten Expeditionsmitglieder, als dem Fahrzeug der Kaymakam, der Kadi und weitere Würdenträger entstiegen, um ihren Begrüßungsbesuch zu machen und die Gesellschaft nach Halfeti einzuladen.

Dorthin setzte man am nächsten Morgen über und hielt einen geradezu prunkvollen Einzug. Wie Humann berichtet, standen auf allen Dächern neugierige Menschen, und als die Reisenden den Besuch des Kaymakam erwiderten, bildeten die hier stationierten Soldaten und Polizisten ein ehrenvolles Spalier.

Felsanlage von Rumkale

Am nächsten Tage wurde der Felsanlage von Rumkale ein ausführlicher Besuch abgestattet. Die grandiose, dem anstehenden hohen Uferfelsen von Menschenhand abgerungene Festungsanlage fand man bis auf wenige Häuser verlassen vor. Bereits Helmuth von Moltke hatte nach seinem Besuch hier im April 1838 geschrieben: »Es ist schwer zu sagen, wo der Fels aufhört oder wo die Menschenarbeit anfängt« und eine sehr ausführliche Beschreibung von der Burganlage gegeben. Als Richard Pococke ein Jahrhundert vor dem Besuch von Moltke die Festung Rumkale besuchte, konnte er noch von einigen sehr prächtigen Gebäuden auf der Berghöhe und einer kleinen, doch sehr schönen Kirche im gotischen Stil berichten. Humann fand jedoch nur noch auf der höchsten Spitze »Säulen zuhauf mit reichen Kapitellen«, von denen er ein Pfeilerkapitell mit seinem Zeichenstift festgehalten hat.

Erkundigungen über die Wegverhältnisse hatten es geraten erscheinen lassen, den Ritt nach Samosata, der einstigen Hauptstadt des kommagenischen Königreiches, auf der östlichen Stromseite fortzusetzen. Hier nämlich, so hieß es, werde die Reitergruppe mit ihren Lasttieren schneller vorwärtskommen als auf dem gegenüberliegenden felsigen Terrain, wo außerdem hoch angeschwollene Zubringer des Euphrat den Marsch erschweren würden.

Als man die Uferhöhe des Euphrat in der Frühe des 26. Mai emporritt, erblickten die Reiter die weit hingelagerte Kette des Tauros, dessen höhere Gipfel schneebedeckt in den dunkelblauen Himmel ragten — ein unvergeßlich schöner Anblick für jeden, der das Glück hat, ihn zu erleben! Da meinte Puchstein, in einer der höchsten pyramidenartigen Spitzen — allerdings noch weitab im Nordosten — den mit dem Tumulus gekrönten Nemrud Dağ erkennen zu können — ein erhebender Anblick! Bald jedoch setzte ein heftiges Gewitter ein; aber schließlich erreichte man — wenn auch trotz der Regenmäntel völlig durchnäßt — nach einem Ritt von 31 km das in Aussicht genommene Dorf Killik (Kilik), in dem die Reisenden bei dem Şeyh des Ortes, Fakas Ağa, gastfreundliche Aufnahme fanden.

Das Grabheiligtum von Sesönk

Von Killik aus setzten am folgenden Morgen, dem 30. Mai, Humann, Puchstein und Meister Jani auf das Westufer des Euphrat über, um die Grabanlage von Sesönk zu besuchen. Sie fanden die hohe, felsige Wand des westlichen Steilufers überall bearbeitet. Man sah »Höhlen, Gänge, Treppen, vielleicht auch Wohnungen, vielleicht auch Grabkammern, die in dem weichen Sandstein angelegt waren.«

Mühsam bahnte man sich den Weg hinauf auf das Plateau, das etwa 300 m über dem Euphrattal lag, und erreichte nach einem Anmarsch von etwa 7 km das Denkmal von Sesönk. Den Namen »Dreistein« hat die Grabanlage von den drei Säulenpaaren, die in unregelmäßigen Abständen neben dem fast ovalen Tumulus von 35 m Durchmesser auf der Südseite sowie im Nordwesten und im Nordosten aufgestellt sind. Auf seinem Rückmarsch vom Nemrud Dağ hatte Puchstein am 1. Juli dieses Hierothesion besucht, von dem Humann jetzt sofort einen Plan anfertigte und fotografische Aufnahmen herstellte. *Abb. 98*

Im Norden führt ein in den Felsen eingehauener enger Dromos abwärts in eine unterirdische, unter dem Tumulus befindliche Grabkammer. Diese war aber nicht zugänglich, da der Dromos infolge Verschüttung nur teilweise begangen werden konnte. Bei Sesönk handelt es sich um die bescheidenste aller bisher in Kommagene bekanntgewordenen Grabanlagen. Leider wurden bislang noch keinerlei Inschriftenfunde gemacht; doch verweisen die unterirdische, durch einen Dromos zugängliche Grabanlage unter einem geschotterten Tumulus sowie die Ausgestaltung mit drei Säulenpaaren auf eine unmittelbare Verwandtschaft mit dem Hierothesion auf dem Karakuş. Daß im Falle der Anlage von Sesönk eine derartige Charakterisierung höchstwahrscheinlich zu Recht besteht, darauf weist ein zunächst scheinbar unbedeutender Fund hin, den Humann und Puchstein bei dem Säulenpaar im Nordosten machten. »Hier stand nur noch eine Trommel *in situ,* während alle anderen bei dem Einsturz rings über den Boden verstreut waren. Mitten unter ihnen aber lag eine sehr verwaschene und arg verstümmelte Statuengruppe aus Kalkstein (Höhe 1,10 m), deren Formen nach spätgriechischer Kunstweise ausgedrückt zu sein schienen: zwei auf einfachen Schemeln nebeneinandersitzende bekleidete Figuren, deren Köpfe zerschla- *Statuengruppe von Sesönk*

Abb. 98 Ergänzungsskizze von Humann eines Säulenpaares vor dem Tumulus von Sesönk

gen sind; diejenige links, anscheinend weiblich, hat den rechten Fuß etwas vorgesetzt und den rechten vom Gewande verhüllten Unterarm auf den Schoß gelegt; diejenige rechts läßt die linke Hand auf dem Knie ruhen und hält darin eine kurze Rolle.« Mit vollem Recht hat Puchstein diese Rolle als ein Baresman, das rituelle Bündel mit Zweigen, gedeutet, das in Kommagene vielfach von Göttern und von Königen getragen wird. Ferner machte Puchstein die Beobachtung, daß »sowohl die Tiefe der Gruppe (1,10 m) als auch ihre vorauszusetzende Breite derart zu den vermutlichen Dimensionen des Architravs stimmt, daß wir auch hier zu der Annahme berechtigt sind, daß die Doppelstatue einst von einem Säulenpaar getragen wurde. Neben ihr würde auf dem Architrav auch noch die Statuette eines ruhig stehenden Adlers Platz gehabt haben, welche sehr verwittert und mit zerschlagenem Kopfe unweit der Gruppe in einen Felsspalt gefallen und darin fest eingeklemmt war.« In seiner Ergänzungsskizze ist Humann dann noch einen Schritt weiter gegangen und läßt die männliche Sitzfigur sogar eine königliche Tiara tragen. Zeitnot hinderte Puchstein und Humann daran, an Ort und Stelle die Trümmerstätte genauer zu untersuchen, und der von ihnen geäußerte Wunsch, daß »ein anderer Reisender das von ihnen Versäumte ausführen« möge, hat sich fast ein Jahrhundert später erfüllt.

Jörg Wagner hat nach Entzifferung der Inschrift am Karakuş festgestellt, daß Mithradates II., Sohn und Nachfolger von Antiochos I. von Kommagene, der Erbauer für die Grabanlage der königlichen Frauen gewesen ist.

Er möchte nach einer Untersuchung am Tumulus von Sesönk folgern, daß Mithradates II. ebenfalls den Hügel als Hierothesion für sich und seine Gemahlin bestimmte.

Fortsetzung des Marsches nach Samosata

Große Freude herrschte am Abend bei den Mitgliedern der Expedition, als tatsächlich von Gaziantep her der brave Postbote Hüseyn sie in ihrem Quartier am Euphrat aufstöberte. Sofort wurde ein Ruhetag eingelegt, um die erhaltenen Briefe zu beantworten, neue zu schreiben, die Tagebücher fortzuführen und die Wegeskizzen zu vervollständigen. Hierbei legte Humann ganz besonderen Wert darauf, dem dringenden Wunsche des Altmeisters der antiken Geographie, Heinrich Kiepert, nachzukommen und eine exakte Routenaufnahme mit möglichst breitgefächertem Ausstrahlungsgebiet der weithin noch unbekannten Gegenden des östlichen Kleinasien zu liefern. So hielt Humann fortwährend mit der Bussole in der Hand jede auch noch so geringe Wegerichtung fest, oft auf Viertelkilometer genau notiert, schnitt sämtliche Berge, Hügel, Taleinschnitte und Dörfer der näheren Umgebung an und schrieb die Entfernungen nach Möglichkeit alle zehn Minuten auf, wobei er entsprechend den damaligen Hilfsmitteln weitgehend auf Schätzungen angewiesen war. Außerdem mußten ständig die Orts- und geographischen Angaben der Führer überprüft werden, deren Sorglosigkeit für die Richtigkeit der Ortsbezeichnungen Humann inzwischen aus eigener Erfahrung kennengelernt hatte.

Routenaufnahme

Mit frischen Kräften ging es am 1. Juni nach dem Ruhetag weiter. Das nächste Ziel, Samsat (Samosata), hätte noch am gleichen Tag erreicht werden können, doch zog man es vor, frühzeitig nach einem Ritt von 30 km in Yazıka (Yazidje), und zwar in dem dortigen geräumigen, in Hausteinen aufgeführten Gästehaus, Quartier zu beziehen. Von hier aus konnte der Reitertrupp am nächsten Morgen den Euphrat entlang reiten, wobei schon bald von ihnen der weithin sichtbare Hüyük der einstigen Hauptstadt von Kommagene auftauchte.

An der Fährstelle angelangt, lag das Kelek am gegenüberliegenden Ufer abfahrbereit, und man teilte den Reitern mit, daß sich soeben ein Pascha aus Konstantinopel anschickte überzusetzen. Große, freudige Begrüßung, als dem Kelek Hamdi Bey und sein Begleiter Osgan Efendi entstiegen, die soeben schon vom Nemrud Dağ zurückkehrten! Da gab Humann sogleich den Befehl, am hohen Ufer gegenüber dem Burgberg von Samosata die Zelte aufzuschlagen, und man blieb bei freundschaftlichen Gesprächen bis zum nächsten Morgen beisammen.

Nach einem herzlichen Abschied zog Hamdi Bey mit seiner Begleitung nach Urfa weiter, während Humann mit seiner Gruppe nach Samsat über-

Akropolis von Samosata

setzte. Die Pferde waren bereits am Vortage auf die gegenüberliegende Seite gebracht worden, um Zeit zu sparen. Humann verfertigte in Samosata sofort eine übersichtliche Skizze des antiken Stadtgebietes, das sich halbkreisförmig an den Euphrat anlehnt. Hart am Ufer erhebt sich die ungefähr 45 m hohe Akropolis in Form eines elliptischen Hügels mit ringsum steil abfallender Böschung. Das Stadtgebiet, einstmals von einer noch heute teilweise vorhandenen Mauer umgeben, die von Ufer zu Ufer führt, nimmt eine Tiefe von etwa 1 km ein.

Wenn für Humann der Nemrud Dağ auch das vordringlichste Reiseziel war, so nahm er sich in Samosata dennoch die Zeit, mit seinem Zeichenstift ein Fragment festzuhalten, das bereits Helmuth von Moltke bemerkt hatte und das den sonst so sachlich berichtenden Offizier zu der enthusiastischen Bemerkung veranlaßte: »Seltsam ist es, mitten in Ackerfeldern alte Türbogen und Säulenschäfte stehen zu sehen. Ich fand einen Marmorfries von so schöner Arbeit, wie ich nie gesehen, Laubwerk, Vögel, Stiere, alles so wohlerhalten, als ob es erst fertig geworden wäre.« Bei diesem Fragment handelt es sich um einen Türsturz aus Marmor, der uns anschaulich die Blüte von Samosata in frühchristlicher Zeit vor Augen führt, damals noch »eine große und volkreiche Stadt«, wie sie im 4. Jahrhundert n. Chr. Libanios von Antiocheia, ein Kenner des Landes, charakterisiert.

Staudamm am Euphrat

In unseren Tagen ist die zweite Staustufe des Euphrat in Angriff genommen, und damit wird in den nächsten Jahren der Hügel von Samosata in den Fluten versinken, der dadurch noch einmal erneut die Aufmerksamkeit der Archäologen auf sich gezogen hat. Den Nachweis einer bedeutenden seldschukischen Besiedlung auf dem Plateau des Burgberges erbrachten bereits die von Theresa Goell durchgeführten Grabungskampagnen. Danach versuchte eine Gruppe türkischer Archäologen unter Leitung von Nimet Özgüc, Professorin an der Universität Ankara, in tiefere Besiedlungsschichten vorzudringen.

Der Karakuş

Für die Expeditionsgruppe war jetzt der Nemrud Dağ, das ersehnte Marschziel, in greifbare Nähe gerückt. Als das Massiv der vom Nemrud Dağ gekrönten Ankar Dağları sich vor den Augen der Reisenden auftat, gab Humann den Befehl, die Zelte unmittelbar gegenüber dem Bergmassiv am Karakuş »auf grüner Weide« aufzuschlagen. Hier lockte die eingehende Untersuchung eines in der Landschaft weithin sichtbaren, kegelförmigen Tumulus, der im Osten, Süden und Nordwesten von je drei Säulen flankiert war. Heute stehen nur noch einige Säulen aufrecht, die einstmals mit Reliefs sowie den Darstellungen von Stieren, Löwen und Adlern gekrönt waren. Besonders eindrucksvoll wirkt auf die Besucher auch heute noch die im

Abb. 99 Ergänzungsskizze von Humann einer Säulengruppe vor dem Karakuş

Süden stehende Säule mit dem prachtvollen Bildnis eines 2,54 m hohen Adlers (Karakuş), nach dem die ganze Anlage ihren Namen erhalten hat.

Humann begann am folgenden Morgen, dem 5. Juni, sofort mit dem Vermessen des Tumulus, während Luschan fotografierte und Puchstein versuchte, eine von ihm bereits bei seinem Aufenthalt im vorhergehenden Jahre entdeckte Inschrift zu entziffern, die sich unmittelbar unter dem Säulenkapitell auf den beiden obersten Trommeln der Säule im Osten befand. Glücklicherweise konnte nach ersten, vorsichtigen Deutungsversuchen später auch noch ein Abklatsch angefertigt werden. Mit diesem vorzüglichen Hilfsmittel ließ sich tatsächlich die Inschrift fast lückenlos entziffern, und Puchstein war die Deutung der Anlage möglich. *Abb. 99*

Errichtung durch Mithradates II.

In der Inschrift läßt der kommagenische König Mithradates die Besucher wissen, daß in diesem Grabhügel seine Mutter Isias mit seiner Schwester Antiochis und deren Tochter Aka beigesetzt ist. Puchstein hatte in seinem Kommentar zu der Inschrift auf den Säulentrommeln im Osten des Karakuş bereits die Frage erörtert, wer wohl der Erbauer des Karakuş gewesen sein könnte. Dieser selbst nämlich bezeichnet sich in der Inschrift als Großkönig Mithradates, d. h. der von Mithras Geschenkte. Den Namen Mithradates aber trägt sowohl der Vater von Antiochos I. als auch dessen Nachfolger auf dem Thron von Kommagene, von uns einfachheitshalber mit Mithradates I. und II. unterschieden.

Nach Abwägung aller ihm bekannten Fakten hatte Puchstein entschieden, daß »mit aller Wahrscheinlichkeit« Mithradates I. in Frage komme, selbst wenn dieser Herrscher hier nicht — wie sonst üblich — mit seinem Beinamen »Kallinikos« d. h. der Schönsiegende, bezeichnet werde. Doch heute läßt sich dieser Schluß von Puchstein nicht mehr aufrechterhalten. Der Beweis, daß Mithradates II. der Erbauer des Tumulus gewesen ist, ergibt sich nämlich aus einer Inschrift, die Friedrich Karl Dörner zu seiner großen Überraschung bei seinem ersten Besuch des Tumulus, am Pfingstsonntag, dem 5. Juni 1938, im Licht der späten Nachmittagssonne entdeckte. Diese Inschrift befand sich allerdings nicht auf einer Säulentrommel, sondern auf dem auffallend schweren Abakus der Säule im Nordwesten. Das ist wohl auch der Grund gewesen, warum sowohl Humann als auch Puchstein sie übersehen hatten, obwohl Puchstein ausdrücklich vermerkt, daß er die Säulen mit dem Fernglas untersucht, aber keine weiteren Inschriften entdeckt habe, die — wie er meinte — auch nicht zu erwarten gewesen seien. Diese Annahme von Puchstein machte zunächst auch Dörner befangen, und er dachte, die starke Verwitterung und die unausgeglichene Meißelarbeit täuschten das Vorhandensein von Buchstaben lediglich vor. Doch intensive Beobachtung zeigte, daß auf dem Abakus tatsächlich eine Inschrift in griechischen Buchstaben eingehauen war.

Indessen wurde die erste Entdeckerfreude durch die Tatsache getrübt, daß die Beschaffung einer Leiter unter den im Jahre 1938 vorhandenen Gegebenheiten nicht möglich war, und Dörner mußte sich zunächst mit der Lesung einzelner Buchstaben und Silben sowie mit der Gewißheit bescheiden, daß eine weitere Inschrift auf dem Karakuş auf ihre Entzifferung wartete.

Diese gelang dann schließlich erst im Jahre 1979 Jörg Wagner, der mit Hilfe eines von ihm angefertigten Abklatsches den Nachweis führen konnte, daß der Tumulus von Karakuş einst auf Befehl Mithradates' II. errichtet worden war.

1967 Untersuchung durch Dörner

Im Jahre 1967 konnte Dörner bei seiner Untersuchung des Karakuş Klarheit über den Aufbau des Hügels und die Anlage der Grabkammer mit Hilfe eines modernen Drehbohrgerätes gewinnen. Leider stellte sich heraus, daß die Grabkammer nicht nur gründlich ausgeplündert worden, sondern zusammengestürzt war, als man die großen Steinquadern, die ihre Wände bildeten, herausgebrochen hatte.

Marsch zum Nemrud Dağ

Doch zurück zu Humann und seinen Mitarbeitern! »Am nächsten Tag, Mittwoch, dem 6. Juni, schickten wir die Lasttiere voraus nach Eski Kâhta, ritten den Karakuş steil hinab und befanden uns bald neben dem Kâhtaçay, der hier ziemlich friedlich im breiten Flußbett über Sand und Kies strömt«, berichtet Humann, und fährt dann fort: »Dann ging's über eine kleine Anhöhe, und plötzlich schauten wir in die gähnende Felsöffnung des Cendere Suyu, mit antikem Namen Chabinas, zu unseren Füßen die den Talspalt überspannende Römerbrücke. Vorsichtig führten wir die Pferde den steilen Hang hinunter, den man bei niedrigem Wasserstand im Flußbett marschierend umgehen kann.«

Römerbrücke

Die Brücke über den Chabinas beeindruckt noch heute alle Reisenden als eine technische Meisterleistung der römischen Ingenieurkunst. Sie wurde von der XVI. in Samosata stationierten Legion unter dem Kommando des Lucius Marius Perpetuus errichtet, und zwar im Zusammenhang mit der Orientpolitik des Kaisers Septimius Severus am Ende des 2. Jahrhunderts n. Chr. Geplant waren umfassende militärische Operationen gegen die Parther, und für den reibungslosen Ablauf war es nötig, alle für den Vormarsch und den Nachschub notwendigen Straßen in Ordnung zu bringen.

Aus den auf der Brücke erhaltenen Inschriften erfahren wir, daß eine alte Brücke *a solo,* also von Grund auf, durch einen Neubau ersetzt wurde. Ehemals bildete an beiden Brückeneingängen auf jeder Seite eine Säule den Abschluß der Brüstung; doch sind von diesen Säulen heute nur noch drei erhalten. Die beiden Säulen auf der südwestlichen Seite tragen Ehreninschriften für den Kaiser Septimius Severus und seine Gemahlin Julia Domna mit dem Ehrentitel: *mater [ka]strorum,* frei übersetzt: die Soldatenmutter!

Auf der gegenüberliegenden Seite steht jetzt nur noch die Säule mit der Ehreninschrift für den Kaiser Caracalla, den Sohn und späteren Nachfolger des Septimius Severus. Die einstmals gegenüber errichtete Säule ist restlos abgetragen. Hier waren jedoch keine Steinräuber am Werk; vielmehr wurde die Zerstörung aufgrund eines kaiserlichen Befehls vorgenommen: Die fehlende Säule ist nämlich der sichtbare Beweis eines brüderlichen Zwistes im kaiserlichen Hause, in dessen Verlauf der auf seinen jüngeren Bruder Geta, den Liebling der Mutter, eifersüchtige Caracalla Blutschuld auf sich geladen hatte. Darüber hinaus mußte auf des Kaisers Befehl jede Erinnerung an seinen angeblichen Rivalen Geta im gesamten Bereich des Imperium Romanum getilgt werden. Es war in diesem Falle natürlich wesentlich einfacher, gleich die ganze Säule abzutragen, als lediglich die Steininschrift zu tilgen!

Der erste, der dieses großartige historische Bauwerk entdeckt und in seine Kleinasienkarte eingetragen hatte, war Moltke gewesen. Nach ihm hatte auch Sester auf sie besonders hingewiesen und die lateinischen Inschriften erwähnt.

Burg in Eski Kâhta

»Trotz des leise, aber ständig niederrieselnden Regens«, berichtet Humann weiter, »begannen wir sofort mit der Vermessung. Nach beendeter Arbeit ritten wir um die Berglehne herum, die keilförmig zwischen dem Cendere Suyu und Kâhtaçay eingeklammert ist, und befanden uns nach 5 1/2 km Wegstrecke in Eski Kâhta. Selten sah ich so wild durcheinander gewürfelte Felsmassen wie diejenigen, durch welche sich unterhalb und neben Kâhta der Fluß sein Bett gebrochen hat. Auf steilem, langgedrehtem und äußerst schmalem Grat lag hoch über der Schlucht ein großartiges Kastell.«

Den Expeditionsteilnehmern wurde das Schulzimmer des Dorfes als Quartier angewiesen. Am nächsten Tag verhinderten zahlreiche Besucher und viele hilfesuchende Kranke den geplanten frühen Aufbruch; denn es hatte sich natürlich schnell herumgesprochen, daß ein Arzt die Expedition begleitete. Endlich konnte man aufbrechen. Wer heute auf die bequemere

Anstieg über Horik

Fahrt mit dem Jeep verzichtet, die Asphaltstraße, die die türkische Regierung angelegt hat, vermeidet und wie Humann den Anstieg über Horik hinauf zum Nemrud Dağ wählt, der kann seine Schilderung nachempfinden: »Der Weg führte von Kâhta zunächst in das Flußtal gleichen Namens, das wir auf guter Steinbrücke überschritten, und dann ging es bergan. Unter einem schroffen Abhang, aus dem zahlreiche klare Quellen flossen, deren Wasser gleich einige Mühlen treibt, gelangten wir auf einen Talgrund, das Şavlıkdere, dem wir bis zu seinem Ursprung folgten. Stellenweise war die Talsohle erdig mit sanfter Steigung, so daß man reiten konnte, stellenweise aber mußten wir über glatte und hohe Felsblöcke oder durch enge Felsspalten klettern, so daß ich mich heute noch frage, wie unsere Lasttiere hinauf, und noch mehr, wie sie später unverletzt herunter gekommen sind. Rechts und links stiegen himmelhoch die Talwände empor, bald als glatte Abstürze, bald abgetreppt und dann malerisch mit Steineichen bestanden, die sich indes höher hinauf immer mehr verloren.«

Trotz des beschwerlichen Weges langte die Gruppe in aufgelöster Marschordnung rasch auf dem ersten Rastplatz in dem kleinen Dorf Horik an, wo es nur eine Erholungspause an der Quelle gab. Besonders die Neulinge waren begierig, möglichst bald die Bergspitze zu erreichen.

Auf dem Nemrud Dağ

Ihre Erwartungen wurden nicht enttäuscht. Am 7. Juni 1883 um 2 Uhr nachmittags konnten sie ihre Zelte auf dem kleinen Hochplateau zu Füßen des Tumulus aufschlagen. Man ließ das Gepäck und die Tiere hier zurück und stieg die letzten hundert Meter zu den riesigen Götterstatuen zu Fuß herauf. Humann beschreibt dieses Erlebnis, tief ergriffen von dem herrlichen Naturschauspiel, so wie es seitdem ungezählte Besucher nachempfunden haben:

Farbtafel 2.3.

»Der erste Eindruck war ein wahrhaft überwältigender. Wie ein Berg auf dem Berge erhob sich auf dem höchsten Felsgipfel der Grabhügel, an sich noch 40 m über der Terrasse, die wir erstiegen hatten, emporragend. Ihm den Rücken wendend, saßen da auf erhöhter Felsbank die Riesengebilde von fünf Gottheiten, von denen nur eins ganz unversehrt geblieben war. Nach dem ersten Anschauen des Nächstliegenden schweift der Blick in die Ferne. Wenn das Meer im wütendsten Orkan, während eine quer kommende Dünung die grausigen Wellenberge zu schwindelnder Höhe auftürmt und wieder wild durcheinander würfelt, plötzlich erstarrte, so würde es im kleinen ein Bild dessen geben, was sich uns im Osten, Norden und Westen, soweit der Blick reichte, und im Süden auf einige Meilen Entfernung darbot. Die weißen Schaumkämme der Wellen sind hier die schneeglänzenden Grate des Tauros. Wohl mögen die Täler und Schluchten sich in fortlaufenden, wenn auch gewundenen Linien durchziehen, uns erschien es als ein wildes Durcheinander, aus dem sich, gleichsam Ruhepunkte für das Auge, nur hier und dort ein massiger Gebirgsstock emporhob. Nach Süden senkt sich das Felsenmeer; zuweilen blitzte der Spiegel des Euphrat herauf, und drüben verlor sich der Horizont in unabsehbare Weite, tief hinein nach Mesopotamien.

Wir wußten kaum, was wir zuerst anschauen sollten, die Nähe oder die Ferne. Vor uns lagen die herabgestürzten Köpfe der Statuen, jeder einzelne größer als eines Mannes Länge, lag ein Berg von Steinblöcken, lagen Platten *Abb. 100* mit Reliefbildern vor niedrigen Mauern mit Löchern auf ihrer Oberseite, in denen die Platten einst eingezapft gestanden hatten. Der ganze Platz eine dem Fels abgewonnene geebnete Terrasse. Wir gingen um den Tumulus herum; scharf schnitten die Steine in das Schuhleder; denn der ganze Hügel ist von gleichmäßig, ganz wie bei unseren Chausseesteinen, künstlich zerkleinerten Kalksteinen aufgeführt, so steil als die Schüttung zuließ. An der anderen Seite des Hügels erreichten wir im Westen wieder eine Terrasse, die *Abb. 101* bedeutend tiefer lag als die erste. Hier sind die Statuen ganz zerstört, die einzelnen Blöcke, aus denen sie aufgeführt gewesen, zuhauf daliegend, die Köpfe weit auf die Terrasse hingerollt. Eine ganze Anzahl von Reliefplatten gegenüber den Statuen fesselte hier das Auge; nach Norden zu schloß sich an die Götterbilder eine andere größere Art von Reliefplatten seitlich an, fünf an der Zahl, die früher auf dem Gesicht lagen und von Puchstein 1882 *Abb. 103. 104* nur teilweise und von unten hatten gesehen werden können. Jetzt waren sie von Hamdi Bey herumgedreht und schräg gegen den Schutt gelehnt worden. Endlich gingen wir noch weiter nach Norden um das Denkmal herum, überschritten eine dritte Terrasse, die kein Bildwerk zeigte, und stiegen wieder zum Lagerplatz hinab.«

Sie standen allerdings nicht vor assyrischen Skulpturen, wie es Karl Sester, der sie zuerst erblickte, geglaubt hatte. Doch war seine Vermutung verständlich; denn in der griechischen, hellenistischen oder römischen Kunst kannte man bisher nichts Vergleichbares.

Puchstein hatte bei seiner Besteigung ein Jahr zuvor das Rätsel rasch gelöst. Er entdeckte sofort die griechischen Schriftzeichen auf den rückwärtigen Sesselsitzen der großen Figuren, die ihm in griechischer Sprache den erhofften Aufschluß gaben. Er erkannte an der Keule, die er trug, den griechischen Halbgott Herakles. So konnte er jetzt den Expeditionsteilnehmern die bereits gewonnenen Ergebnisse vortragen, die er damals sofort nach seiner Heimkehr ausgearbeitet und schon im Januar 1883 gedruckt der Öffentlichkeit übergeben hatte.

Künstliche Bergspitze

Schon seine erste Feststellung war von größtem Gewicht: die charakteristische Spitze des Berges war künstlich! Ost- und Westterrasse hatte man seinerzeit auf dem etwa »eiförmigen« Grundriß des Terrains abgearbeitet und den dabei anfallenden Schotter dazu verwendet, einen vermutlich in der Mitte stehengelassenen Kern zu einem Tumulus zu erhöhen. Wie spätere Messungen ergeben haben, lag »die Spitze des Tumulus 49,80 m über

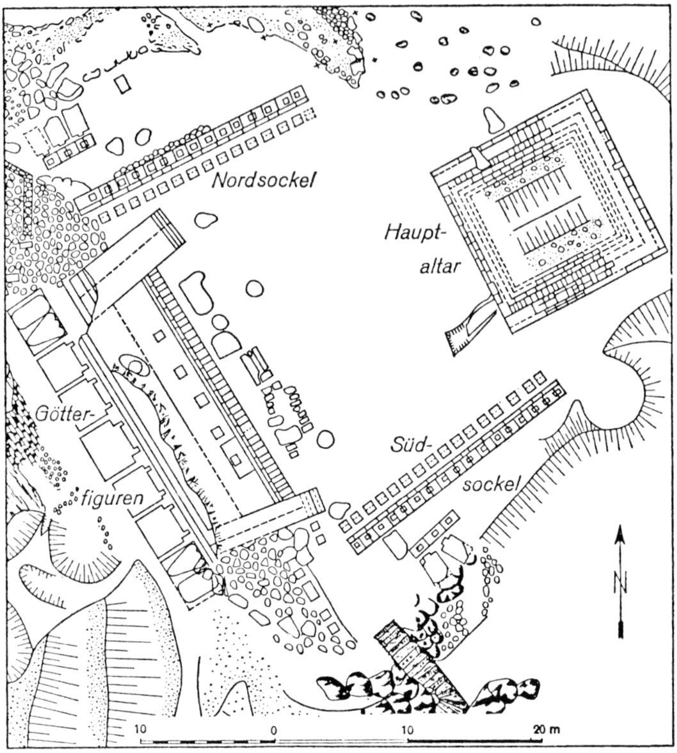

Abb. 100 Plan der Ostterrasse des Nemrud Dağ (gegenwärtiger Zustand)

der West- und nur 39,45 m über der ihrerseits um 10,35 m höher als jene gelegenen Ostterrasse, während sein Durchmesser zwischen beiden etwa 150 m beträgt.« Diesen Tumulus aber hatte der kommagenische König Antiochos aufführen lassen, »damit dort« — wie es in der Inschrift Zeile 36 ff. heißt — »die äußere Hülle seines bis in das hohe Greisenalter wohlerhaltenen Leibes bis in alle Ewigkeiten ruhen solle, nachdem sie die gottgeliebte Seele zu den himmlischen Thronen des Zeus-Oromasdes emporgesandt hat.«

Zu Beginn der Inschrift, die Puchstein nur mühsam entziffern konnte, da Frost und Hitze ihre Verwitterungsspuren hinterlassen hatten, führt sich der König mit den stolzen Worten ein:

Königliche Inschrift

»Der große König Antiochos, Gott, der Gerechte, Epiphanes (d. h. der den Menschen Geoffenbarte), Freund der Römer und Hellenen, Sohn des Königs Mithradates Kallinikos und der Königin Laodike, der Göttin, der

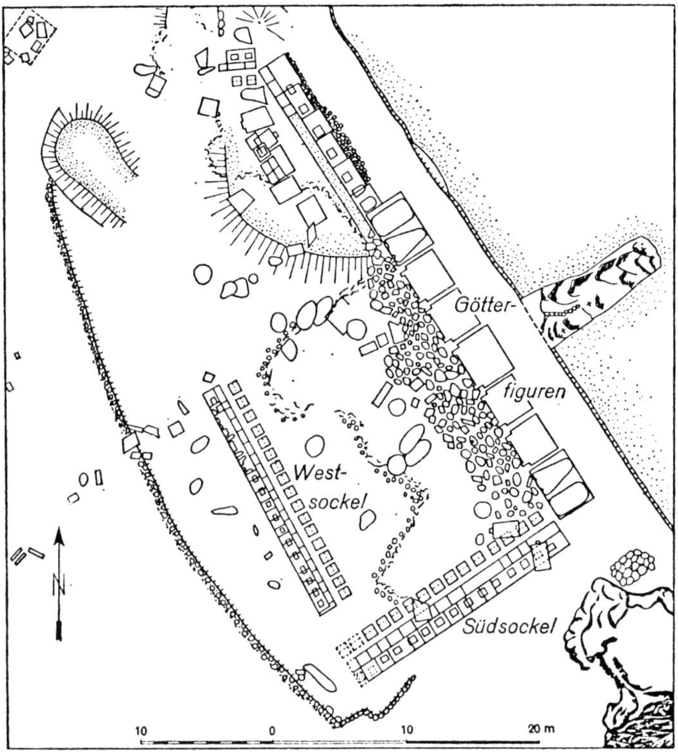

Abb. 101 Plan der Westterrasse des Nemrud Dağ (gegenwärtiger Zustand)

Bruderliebenden, Tochter des Königs Antiochos Epiphanes, des Mutterliebenden, Siegreichen, ließ auf geheiligten Basen für ewige Zeiten mit unvergänglichen Buchstaben Worte der eigenen Huld aufzeichnen« (Zeile 1–10).

Bei seinen späteren historischen Untersuchungen identifizierte der junge Gelehrte diesen Herrscher auf dem Nemrud Dağ als Antiochos I. von Kommagene, Sohn des kommagenischen Königs Mithradates I. Kallinikos und seiner Gemahlin Laodike. Er war somit der Sohn einer seleukidischen Prinzessin und der Enkel des Königs Antiochos VIII. von Syrien mit dem Beinahmen Grypos, d. h. der mit der Hakennase.

Und nicht nur sich selbst nennt der König, er stellt auch die vier großen Göttergestalten in der Inschrift vor, die mit ihm zusammen auf ihren Herrschersitzen vor dem Grabhügel thronen: »Wie Du siehst, erstellte ich diese der Götter wahrhaft würdigen Bilder: die des Zeus-Oromasdes, des Apollon-Mithras-Helios-Hermes, des Artagnes-Herakles-Ares und (als Symbol) meines Vaterlandes ein Abbild der allernährenden Kommagene. Aus gleichem Stein gefertigt und gemeinsam mit diesen thronend errichtete ich auch das Abbild meiner Gestalt den erhörenden Göttern zur Seite. Ich machte so die uralte Würde der großen Götter zur gleichaltrigen Gefährtin meines glückhaften Geschicks.«

Gipsabformungen

Unmittelbar nach der Ankunft wies Humann jedem einzelnen Teilnehmer der Expedition seine Aufgabe zu, um einen möglichst reibungslosen Ablauf der zu bewältigenden Arbeiten zu gewährleisten. Zwei Arbeiter hatten Gras zu mähen, um die zur Verpackung der Gipsformen erforderliche Menge Heu zu gewinnen. Die Gipsformer Andrea Janini und Jani Laludis begannen sofort auf der Westterrasse, die Formen für den Abguß der Reliefs vorzubereiten. Hasan Bey bekam den Auftrag, mit Lastpferden nach Adıyaman zurückzureiten und dort einzukaufen, was man für die Anfertigung von Kisten benötigte. Eine Gruppe von Arbeitern wurde angewiesen, den Platz vor dem Hauptaltar zu reinigen. Humann selbst nahm sogleich die Vermessung in Angriff, Luschan fotografierte, und Puchstein überprüfte noch einmal die von ihm im vergangenen Jahr bereits abgeschriebenen Inschriften, verglich die orthographischen Verschiedenheiten der Texte auf den beiden Terrassen, setzte die Abschrift der zahlreichen Fragmente der Weihinschriften auf der Rückseite der Ahnenreliefs fort und widmete sich der detaillierten Beschreibung der ganzen Anlage — ein überreiches Arbeitsprogramm!

Man kann sich gut vorstellen, wie aufmunternd es für das ganze Unternehmen war, als bereits am 9. Juni abends der Sonderkurier Hüseyn mit der ersehnten Post von Gaziantep den Nemrud Dağ heraufgeritten kam. Der Stolz von Humann ist wohl berechtigt, wenn er berichtet, daß am folgenden Morgen, einem Sonntag, der abgehenden Post bereits Abzüge von den wichtigsten fotografischen Aufnahmen mitgegeben werden konnten — eine imponierende Leistung, wenn man bedenkt, daß eine Dunkelkammer unter einem Felsüberhang an der Quelle eingerichtet war, und daß ja keine Filme zur Verfügung standen, sondern die Negative noch auf Glasplatten angefertigt wurden.

Fotografische Aufnahmen

Mit großen Erfolgen kehrte Hasan Bey am 12. Juni von Adıyaman zurück. Er hatte neben dem Material für die Kisten auch noch einen tüchtigen Zimmermann als Hilfe mitgebracht; zuvor hatte er bereits die in Gaziantep für Adıyaman bestellten elf Zentner Gips, die tatsächlich dort schon lagerten, fürsorglich nach Eski Kâhta weitertransportieren lassen und überdies noch veranlaßt, daß der Gips nach und nach gebrannt und sofort auf den Nemrud Dağ heraufgeschickt werden sollte.

Kälteeinbruch und Abstieg

Das Wetter begünstigte zunächst einen zügigen Fortgang der Arbeiten, wenn es auch sehr heiß war. So zeigte z. B. das Thermometer am 12. Juni morgens um 5 Uhr schon eine Temperatur von 28 °C an. Tags darauf gab

Abb. 102 Löwe vom Hauptaltar auf der Ostterrasse des Nemrud Dağ

Abb. 103 Begrüßungsrelief zwischen Apollon-Mithras und König Antiochos I. von Kommagene auf der Westterrasse des Nemrud Dağ

es jedoch einen Temperatursturz. Schwere Gewitter zogen langsam von den Tälern hinauf auf die Höhen und kamen hier zu solchen Entladungen, daß die Arbeiter fluchtartig die Höhe verließen, zumal das Thermometer nur noch 4 °C in der Nacht anzeigte. Danach stellte sich ein tobender Nordsturm ein, »so daß die Zelte sich zu Kugeln aufblähten, Stricke rissen, Pfosten brachen und zum Schlafen keine Ruhe blieb.«

Humann berichtet, daß sich die von ihm eingestellten Dörfler beim Einbruch der Kälte zum großen Teil abgesetzt hätten und in die Täler hinabgestiegen wären. Auch bei den Expeditionsteilnehmern machten sich Ermüdungserscheinungen bemerkbar, aber mit Aufbietung aller Kraft wurde das festgelegte Programm bis zum Ende durchgeführt. Die Zahl der abgegossenen Reliefs nahm ständig zu; Kisten wurden gezimmert und einzelne Gipse bereits verpackt. Schließlich standen 28 Kisten zur Mitnahme bereit, und man legte den Abmarsch für Sonntag, den 24. Juni, fest.

Marsch zur Küste

Die jetzt noch zusätzlich benötigten Tragtiere trafen pünktlich ein; so konnte die ansehnliche Karawane am Abend unweit des Karakuş an einer kühlen Quelle ihr nächstes Lager aufschlagen. In aller Frühe ging es am folgenden Tage weiter, und Humann erlebte — wie er vermerkt — »eine geradezu unangenehme Überraschung«, als man eben dabei war, einen kleinen Bachlauf zu überqueren. Denn sein geübtes Auge erspähte an einer Wand des Wasserlaufes anstehenden Gips: das Material, dessen Beschaffung so viele Mühen und Schwierigkeiten bereitet hatte und das von weither antransportiert werden mußte! Humann stellte fest, daß der Gips überdies von guter Qualität war — aber nun kam seine Entdeckung ja zu spät! *Abb. 105*

In Adıyaman trafen alle Teile der Humann-Expedition zusammen, freundlich begrüßt von den Vertretern der türkischen Regierung. Auf dem Rasen vor der Stadt wurde ein Zeltlager aufgeschlagen; dort konnte man die zahlreichen Besucher empfangen, denen man natürlich anschließend einen Gegenbesuch schuldig war. So verzögerte sich der Aufbruch am nächsten Morgen, und man konnte erst gegen Mittag losreiten. Bei der Frage, auf welcher Route man nach Iskenderun zurückkehren solle, ob über Besni oder über Maraş am Fuß des Tauros entlang, um anschließend die Ausläufer des Gebirges zu überqueren, entschied sich Humann für die zweite Alternative. Es handelt sich im großen und ganzen um genau jene Strecke, auf der in den vergangenen Jahren der asphaltierte Straßenzug von Adıyaman nach Gölbaşı angelegt wurde. Bei Gölbaşı erreicht man heute die Europastraße E 391, die nach Norden über Malatya zum Schwarzen Meer führt und nach Süden ihren Anschluß zu den Küsten des Mittelmeeres findet. Wofür man heute nur eine Stunde und oft noch weniger braucht, waren zur Zeit der Expedition von Humann anstrengende Tagesmärsche nötig.

Abb. 104 Löwenrelief als Horoskop auf der Westterrasse des Nemrud Dağ

Rast in Maraş

Humann fand freundliche Aufnahme in Marasch (Maraş), das man am 30. Juni erreichte, und wo der Expedition von den türkischen Regierungsvertretern ein Haus mit Stallungen zur Verfügung gestellt wurde. Hier erholte man sich von den Strapazen, und zur Freude aller Teilnehmer kehrte der Koch vom Gemüsemarkt mit lange entbehrten Genüssen zurück, mit denen er die Tafel bereicherte. Die Rasttage in Maraş wurden ausgenützt, um noch Abgüsse und Fotografien von einigen Denkmälern mit späthethitischen Hieroglyphen in der Stadt anzufertigen. Mit frischen Kräften nahm man schließlich am 6. Juli von Maraş Abschied, um das Amanosgebirge zu überqueren, was denn auch ohne jede weitere Schwierigkeit gelang.

Befreit konnte Humann aufatmen, und man spürt etwas von dem großen Glücksgefühl, wenn man in seinen Aufzeichnungen liest: »Am Sonntag, dem 8. Juli, zogen wir nun wieder auf bekannten Pfaden. Welch wohltuendes Gefühl für mich, zum erstenmal reiten zu können, ohne Bussole und Notizbuch in der Hand zu halten, ohne den ganzen Tag die Minuten zu zählen, jede Wendung und Biegung, jedes Tal und jeden Hügel visieren und notieren zu müssen.« Als man glücklich am 9. Juli in Alexandrette (Iskenderun) einzog, da konnten die Expeditionsteilnehmer wohlgemut von ihren Tieren steigen. In 27 Reisetagen hatten sie 746 km zurückgelegt, hatten ihre Untersuchungen auf dem Nemrud Dağ planmäßig und in erstaunlich kurzer Zeit ausgeführt, und so hofften sie jetzt alle auf eine baldige Rückfahrt.

Aufenthalt in Alexandrette

Aber da stellte sich ein letztes Hindernis ein, über das Humann selbst berichtet: »Von Alexandrette sollte jeden Freitag ein Dampfer nach Smyrna fahren, abwechselnd ein französischer und ein russischer. Da aber in Ägypten und Palästina die Cholera ausgebrochen war, hatten die Dampfer ihren Fahrplan geändert, und zwar derart, daß gerade in der Woche unserer Ankunft überhaupt kein Dampfer kam und wir somit gezwungen waren, zehn Tage in Alexandrette, diesem verrufensten Fiebernest, zu warten. Wir deponierten alles, was wir nicht zum Leben brauchten, in den Magazinen des deutschen Vizekonsulats und zogen mit den Zelten, Feldbetten und Kochgeschirr ins Gebirge. Etwa 300 m hoch fanden wir an einem klaren Bache ein ebenes Stückchen Terrain und ließen uns da häuslich nieder. Alexandrette, von einem strahlenden Kranze der schönsten Sümpfe umgeben, lag wie zu unsern Füßen, und morgens und abends konnten wir sehen, wie ein dichter Schleier sich langsam hob und dann sich senkend die Ebene einhüllte. Des Tages ritten wir manchmal zu kleinen Besorgungen hinunter. Dies idyllische Leben dauerte bis Freitag, den 20. Juli, wo ein russischer Dampfer erschien.

Schiffsfahrt nach Smyrna

Nachdem ich erst die 32 Kisten mit der verschiedenen Ausbeute an Formen und Originalbruchstücken als Frachtgut für Triest, dann unsere Koffer an Bord gebracht hatte, wobei ich von den Lokalbehörden und dem Chef der Douane die zuvorkommendste Behandlung erfuhr, lichtete man nachmittags den Anker. Wir selbst kamen nach ruhiger Fahrt am Dienstag, dem 24. Juli, wieder in Smyrna an, von wo die einzelnen Teilnehmer der Expedition, die genau 12 Wochen gedauert hatte, sich zerstreuten. Alle Kisten sind unverletzt in Berlin angelangt.«

Humann konnte um so glücklicher sein, weil überdies auch die leidige Geldfrage zufriedenstellend gelöst worden war. Noch am 20. Dezember 1882 hatte ihm Alexander Conze nach Smyrna geschrieben: »Unser Pergamonantrag ist in amtlichem Gange, der Kronprinz hat sich seiner wieder kräftig angenommen. Radowitz ist ganz von allen Einzelheiten informiert. Wie wir Mittel für Nemrud Dağ und Saktschegözü beschaffen sollen, wissen bis jetzt nur die Götter, aber ich denke, wir erfahren es auch bald.« Dank Conzes unentwegter Bemühungen konnte in der Tat die Finanzierung sichergestellt werden und Humann ihm am Ende der Expedition in einem Brief aus Maraş sogar mitteilen: »Ich habe noch heidenmäßig viel Geld« — sicherlich nicht zuletzt auch ein Verdienst der sorgsamen Kassenführung von Humann! Für Humann und Puchstein hieß es nach ihrer Rückkehr, die wissenschaftlichen Ergebnisse auszuwerten, die man bei der Expedition nach Kommagene erzielt hatte. Puchstein fiel dabei die größere Arbeitslast zu. Eine Reihe von Problemen ließ sich relativ schnell klären, andere hinge-

Abb. 105 Blick in das Tal des Nymphenflusses, Abstieg vom Nemrud Dağ

gen erforderten viel Geduld und Nachforschungen aller Art. Interessant ist ein Brief von Alexander Conze an Humann vom 25. Februar 1885; aus dem Zusammenhang geht hervor, daß Humann »eine Reinschrift« seines Manuskriptes bereits angekündigt hatte, und nun ermahnt ihn Conze sehr eindringlich, den Bericht »selbst den pergamenischen Arbeiten voranzusetzen.« Conzes Schreiben schließt mit dem Hinweis: »Wir dürfen mit dieser Sache nicht hängenbleiben.«

Publikation der Reiseergebnisse

Die stattliche Publikation erschien in Berlin im Jahre 1890 unter dem schlichten Titel: »Reisen in Kleinasien und Nordsyrien — ausgeführt im Auftrage der Kgl. Preußischen Akademie der Wissenschaften, beschrieben von Carl Humann und Otto Puchstein«. Der Textband enthielt den Bericht Humanns über die Expedition von 1882 nach Ankara und Boğazköy, ebenso den über Puchsteins erste Reise zum Nemrud Dağ im gleichen Jahr und schließlich den über ihre gemeinsame Expedition von 1883. Dazu waren in einem gesonderten Atlas in Großformat auf 53 Tafeln die im Lichtdruckverfahren hergestellten ausgezeichneten Fotografien beigegeben, sowie die von Heinrich Kiepert ausgewerteten Routenaufnahmen der beiden Verfasser.

Besondere Erwähnung verdient noch die Widmung des Werkes, die von der Gesamtheit der Königlichen Akademie der Wissenschaften ausging und in der es heißt: »Ihrem Ehrenmitglied Grafen Helmuth von Moltke, dem Forschungsreisenden in Kommagene im Jahre 1839, dem Förderer der Nemrud-Dağ-Expedition im Jahre 1883«. Der greise Feldmarschall, geboren 1800, verbrachte seinen Lebensabend in Berlin; er hat diese große Ehre, die ihm mit der Widmung der Publikation zuteil wurde, noch erlebt und sicherlich auch zu würdigen gewußt.

1938 Dörner und Naumann in Kommagene

Es sollten mehr als 50 Jahre verstreichen, bis sich das Interesse der Wissenschaftler erneut dem Nemrud Dağ zuwandte. Zusammen mit Rudolf Naumann unternahm Friedrich Karl Dörner im Jahre 1938 eine Forschungsreise nach Kommagene, um die von Humann und Puchstein so erfolgreich begonnene Arbeit fortzusetzen. Glücklicherweise konnten sie die Publikationen mit den erzielten Ergebnissen ihrer Expedition fertigstellen und noch 1939 in den »Istanbuler Forschungen« veröffentlichen.

1951 Entdeckung von Arsameia am Nymphenfluß

Krieg und Nachkriegswirren machten zunächst eine weitere Forschungsarbeit unmöglich. Kommagene blieb eine Vision. Doch schon im Juli 1951 konnte Dörner wieder eine Forschungsreise nach Kommagene durchführen, um zu erkunden, welche technischen Vorkehrungen für eine Ausgrabung auf dem Nemrud Dağ erforderlich wären. Bei diesem Unternehmen entdeckte er die kommagenische Königsresidenz in Arsameia am Nymphenfluß, dem heutigen Eski Kâhta, in dem schon Humann bei seinem Anstieg zum Nemrud Dağ eine Rast eingelegt hatte. Hier begann 1953 die erste Ausgrabungskampagne. Gleichzeitig setzten zusammen mit Theresa Goell die Forschungsarbeiten auf dem Nemrud Dağ ein. Die dringend notwendigen Restaurierungen wurden hier von Dörner im Jahre 1984 in Angriff genommen und werden hoffentlich weitergehen.

6. Mit Conze auf Lesbos 1883

Nach der so erfolgreich verlaufenen Expedition nach Kommagene hätte eigentlich die Erforschung dieser Landschaft eine Fortsetzung finden müssen. Hatte doch Hamdi Bey großzügig und freundschaftlich seine Rechte an einer weiteren Untersuchung von Sendschirli (Zincirli) an Humann abgetreten.

Natürlich wurde Humann, kaum wieder in Smyrna angelangt, zunächst von Pergamon in Anspruch genommen. Dann kam im Oktober 1883 Conze zu einem längeren Besuch, mit der Absicht, einen Abstecher auf die der Küste Kleinasiens vorgelagerte Insel Lesbos zu unternehmen, um Humann »ganz im stillen an Ort und Stelle von dem zu informieren, was dort ins Auge zu fassen war.« Conze hatte bereits im Jahre 1865 seine Beobachtungen unter dem Titel »Reise auf der Insel Lesbos« veröffentlicht, und es lag ihm am Herzen, hier exakte archäologische Untersuchungen in die Wege zu leiten. Um das besondere Interesse für dieses romantische Eiland zu verstehen, muß man sich vergegenwärtigen, daß seit kurzer Zeit Troja durch die großartigen Ausgrabungen von Heinrich Schliemann greifbare Wirklichkeit geworden war. In Homers Ilias aber spielt die zum Reich des Königs Priamos gehörende Insel Lesbos eine große Rolle. Sie wurde von Achilles erobert, und es ergaben sich eine Reihe von Problemen für die Ilias-Topographie.

So brachen Conze und Humann in den letzten Oktobertagen des Jahres 1883 zu einem Erkundungsritt durch die Insel Lesbos auf. Sie legten in zwei Wochen 134 km zu Pferd zurück. Humann nahm einen Plan der Orte Pyrrha und Palaiokastro auf und skizzierte die Landschaft Kaloni kartographisch. Beide Reisende genossen im Sonnenschein und Gewitterregen das »einfache Leben«, und Conze schrieb an seine Familie:

»Unser Erscheinen in den Gassen wirkte etwa, als wenn die Eisbären aus dem Zoologischen Garten in Berlin spazierengeführt würden.«

Conze hatte gehofft, durch diesen Erkundungsritt Humann für die Verwirklichung seines Planes zu gewinnen. Doch überzeugte er sich, daß er mit anderen Aufgaben und Arbeiten zu sehr in Anspruch genommen war. So hoffte er einen anderen, noch jungen Architekten für Lesbos zu interessieren, der von Assos aus, wo er bei den amerikanischen Ausgrabungen mitarbeitete, die Insel bereits kannte. Es war Robert Koldewey, der später als Ausgräber von Babylon Weltruhm erlangte.

Die Forschungsarbeit in Assos hatte den jungen Koldewey so begeistert, daß er der Zentraldirektion des Deutschen Archäologischen Instituts im Jahr 1884 ein weitgespanntes Projekt für die Erforschung von Kleinasien und der den Küstensaum begleitenden Inseln unterbreitete. Humann wurde um seinen Rat gefragt. Welch ein erfolgreiches Gespann hätten der erfahrene Humann und der arbeitsfreudige Koldewey für die vielen Aufgaben bilden können! Welche großartigen Möglichkeiten boten sich hier für die künftige Erforschung Kleinasiens, damals noch ein »Neuland der Kulturgeschichte«! Aber leider fand das von Koldewey vorgelegte Programm bei Humann nicht nur keine Gegenliebe, sondern stieß auf völlige Ablehnung.

Conze war darüber sehr bekümmert; auch in dieser Situation hatte er sich als guter Menschenkenner gezeigt. Er schrieb zwar an Humann: »Zwei Leute wie Sie beide sollten sich, meine ich, gern haben müssen.« Aber es lag ihm fern, in dieser Hinsicht eine Zusammenarbeit zu erzwingen. Er übertrug Koldewey die Arbeit auf Lesbos, unterstellte aber dieses Unternehmen der Abteilung des Archäologischen Instituts in Athen. So war Koldewey für die Forschungsarbeit in Kleinasien verloren. Er ist zwar nach der Erkrankung von Humann noch einmal für ihn in Sendschirli (Zincirli) eingesprungen, aber diese Arbeit blieb nur eine Etappe auf seinem Weg zum weltberühmten Ausgräber von Babylon.

7. Topographische Untersuchungen in Hierapolis 1887

Zwei Jahre nach Humanns Tod erschien ein Band »Altertümer von Hierapolis«, den die Gelehrten Conrad Cichorius, Walter Judeich und Franz Winter herausgegeben hatten und der mit den Worten beginnt: »Carl Humann zum Gedächtnis steht mit Recht an der Spitze dieser Arbeit, deren Vollendung er nicht hat erleben sollen. Seinem Andenken widmen die Mitarbeiter das fertige Werk.« Humanns Untersuchung der »Topographie und Bauten« wurde im Text vorangestellt.

Naturwunder Pamukkale

1887 hatte Humann mit den jungen Gelehrten das Naturwunder Pamukkale besucht, das er selbst sehr anschaulich beschrieb: »Eine heiße Quelle fließt seit undenklichen Zeiten aus der Bergwand, reich mit Kohlensäure und mit Kalk gesättigt. Sobald die Quelle zutage tritt, beginnt die Kohlensäure sich zu verflüchtigen, und nun fällt der Kalk nieder und bildet ein weißes Gestein, das nach und nach grau, hart und kompakt wird. Seitdem hat sie so viel Kalk gebildet, daß an der natürlichen Berglehne sich eine Steinmasse vorgelagert hat. Auf dieser Terrasse liegt die Stadt Hierapolis mit ihren ausgedehnten Nekropolen. . . Da aber, wo das Wasser den Abhang des Plateaus hinabfloß, bildet es weiche, runde Formen, als habe der Wind den Schnee an einen Abhang hinab getrieben; dann aber rieselt es zufällig in eine kleine Vertiefung, spritzend und schäumend, und geschwind bilden sich ringsum erhöhte Ränder, die sich genau in gleichem Niveau immer höher und weiter ausbreiten; und wir erkennen nun ein prächtiges halbrundes oder ovales Bassin, aus dem ringsum das Wasser, wie von Meisterhand geregelt, niederströmt, ein zweites, drittes und zwanzigstes Bassin bildend; aus allen rauscht und strömt das klare Wasser, wie es keine Wasserkunst der Welt herrlicher zeigt.«

Römische Ruinen

Vor allem konnte sich die Reisegruppe mit den Ruinen der römischen Zeit befassen, mit den Resten der großen Thermen und Badeanlagen, mit dem Theater und der riesigen Totenstadt.

Winter, der diese beiden harmonischen, ja fast erholsamen Wochen mit Humann verlebt hatte, sollte ihn nun auf der nächsten, viel anstrengenderen Reise begleiten, nach Sendschirli (Zincirli).

8. Der Alexandersarkophag in Konstantinopel 1887

Eine große und schöne Überraschung brachte 1887 die unerwartete Entdeckung einer Fürstengruft in Sidon, der alten phönikischen Handelsstadt in Syrien. Das vielbewunderte Hauptstück des ganzen Fundes, der Alexandersarkophag, konnte fast unversehrt geborgen werden. Die herrlichen Marmorreliefs leuchteten noch im alten Glanz ihrer Farben.

Dargestellt waren eine Kampfszene und eine Löwenjagd. Den jugendlichen Krieger in der Mitte des Schlachtgetümmels mit dem makedonischen Hut deuteten die Archäologen als Alexander den Großen, der aber hier nur dargestellt, nicht in dem Sarkophag bestattet worden ist.

Auf die Nachricht von diesem Fund war Hamdi Bey sofort nach Süden geeilt und machte auf dem Rückweg bei Humann in Smyrna halt. Er berichtete ihm von dem großen Erfolg und zeigte ihm seine Fotografien. Gleichzeitig lud er ihn und den Archäologen Friedrich von Duhn nach Konstantinopel ein, um die Ankunft des Sarkophages im Museum mitzuerleben.

Duhn berichtet darüber:

Vor dem Alexandersarkophag in Konstantinopel

»Unvergeßlich ist mir, wie Humann und ich, von Hamdi Bey, dem Generaldirektor der türkischen Museen, als die ersten europäischen Fachmänner, denen dieser Anblick zuteil wurde, dazu nach Konstantinopel geladen, vor den sogenannten Alexandersarkophag von Sidon geführt wurden, als Brett um Brett fiel und ein wahres Wunderwerk antiker Kunst vor uns stand, damals noch in seinem ganzen frischen Farbenschmuck strahlend, als wäre er gestern aus der Werkstatt gekommen, ein Meisterstück allerersten Ranges, wohl geeignet, uns vorzuführen, was das Jahrhundert des Praxiteles und Apelles in farbiger Plastik als Höchstes erstrebt und erreicht hatte, geradezu eine Offenbarung für uns arme Menschen, die so viel von Mosaikarbeit leben und durch die Nebel der Kopien oder Umbildungen zu den wirklichen Originalen uns auf vielfach unsicherem Pfade mühsam durcharbeiten müssen. Diese Überzeugung drängte sich sofort auch dem glücklichen Entdecker Pergamons auf; er sah in Farben, was in Pergamon nur farbig gedacht war, sah Meisterhand statt Steinmetzhand — und Tränen freudiger, tiefer Erregung im Auge, schloß er den Entdecker dieses Werkes, Hamdi, in seine Arme.«

Auf lebhaftes Drängen von Conze wandte sich Humann an Hamdi Bey und bat ihn zu erlauben, daß sein bewährter Reisebegleiter Franz Winter den Sarkophag publizieren dürfe, eine Aufgabe, der sich Winter dann gern und gewissenhaft unterzog.

Hamdi Bey als Museumsdirektor

Hamdi Bey hatte das Museum in Konstantinopel im Jahr 1881 begründet. Er hatte damit begonnen, die im Osmanischen Reich verstreuten Antiken, die oft aus mangelndem Verständnis oder aus religiösem Fanatismus dem Untergang geweiht schienen, nach Konstantinopel zu schaffen und in dem neuen Museum zu vereinen. Die Aufstellung der Grabfunde aus Sidon, vor allem die des Alexandersarkophages, sicherte seinem Museum Weltgeltung und rückte es in den Rang der Sammlungen von Paris und London. So war für den deutschen Kaiser Wilhelm II. bei seinem Aufenthalt in Konstantinopel im Jahre 1889 der Besuch des Museums selbstverständlich. Im Beisein von Humann zeigte ihm Hamdi Bey den Alexandersarkophag.

Neidlos sah Humann die Früchte von Hamdis Arbeit und sein Bemühen, das Verständnis für antike Kunstwerke in der Bevölkerung zu wecken. Beide

Männer ermunterten und unterstützten sich gegenseitig und waren sich einig in ihrer idealen Zielsetzung.

Im Jahr 1887 hatte Hamdi Bey für Humann beim Sultan die Verleihung der Kommandeur-Insignien des Osmaniye-Ordens beantragt und schrieb ihm einige Monate später:

»Mein Ehrgeiz besteht darin, meinem Museum hier zu dienen und in Konstantinopel ein Museum zu schaffen, das des klassischen Bodens, auf dem wir wohnen, würdig ist, und der Wissenschaft zu dienen, indem wir den Archäologen hier im Lande ihre Arbeit erleichtern und ihnen die Mitteilungen machen, die sie brauchen.«

Hamdi Bey überlebte seinen deutschen Freund. Wie eine zarte, melancholische Idylle mutet Conzes Reisebericht aus dem Jahre 1896 an, als er Hamdi Bey auf seinem Landsitz in der Bucht von Izmit besuchte und sie beide an Humann dachten:

»Daß ich Hamdi auf seinem neuen Landsitz aufsuchte, war entzückend, obwohl etwas weitläufig hinzukommen. Aber Hamdis Bruder Halil Edhem, der fließend Deutsch spricht, begleitete mich; er ist übrigens sehr nett. Während Halil seine alte Mutter, die am Wege wohnt, besucht, sehe ich hinab in ein kleines Tal, das sich nach dem Meerbusen von Izmit öffnet, grün im Grunde und hoch hinauf mit Weinbergen, am Strande eine Schloßruine: Eskihisar. Da ist die Skala, der Landeplatz für das große Dorf Gebze, mit einigen Kaffeehäusern. Daneben liegt Hamdis Villa. Aber die sieht man von oben noch nicht.

Ich ging mit Halil zu Fuß durch die Weinberge hinab. Ein alter Neger, im Ruhestand lebender Familiendiener, schnitt uns unterwegs einige schöne Trauben ab und empfahl sich dann sehr angelegentlich. Weiter hinunter kam uns Hamdi entgegen mit seinem dreizehnjährigen Sohne, der die Flinte trug und schon einige Vögel erlegt hatte. Zärtliche Begrüßung. Über eine kleine Höhe noch hinüber waren wir im Garten und an dem netten Holzhause mit schweizerischen Balkonen, hart am Meere, auf einer kleinen Terrasse des Ufers; Begrüßung der Frau, deren Mutter, der zwei erwachsenen Töchter, eines alten Hausfreundes, Präsentation des dreijährigen Töchterchens; Schnaps und Backwerk. Gang mit Hamdi ans Wasser, zu den anstoßenden Dorfhäusern unter alten Platanen bei einem Brunnen; ein prachtvoll malerischer Platz. Anstoßend der kleine Friedhof mit alten Zypressen, von Hamdi mit einer Mauer ganz neu umgeben. Er hat eine Traumerscheinung gehabt, die ihm sagte: ‚Du baust Dir schon Haus und Garten und tust nichts für den verfallenen Friedhof!‘

Es ist doch ein merkwürdiger Mensch und in seiner Familie ganz europäischer Art, in diesem allerliebst geschmackvoll, nach eigenem Plane vor zwei Jahren gebauten Hause, in dem selbst angelegten Garten, in diesem abgelegenen stillen Tälchen Kleinasiens, fern von allem Geräusch der Weltstadt, mit dem alten Hausfreunde, einem Armenier, man kann nicht anders, als ihn sympathisch finden.

Ich begreife jetzt erst, daß Humann ihn wirklich liebte. Humanns Erinnerung war natürlich stark vertreten, und Hamdi hatte Tränen in den Augen.«

Abb. 1: Humanns Porträt von Hamdi Bey

Hamdi Bey verdanken wir das lebensvolle Porträt von Humann. Er malte es im Jahre 1894, und über seiner Namenssignatur steht in zierlicher Pinselschrift die Widmung:

»A mon ami C. Humann«.

Frau und Tochter nahmen das Porträt nach Humanns Tode mit sich nach Deutschland. Es erschien im Abdruck in dem Bilderband des biographischen Werkes »Die großen Deutschen«. Bei der russischen Besetzung Berlins im Sommer 1945 mußte die Tochter, drei Tage nach dem Tode ihres Mannes Friedrich Sarre, mit ihren beiden Töchtern das Haus in Neubabelsberg mit leeren Händen verlassen. Das Bild ging mit dem gesamten wissenschaftlichen Nachlaß ihres Mannes und ihres Vaters, mit allen Briefen, Büchern und Fotografien verloren. Zum Glück hatte der Maler Wilhelm Imkamp aus Münster Hamdis Ölgemälde kurz vor dem Krieg für das Karl-Humann-Gymnasium in Essen-Steele kopiert. Seither befindet es sich dort.

Hamdi Beys Villa heute Museum

Nach zweijähriger Restaurierungsarbeit wurde die von Hamdi Bey entworfene Villa im Jahre 1987 als Museum eröffnet. Ausgestellt sind Einrichtungsgegenstände aus dem Besitz von Hamdi Bey und seiner Familie sowie zahlreiche Gemälde von ihm und der von ihm geförderten Künstler.

9. Ausgrabungen in Sendschirli (Zincirli) 1888

Nach einem vorläufigen Abschluß der Feldarbeiten in Pergamon konnte Humann drei Jahre nach seiner Rückkehr vom Nemrud Dağ an die Verwirklichung des Projektes Sendschirli (Zincirli) gehen. Da er dank der Fürsorge von Conze zum »Auswärtigen Direktor der Berliner Museen« ernannt worden war, fielen ihm die Vorbereitungen dafür leichter.

Das schwierigste Problem war die Finanzierung, die nach Möglichkeit ohne langwierigen Instanzenweg gesichert werden sollte. Dies ergab sich sonst immer, wenn man Forschungsprojekte — wie etwa Pergamon — im Rahmen des Archäologischen Instituts oder der Königlichen Museen durchführte; denn diese Institutionen waren an einen festen Etat gebunden, der alljährlich neu beantragt und bewilligt werden mußte.

Nach behutsamen, jedoch mit Geschick und Enthusiasmus durchgeführten Vorverhandlungen konstituierte sich am 10. Juni 1887 ein »Comité behelfs Erforschung der Trümmerstätten des alten Orients«:

Die Aufgabe war ebenso eindeutig wie schwierig. Es galt »weitere Fachmänner und opferfreudige Laien für die vorschwebende Idee zu interessieren und besonders durch Beschaffung eines Betriebsfonds die Ausführung von Ausgrabungsarbeiten zu ermöglichen. Den Bemühungen war über Erwarten schnell Erfolg beschieden. Zahlreiche Freunde und Gönner hatten ihre Mitwirkung und Unterstützung zugesagt und waren bereit, dem Comité als Mitglieder und Stifter unter Zeichnung namhafter Beträge beizutreten. Demzufolge wurde in einer Versammlung vom 26. Februar 1888 nicht nur die definitive Bildung des Orient-Comités beschlossen und die Statuten desselben festgesetzt, sondern es konnte auch bereits der von Herrn Dr. von Luschan ausgearbeitete Plan für die erste seitens des Comités zu entsendende Expedition zur Genehmigung vorgelegt werden.«

Bildung des Orient-Comités

So war das schwierige Problem glücklich gelöst worden. Nach entsprechender Absprache mit Hamdi Bey, dem Entdecker der Ruinenstätte in Sendschirli (Zincirli), wurde auch bei der türkischen Regierung der Antrag für die Durchführung einer Ausgrabung im Frühjahr 1888 gestellt.

Mit aller Sorgfalt bereitete Humann das neue Kommagene-Unternehmen vor. An alles war gedacht, um an Ort und Stelle keinerlei Zeit zu verlieren. Humann berichtet: »Zur Reise wurde für Zelte, Feldbetten, Küchen-Ausrüstung, fotografische Utensilien und vor allem Werkzeug Sorge getragen, wurden Aufseher, Steinmetzen, Zimmermann, Schmied und Koch engagiert, durchweg zuverlässige Leute.

Bei den zur Verfügung stehenden Mitteln konnte ich auf eine drei- bis viermonatige Kampagne mit durchschnittlich hundert Arbeitern rechnen. Ich nahm an Werkzeug mit: 20 Spitzhacken, 12 Platthacken (dazu 100 Reserve-Stiele), 55 Schaufeln, 12 Schiebekarren, 57 Tragkörbe, 2 Winden, 2 eiserne Hebebäume, 2 schwere Hämmer, 3 Taue, 1 Flaschenzug, 1 schweren Wagen mit eiserner Achse, 1 Feldschmiede, ferner Handwerkszeug für Schmied, Zimmermann und Steimmetzen, Nägel, Stricke usw. Ich hatte also für 170 und mehr Leute Werkzeug und konnte außerdem Verschlissenes leicht ersetzen.«

Am 31. März stieg die ganze Mannschaft in Smyrna an Bord zur Fahrt nach Iskenderun, von wo es am 5. April auf jetzt schon bekannten Wegen nach Sendschirli weiterging. Man langte dort am 8. April an und mußte feststellen, daß die von Hamdi Bey vor fünf Jahren freigelegten und durch Puchstein und Luschan besichtigten Reliefs inzwischen wieder verschüttet waren.

Abfahrt nach Sendschirli

Unverzüglich ging es an die Arbeit. Neben Humann wirkten als erprobter und bewährter Freund der Arzt Felix von Luschan mit sowie Franz Winter, der nun bei der Abteilung Athen des Archäologischen Instituts tätig war. Schon am Montag, dem 9. April, wurden die ersten Spatenstiche getan. Das Ergebnis am ersten Abend war beachtlich. Die Reliefs waren wieder freigelegt, und man entdeckte noch vier weitere.

Das Glück der Ausgräber war groß! Humann berichtet, daß am zweiten Abend bereits sechsundzwanzig Reliefplatten mit Darstellungen von Göttern und Menschen, Tieren und Fabelwesen aller Art geborgen waren, ein wahres Bilderbuch, für das es damals keinerlei Parallelen gab.

Abb. 106 Humann im arabischen Kostüm, vermutlich bei der Zincirli-Expedition

Bevor wir uns mit diesem »Bilderbuch« beschäftigen, verdient ein sehr wichtiges Ergebnis hervorgehoben zu werden. Schon bald nach Beginn der Freilegungsarbeiten stieß man nämlich zwischen zwei vorspringenden Mauern auf einen Weg, und es zeigte sich, daß zu dem westlichen Teil der Mauer fünf der von Hamdi Bey aufgefundenen Reliefs gehörten, die drei weiteren standen an der östlichen Mauer; daneben entdeckte man noch ein viertes Relief in Sturzlage. Ein großer Teil der übrigen Reliefs befand sich glücklicherweise ebenfalls noch an seinem ursprünglichen Aufstellungsort.

So war man mit Recht darauf gespannt, wohin der Torweg führte. Mit seiner Freilegung konnte am dritten Tage begonnen werden, nachdem die Arbeiter den ganzen Vorplatz von Schutt gesäubert hatten, den man mit Karren und Tragkörben an den Fuß des Hügels transportierte.

Reliefplatten am Torweg

Als man den vorderen Teil des Torweges freilegte, setzten sich die Reliefplatten fort, aber sie waren jetzt von anderer Art. »Rechts und links« — so berichtet Humann — »standen drei Reliefplatten, deren je zwei einen Löwen darstellten, den Kopf nach außen, d. h. nach Süden gewendet, während dahinter auf der dritten Platte ein löwenköpfiger Jäger stand. Auf dem Plattenpflaster, das den Torweg füllte, ragte noch der Prellstein hervor, gegen den einst die Torflügel anschlugen; indessen waren keine Zapfenlöcher für diesen vorhanden.«

Man war begierig, wie es im Inneren des Tores aussehen würde. »Erwartungsgemäß« — so fährt Humann fort — »erweiterte der Raum sich wieder, die Rückseiten der vorspringenden Tormauern zeigten nur aufrecht stehende Platten ohne bildliche Darstellungen; aber bald stießen wir auf große, umgestürzte und gebrochene Blöcke, deren Bruchflächen verrieten, daß sie einem einzigen riesigen Steine angehörten. Das oberste, oben abgerundete Stück zeigte einen prachtvoll gearbeiteten, assyrischen Kopf mit der Mitra und daneben verschiedene kleine Götter-Embleme in Flachrelief. Als das Stück vom Lehm gereinigt war, sahen wir zu unserer freudigen Überraschung, daß die Rückseite mit Keilschrift bedeckt war, die sich auf den unteren Stücken fortsetzte. Bald war alles herausgeholt, zusammengestellt, und wir hatten nun eine herrliche, fast intakte 3,45 m hohe assyrische Königs-Stele vor uns, nur daß keiner von uns sagen konnte, wen sie darstellte. Als die Stele stürzte, lag schon etwa 1 m hoher Schutt auf dem Pflaster des Hofes, vielfach mit Holzkohle und dem roten, gebrannten Lehm durchsetzt. Eine Feuersbrunst wird das Dach und die übrige Holzkonstruktion der Toranlage zerstört haben; im Sturz rissen sie einen Teil der Lehmwände mit; dann sprengte die Glut der unten weiter brennenden Trümmer die Stele, sie stürzte auf den Aschenhaufen, und fernere Sturzmassen sowie der allmählich wachsende Humus bedeckten sie. Wir fanden noch viele intakte, gebrannte Ziegel von 36 zu 26 zu 6 cm, aber kein Metall, das bei der Dachkonstruktion gedient haben könnte.«

Fund einer riesigen Stele
Abb. 107

Die große Stele war in sechs große und eine Anzahl kleinerer Stücke zerbrochen, alle lagen mit der Bildfläche nach unten. Als man die Fragmente reinigte, zeigte sich, daß nicht nur die Rückseite, sondern auch der untere Teil der Vorderfläche beschrieben war — ebenfalls in Keilschrift. So blieb den Ausgräbern zunächst verborgen, um welchen Dynasten es sich handelte, da von den in der ersten Kampagne mitarbeitenden Gelehrten niemand imstande war, die Keilschrift zu lesen.

Wenn der dargestellte Herrscher zunächst auch noch anonym blieb, so ließ sich doch schon nach kurzer Zeit die Frage klären, wo dieses Denkmal aufgestellt gewesen war. Denn man fand im Zuge der weiteren Freilegung auch den mächtigen Sockel mit dem Zapfenloch für das monumentale Königsrelief: 1,11 m hoch, 1,60 m lang und 1,15 m breit. Diese Maße entsprechen einem Rauminhalt von mehr als zwei Kubikmetern und einem Gewicht von mehr als 5 Tonnen! Ohne weitere Fundamente stand dieses Postament auf dem Lehmschutt einer früheren Mauer, und zwar an der westlichen Schmalseite eines weiteren Torbogens.

Die Skizze von der Gestaltung des Burghofes zeigt, daß die Stele nicht, wie man zunächst erwarten würde, symmetrisch in der Achse des Hofes aufgestellt war, sondern nach Norden verschoben ist. Diesen merkwürdigen Befund versuchte Luschan dadurch zu erklären, »daß der ursprüngliche Grundriß des Tores, so wie er uns heute wieder vorliegt, zur Zeit der Aufstellung des Monoliths durch Zubauten und Verkleisterungen bereits verdunkelt und verändert war.«

So brachte schon die erste Woche ein über Erwarten reiches Ergebnis. Aber leider zeigten sich die Wettergötter dem Unternehmen nicht gnädig. Die in Islâhiye bestellten Baracken waren nicht geliefert, man wohnte noch in Zelten. Humanns Schilderung läßt uns die Lage der Ausgräber miterleben, wenn er am Ende der ersten Arbeitswoche berichtet: »Die freudige Erregung über die reichen Funde ließ uns vergessen, daß der Weststurm unsere Zelte zerriß, daß es in unsere Betten regnete, in denen wir mit dem Regenschirm unter einem Arm schliefen, und daß wir in den Zelten im Schmutze wateten.«

Außerdem gab es einen Kälteeinbruch. Das Thermometer fiel auf 7°. Aber die Ausgrabungen gingen planmäßig weiter, und in den nächsten Wochen waren durchschnittlich 100 Arbeiter beschäftigt. So konnte allmählich die gesamte Toranlage freigelegt werden. Der untere Torweg, der auf den Vorhof in den Innenhof mit der Königsstele führt, war mit einem Pflaster aus regelmäßigen Platten belegt. Der Vorhof selbst und ebenso der obere Torweg wiesen dagegen nur einen erdigen Fußboden auf.

Natürlich stand zunächst der Grabungskomplex im Mittelpunkt der Arbeit, bei dem durch Hamdi Bey die ersten Reliefs freigelegt worden waren. Eines Tages aber besuchte man den etwa einen Kilometer entfernt liegenden Friedhof, um den »Stein mit der Sonne« näher in Augenschein zu nehmen. So nämlich war schon im Jahre 1883 ein Grabstein von einem Müller in Sakçagözü charakterisiert worden, auf dessen Hinweis Puchstein und Luschan ihren Abstecher nach Sendschirli unternommen hatten. Bereits nach wenigen Spatenstichen zeigte sich, daß es sich bei der »Sonne« um ein Rad mit sechs Speichen handelte. Bald kam als Oberteil der Darstellung ein Streitwagen mit dem Wagenlenker und einem Schützen zum Vorschein, der seinen Pfeil, zum Abschuß bereit, schon auf den gespannten Bogen gelegt hat. Die Freude über dieses wohlerhaltene Relief war um so größer, weil an seinem ursprünglichen Aufstellungsort des äußeren Burgtores das anpassende Stück mit dem Gespann aufgefunden worden war. Unter den Füßen des Pferdes zeigt die Darstellung den von Pfeilen getroffenen Gegner, der noch versucht, ein Geschoß aus seinem Gesäß zu ziehen.

Stadtmauer gefunden

Bei diesem Marsch zum Friedhof aber gab es noch ein weit bedeutungsvolleres Ergebnis. Humann fiel ein niedriger Damm auf, der mit kleinen Steinen bedeckt war und den er zunächst »für den Rest einer Straße hielt. Da sie indes im Bogen lief,« — so berichtet Humann — »kam mir der Gedanke, daß wir es mit einer kreisförmigen Umwallung zu tun hätten, was sich dann beim Begehen bestätigte. Der Wall, im Mittel 200 m vom Hügel entfernt, hatte eine Länge von über 2 km oder 1/2 Wegstunde.

Natürlich mußte derselbe Tore gehabt haben, und nichts lag näher, als zunächst dasjenige zu suchen, welches unserem ausgegrabenen Tore gegenüberliegen mußte. In der Tat lagen hier die Trümmer der kolossalen Löwen.« Sofort setzte Humann eine Arbeitsgruppe an, die bereits in geringer Tiefe auf Mauerreste stieß; dazu wurden acht Platten mit Reliefs gefunden und der Kopf eines »Kolossal-Löwen«. Ein weiteres Vordringen in die Tiefe verhinderte jedoch das schon bald einsetzende Sumpfwasser.

Torbau

Diese Entdeckung eröffnete für die Aufgabe, die man sich mit der Ausgrabung in Sendschirli gestellt hatte, neue Perspektiven von ungeahnten Ausmaßen. Zunächst aber suchte man die Probleme zu klären, die sich bei der weiteren Freilegung des Torbaues ergaben. Hier sah man sich gewaltigen Schuttbergen gegenüber; leider führte vom Torbau aus keineswegs eine Hauptstraße nach der Mitte des Hügels, wie man es zunächst wohl erhofft hatte.

Für die Lebensbedingungen der Ausgräber bedeutete es eine große Erleichterung, daß endlich die bestellten Baracken geliefert und aufgestellt werden konnten; denn »das Wetter« — berichtet Humann — »blieb zunächst kühl; es regnete viel, aber glücklicherweise meist des Nachts, und kleine Regenschauer bei Tage führten keine nennenswerte Arbeitsunterbrechung herbei. Gegen Mitte Mai erst wurde das Wetter gut, um aber gleich darauf in Schwüle auszuarten, mit der sofort Schlangen, Skorpione, Taranteln und Millionen von Stechmücken erschienen.«

Humann wurde das erste Opfer der Unbilden, und Luschan stellte eine ernste Lungenentzündung fest, die ihn an das Bett fesselte. Aber es läßt sich denken, daß Humann kein geduldiger Patient war. So kam es am 1. Juni zu einem Rückfall. Zu allem Unglück traf ein Telegramm von Hamdi Bey ein mit der Bitte, ihn am 7. Juni in Alexandrette zu treffen. Nichts charakterisiert Humanns Persönlichkeit besser als die Tatsache, daß er trotz seines schlechten Gesundheitszustandes darauf bestand, den beschwerlichen Ritt anzutreten. Dagegen konnte Felix von Luschan als verantwortlicher Arzt nichts anderes tun, als ebenfalls mitzureiten. Hamdi Bey war natürlich über die Erfolge, von denen Humann berichten konnte, sehr erfreut. Aber er fühlte sich nicht imstande, über die Frage zu entscheiden, wie mit den bisher gemachten Funden zu verfahren sei. Diese Entscheidung konnte nur der dafür zuständige Minister in Konstantinopel treffen. Die Situation in Sendschirli erforderte eine rasche Klärung. So entschied sich Humann, mit dem nächsten Dampfer nach Konstantinopel zu fahren, während Luschan die Aufsicht bei den Arbeiten in Sendschirli übertragen wurde.

Zwischenfahrt nach Konstantinopel. Teilungsabkommen

Über Erwarten schnell ließen sich in Konstantinopel alle Probleme lösen. Das dort geschlossene Abkommen sah vor, daß die acht von Hamdi Bey bereits freigelegten Reliefs, vermehrt um die anschließenden Fundstücke auf der östlichen Hälfte des Torbaues, nach Konstantinopel zu transportieren seien, während die 23 Reliefs auf der westlichen Hälfte sowie die Kleinfunde in das Eigentum der Königlichen Museen übergehen sollten. Glücklicherweise fand Humann in Konstantinopel sofort eine Passage zurück nach Iskenderun, und er läßt uns wissen, daß sein Schiff dort bereits am 11. Juni wieder anlegte. Hier stieg er sofort zu Pferde und traf am 13. Juni wieder im Ausgrabungslager ein — eine großartige Leistung!

Wie aber sah es unterdessen in Sendschirli aus? Hier hatten inzwischen die malariaträchtigen Mücken verheerend gewirkt. Von allen Mitarbeitern war nur noch Dr. von Luschan gesund; alle übrigen erkrankten, ebenso wie ein Teil der einheimischen Arbeiter.

Krankheit beendet die Ausgrabung

Unter enormen Schwierigkeiten hatte Luschan inzwischen die Ausgrabungen fortgeführt und auch begonnen, die für den Versand benötigten Kisten herstellen zu lassen. Tscherkessen waren bereit, den Transport bis zur Verladung in Iskenderun zu übernehmen. So konnte sich gleich nach der Rückkehr Humanns die erste Kolonne von 12 Ochsenwagen in Marsch setzen. Aber bereits nach einem Kilometer brach der erste Wagen zusammen; weitere erwiesen sich als untauglich, und es gab Schwierigkeiten mit den örtlichen Behörden. Am meisten machte allen das Klima zu schaffen. Es blieb stickig und heiß während der Nächte, und das Thermometer zeigte morgens früh schon 30° und stieg auf 42°—45° am Nachmittag. Alle diese Schwierigkeiten ließen in Humann den Entschluß reifen, an das Ende der Grabungskampagne 1888 in Sendschirli zu denken. »Wir mußten uns sagen,« — schreibt er — »daß es nicht weiter ginge, und kündigten an, daß dies die letzte Arbeitswoche sein solle (vom 16. bis 22. Juli), was den Leuten frischen Mut gab.«

So wurde für Montag, den 23. Juli, planmäßig der Abmarsch vorbereitet. Alle Mitarbeiter waren »leidlich imstande, die Pferde zu besteigen.« Ohne weitere Schwierigkeiten überquerte man das Taurosgebirge. Auf die Nachricht, daß erst in zehn Tagen mit der Ankunft eines Dampfers zu rechnen sei, zog es Humann vor, lieber auf einer vorspringenden Kuppe bei einem kaltes Wasser spendenden Brunnen 6 km vor Iskenderun ein Lager aufzuschlagen, als in die sumpfige, malariaverseuchte Ebene hinunterzusteigen. Hier konnte man »im Anblick des blauen Meeres der Ruhe pflegen«, bis der angesagte russische Dampfer am 3. August einlief. Als er am 4. August ablegte, traf in Berlin bereits das Telegramm an den Vorsitzenden des Orient-Comités, Professor von Kaufmann, ein: »Alle Mann eingeschifft, leidlich gesund, 82 Kisten an Bord.« Am 8. August erreichte der Dampfer den Hafen von Konstantinopel; dort warteten schon die Leichterschiffe, um — wie von Hamdi Bey beauftragt — die kostbare Fracht zu übernehmen und sicher an Land zu bringen.

Geheimnis des Hügels gelöst

Mit berechtigtem Stolz und voller Optimismus hatte Humann am Ende seines Berichtes über die Forschungskampagne von 1888 geschrieben: »Das erstrebte Ziel war erreicht, wir hatten den gesuchten hittitischen Bau gefunden und nicht einmal tief unter der Oberfläche; man konnte mit Mut in eine neue Kampagne treten; denn der Hügel war keine unergründliche Schuttmasse mehr, sondern sein Schleier gelüftet, und es handelte sich darum, ihn weiter zu heben.«

Das Vertrauen, das man von seiten des Orient-Comités Humann entgegengebracht hatte, war vollauf gerechtfertigt. Die Berlin zugesprochenen Funde erhielten im Herbst 1888 noch eine Bereicherung, weil Hamdi Bey bereit war, die Fragmente der großen, in Sendschirli im Torbau gefundenen Stele gegen einen monumentalen Torso des Apollon einzutauschen; dieser war in Tralles bei der Versuchsgrabung gefunden worden, die Humann im Auftrage des Orient-Comités im Oktober 1888 durchgeführt hatte. Bei der in Berlin sofort vorgenommenen Restaurierung zeigte sich, wie wichtig es gewesen war, die Verpackung der einzelnen Fragmente mit jeder nur möglichen Sorgfalt durchzuführen, um die scharfen unversehrt gebliebenen Bruchkanten nicht zu gefährden. Daher gelang die Zusammensetzung so vorzüglich, daß die Bruchstellen kaum zu sehen sind.

Tausch der Stele gegen Apollon-Torso

Die Stele des Königs Asarhaddon

Abb. 107

Bei der sorgfältigen Reinigung der Stelen-Vorderseite stellte sich heraus, daß auch der untere Teil des königlichen Gewandes mit Keilschrift bedeckt ist. Diese läuft über die Körper von zwei Gefangenen, die in verkleinerter Darstellung am unteren Bildrand erscheinen.

Der König führt sie vor sich her an einer durch die Nase gezogenen Schnur, die er mit seiner linken Hand, zusammen mit einem Streitkolben, hält. Einer der Gefangenen kniet vor dem König und beide strecken, um Gnade flehend, ihre Hände dem siegreichen Herrscher entgegen.

Jetzt in Berlin löste sich das große Geheimnis der Persönlichkeit des Herrschers. Die Entzifferung der Keilschrift ergab sogleich, daß der assyrische König Asarhaddon dargestellt war, »der große und mächtige König, der König von Assyrien«, wie ihn die Inschrift nennt. Daß die Stele trotz der Brandkatastrophe so vorzüglich erhalten geblieben ist, liegt in der Hauptsache an dem Material, einem außerordentlich gleichmäßigen, fast völlig blasenfreien und daher sehr harten Dolerit.

Außer der königlichen Darstellung hat der Bildhauer auf dem Oberteil der Stele in dem freien Raum neben dem Kopf des Herrschers in flachen Reliefs sehr kunstvoll zwölf kleine Bilder herausgearbeitet, Darstellungen von Göttern und Göttinnen, Gestirnen und Sternbildern.

Mit einem Hinweis darauf, wen diese Symbole darstellen, beginnt die königliche Inschrift.

Sie wurde zuerst von Eberhard Schrader in Abschrift und Übersetzung in Band I der Sendschirli-Publikation veröffentlicht; später konnten bestehende Unklarheiten im Text geklärt und neue Lesungen vor allem im

Abb. 107 Stele mit dem Bildnis des assyrischen Königs Asarhaddon aus Sendschirli

Oberteil der sehr schwer zu entziffernden Rückseite gewonnen werden, die einer Reihe von Gelehrten zu verdanken sind. Schließlich hat in einer neuen Publikation, die alle sich auf Asarhaddon beziehenden Inschriften umfaßt, Riekele Borger eine neue Umschrift des Keilschrifttextes nebst Übersetzung veröffentlicht. (Vgl. Archiv für Orientforschung, Beiheft 9, 1956, 96 ff. und Dörner, Kommagene 97 ff. und Tafel 4.)

10. Versuchsgrabung in Tralles 1888

Nach dem heißen Sommer von Sendschirli (Zincirli) gab es für Humann kaum eine Atempause. Als der Präsident des Orient-Comités, Kaufmann, im September 1888 in Konstantinopel weilte, wurde mit ihm und Hamdi Bey das Vorhaben, eine Versuchsgrabung in Tralles durchzuführen, beschlossen.

Auch Conze war mit dem Plan einverstanden und schrieb an Humann: »Ihr Arrangement für Tralles ist genial . . . Für die Grabung ist mein ceterum censeo: nur bestimmte Ruinenstellen freilegen, die aber ganz erledigen, kein Umhersuchen. Diese, sagen wir: deutsche Art des Grabens befriedigt mich am meisten, im Gegensatz zu der französischen, die nach vorzugsweise Interessantem sucht, d. h. nach dem, was gerade den Ausgräber interessiert.«

Dörpfeld als Architekt

Dörpfeld traf zur Unterstützung des Unternehmens 2 Wochen nach Grabungsbeginn in Tralles ein und beaufsichtigte die Freilegung des Theaters. Er stellte dabei den Grundriß des Skenengebäudes her. Humann nahm das gesamte antike Stadtgebiet planmäßig auf und legte es kartographisch fest.

Mit den erreichten Funden war man nicht zufrieden. Humann erklärt dies in den »Athenischen Mitteilungen Bd. 18«:

»Das ganze Mittelalter hindurch scheint diese Stätte bewohnt gewesen zu sein und nur ganz allmählich sich die Wohnungen von der Stelle der alten Stadt hinab in die Ebene gezogen zu haben, wo sie die heutige von 35000 Einwohnern bevölkerte Stadt Aydın bilden. Wo aber Menschen wohnen, braucht man Baumaterial und, da auf Meilen Entfernung kein Steinbruch vorhanden ist, so hat man die antiken Bauten benutzt. Eine ganze Zunft von Steinmetzen arbeitete bis zu unserer Ankunft in den verschiedenen Trümmerhaufen, um nach Hausteinen zu suchen für die Bauten oder nach Marmor für Grabsteine aller Konfessionen. So erklärt es sich, daß man auf dem Gebiet der alten Stadt fast keinen alten Mauern mehr begegnet.«

So bot die Stätte in den nächsten Jahren keinen Anreiz für eine weitere großzügige Ausgrabung. Das Antiken-Museum von Konstantinopel legte 1902/03 noch die Spuren einiger Tempel frei.

War man schon mit den Architekturfunden nicht zufrieden, so enttäuschte vor allem das Fehlen der erhofften Skulpturen. Man hatte sich davon mehr erwartet, da das Museum von Konstantinopel bereits zwei bedeutende figürliche Darstellungen aus früheren Zufallsfunden in Tralles besaß. Die eine ist die eindrucksvolle, lebensgroße Gestalt eines jugendlichen Wettkämpfers aus Marmor, der sich in seinen Mantel hüllt, ein Werk aus dem 1. Jahrhundert v. Chr.; sodann der Kopf einer Kolossalstatue des Apollon aus dem 2. Jahrhundert n. Chr. In der Nähe des Fundortes dieses Kopfes hat Humann vergeblich das Gelände nach dem Torso der Statue abgesucht. Erst einige Monate später erfuhr er, daß der Torso schon 1887 mit dem Kopf zugleich gefunden und versteckt gehalten wurde. Es gelang Humann, ihn zu erwerben und im Museum in Konstantinopel gegen die assyrische Stele einzutauschen, die er in Sendschirli gefunden hatte. Das war dann doch noch ein befriedigender Abschluß seiner Forschungen.

Torso der Apollon-Statue für Konstantinopel erworben

Vier Jahre später führte Humann seinen Freund Heimann aus Köln in die verlassene Ausgrabung, der darüber Tagebuch geführt hat. »Wir fuhren nach Aydın, welches am Fuß eines Berges liegt, den einst die bedeutende Stadt Tralles krönte. Oben auf dem Plateau zeugen nur Mauerreste von der hingeschwundenen Pracht. Von einem kolossalen Gymnasium aus römischer Zeit stehen allein nur drei große Bogen. In dem vor einigen Jahren freigelegten Theater sind die Marmorsitzreihen von den Anwohnern bereits sämtlich weggestohlen, und bald wird die üppige Vegetation alles wieder überwuchert haben. Wir stiegen in ein wildromantisches Mühltal hinab und erfrischten uns im Schatten herrlicher Platanen an einem echten, türkischen Frühstück, bevor wir das Ausgrabungsfeld nochmals drei Stunden lang durchstreiften.«

11. Teilnahme an Schliemanns Internationaler Konferenz in Troja 1890

Acht Jahre später als Humann setzte ein berühmter Ausgräber seinen Fuß auf kleinasiatischen Boden: Heinrich Schliemann. Beide Männer sind von ihren Zeitgenossen und Freunden oft als Kinder des Glücks bezeichnet worden. Aber es schien zunächst, als habe das Glück nur an Humanns Wiege gestanden. In einem liebevollen Elternhaus aufgewachsen, genoß er eine gediegene humanistische Schulbildung, und der bürgerliche Wohlstand seines Vaterhauses erlaubte ihm das Studium, das er sich wünschte.

Schliemann verlor als Kind seine Mutter, und sein Vater scheiterte in seinem Leben und in seinem Beruf. Wenige Jahre konnte er bei Verwandten das Gymnasium besuchen, dann verboten es die bescheidenen Geldmittel; er schloß mit der Realschule ab und mußte sich vierzehnjährig sein Brot in einem Kolonialwarenlager als Lehrling verdienen. Als er diesen engen Verhältnissen entfliehen wollte, warf ihn ein Schiffbruch vor der holländischen Küste in die eisige See. Doch jetzt erwachte seine starke Persönlichkeit. Er trotzte der Armut und dem Hunger, lernte eifrig die Grundlagen des kaufmännischen Berufes und dazu aus eigener Kraft Sprache auf Sprache, um den Weg zum Reichtum und zur Erfüllung seines Traumes von Troja zu beschreiten.

Auch für Humann baute das Schicksal eine Barriere auf: die heimtückische Krankheit, die Tuberkulose, der so viele junge Menschen in seiner Zeit erlagen. Aber ihm bot sich die hilfreiche Hand der Familie. Sein Bruder holte ihn in das milde Klima des Südens. Mit dem Willen, die Krankheit zu überwinden, wuchs in Humann die Freude an der eigenen Verantwortung, an der eigenen Leistung im fremden Land, die alle seine Kräfte und Fähigkeiten mobilisierte.

Eine alte Hausinschrift in Hameln besagt: »Invidia comes fortunae« d. h. »Der Neid ist der Begleiter des Glücks!« Humann hat diesen Neid dank seiner uneigennützigen Aufopferung und Bescheidenheit, dank seines fröhlichen und geselligen Wesens weniger zu spüren bekommen als Schliemann, der unter dem Neid von Besserwissern oft gelitten hat.

Beide Männer sind sich wohl selten begegnet. Aus den Erinnerungen von Humanns Tochter Maria erfahren wir:

»Als ich vierzehn Jahre alt war, fuhren die Eltern mit Hans und mir von Smyrna aus nach Deutschland über Athen, wo uns das Ehepaar Schliemann in sein pompöses Haus einlud. Ich weiß noch, wie wir uns nach Tisch auf die Terrasse begaben und der Hausherr dort zu seiner Frau, einer Griechin, sagte: ‚So, nun rezitiere Du uns bitte aus dem Homer.' Frau Schliemann stellte sich unbefangen hin und trug frisch und frei in altgriechischer Sprache etwa 100 Strophen aus der Ilias vor.«

Dieses Zusammentreffen fand erst im letzten Lebensjahr von Schliemann statt, und aus dem gleichen Jahr 1889 ist uns auch ein Briefwechsel und der Bericht über die erneute Zusammenkunft der beiden Ausgräber erhalten.

Schliemann suchte Anerkennung, Humann stand ihm helfend zur Seite.

1889 Besuch mit der Familie bei Schliemann in Athen

Es ging im Jahre 1889 um den Angriff des Hauptmanns Bötticher auf Schliemanns These, daß in dem von ihm ausgegrabenen Hügel Hissarlik die Stadt Homers, Troja, gelegen habe. Erkennbar waren noch die Spuren eines gewaltigen Brandes, der die berühmte Feste zerstörte. Schliemann glaubte, daß hier Sage und Wirklichkeit übereinstimmten. Sein Gegner aber deutete diesen Brand als eine Leichenverbrennung und verfocht öffentlich seine Behauptung, es habe sich um eine riesige Feuerbestattungsstelle gehandelt. Sechs Jahre lang erschienen seine hämischen Angriffe in den verschiedensten Zeitungen und ließen viele an Schliemanns Erkenntnissen zweifeln. Freunde und Fachgenossen versuchten

Bötticher zum Schweigen zu bringen und Schliemann zu beruhigen, es gelang ihnen nicht. Schliemann plante nun eine erneute grabungstechnische Untersuchung in Troja, zu der er Bötticher einladen wollte. Das kostete ihn viel Geld, einmal die erneute Erlaubnis der türkischen Regierung zu erlangen, Mitarbeiter zu gewinnen und Unterkünfte zu bauen. Dazu hatte ihn ein Unglück getroffen, sein bewährter griechischer Vorarbeiter und Kassenführer war im Skamander ertrunken. In dieser Lage wandte er sich an Humann, der ihm zustimmend antwortete:

»Ihre freundliche Zuschrift vom 25. September hat mich sehr erfreut, indem ich daraus zunächst Ihre glückliche Heimkehr (aus ‚Europa') ersah und dann, daß Ihre Arbeitskraft und Ihr Unternehmungsgeist so frisch wie je sind. Mögen beide noch lange vorhalten zum Heile der Wissenschaft, die Ihnen so unendlich Großes verdankt. Mit 67 Jahren ist man kein Jüngling mehr, und es ist wahrlich erstaunlich, wie die Götter Ihnen wohlwollen, die Ihnen ewige Jugend verliehen zu haben scheinen. Sie dürfen den Göttern nur nicht entgegen arbeiten, indem Sie sich unnützerweise über den Pyro-Nekro-Polo-Manen Bötticher ärgern. Der Herr ist in seinen Ideen offenbar verritten und versessen und wird Ihrer wie anderer Belehrung schwer zugänglich sein. Jetzt hat der Mann aber ein kolossales Verdienst dadurch, daß er die Ursache geworden, daß Sie Ihre Forschungen in Troja fortsetzen wollen. Dafür wird ihm viel vergeben werden!

Nun wollen Sie also schon bald wieder beginnen und sich erst Barakken etc. bauen, und suchen einen ehrlichen Aufseher, der Griechisch und Türkisch spricht.

Da kann ich Ihnen allein unseren ersten Aufseher, der uns die ganze Zeit in Pergamon gedient und mich auch nach Angora und zweimal nach Syrien begleitet hat, empfehlen. Derselbe, Jani Laludis mit Namen, ist immer ehrlich befunden worden, hat viel Autorität bei Arbeitern, weiß dieselben gut zu disponieren, hat ein gutes Auge für den Wert der einzelnen und die demnach ihnen zukommende Bezahlung, führt die Listen, macht verständliche Zeichnungen, greift überall selbst mit an, macht Gipsabgüsse, versteht zu zimmern und ist von Hause aus Steinmetz aus Tinos. Mir war er auch dadurch wertvoll, daß er mit den größten Marmorblöcken umzugehen verstand, ohne etwas daran zu beschädigen, eventuell sie richtig zu spalten und zu verkleinern.

Ich hatte die Absicht, ihn Anfang Januar wieder mit nach Syrien zu nehmen, doch habe ich mir mehrere jüngere Aufseher herangezogen und kann ihn entbehren.«

Es kam im Dezember 1889 zu der geplanten Ausgrabung, bei der Dörpfeld als Architekt die Mitverantwortung trug. Bötticher schien in kleinen Dingen nachzugeben, aber schließlich gab er die erwartete Entschuldigung und Ehrenerklärung nicht ab und verließ Troja so voreingenommen wie bisher.

Daher rief Schliemann im März 1890 eine Internationale Konferenz in Troja zusammen. Zu ihr gehörten:

Internationale Konferenz in Troja

C. Babin, Ingenieur, Delegierter der Académie des Inscriptions et Belles Lettres in Paris, langjähriger Mitarbeiter von Dieulafoy in Susa.

Frank Calvert, Consularagent der Vereinigten Staaten von Amerika.

Dr. F. v. Duhn, Professor der klassischen Archäologie an der Universität Heidelberg.

Dr. W. Grempler, Geheimer Sanitätsrat, Vorsitzender des Vereins für Schlesische Altertümer in Breslau.

O. Hamdi, Generaldirektor des Kaiserlichen Museums in Konstantinopel.

Dr. Carl Humann, Direktor an den Königlichen Museen in Berlin.

Professor Rud. Virchow, Mitglied der Königlichen Akademie der Wissenschaften in Berlin, korrespondierendes Mitglied des Institut de France in Paris.

Dr. Charles Waldstein, Direktor des amerikanischen Archäologischen Instituts in Athen, Delegierter der Smithsonian Institution in Washington.

Nachdem diese Herren den Ausgrabungen mehrere Tage beigewohnt, die Ruinen sorgfältig untersucht und sich mit Böttichers Schriften bekannt gemacht hatten, stellten sie, abgeschlossen und unterschrieben »Hissarlik, den 30. März 1890«, ein Protokoll ihrer Tätigkeit auf. Darin hieß es u. a., daß in der untersten Schicht keine Anzeichen von Leichenverbrennung erkannt wurden, daß die in den Ruinen der zweiten Schicht gefundenen Paläste denen von Tiryns und Mykene gleichen, daß die zahlreichen Pithoi der dritten und folgenden Schichten größere Mengen von verkohltem Getreide usw. enthielten, »aber niemals menschliche Gebeine. In keinem Teil der Ruinen wurden irgendwelche Anzeichen von Leichenverbrennung gefunden.«

Damit war von maßgebenden Vertretern der klassischen Archäologie, der Vorgeschichte, sowie Museumsleitern und Akademiemitgliedern hohen Ranges die Feuernekropolen-Theorie Böttichers wissenschaftlich erledigt.

Es sollte kein Jahr vergehen, bis die Nachricht von Schliemanns unerwartetem, einsamem Tod die Menschen erschütterte. Humann schrieb an Kern: »Jetzt wird leider manche Arbeit ungetan bleiben.«

Das Glück und der Neid haben Schliemann auf seinem Lebensweg begleitet, aber auch der Ruhm, und er ist ihm treu geblieben. Von Troja sprach man überall, als erst wenige die Funde von Pergamon zu schätzen wußten. Der märchenhafte Aufstieg des armen Lehrlings zum Millionär, der Glanz der Homerischen Gesänge, der über Troja ruhte, der funkelnde Goldschatz, der aus der Mauerhöhlung quoll, nahmen ein Publikum gefangen, das nur allzugern eine romantische Verklärung sucht. Doch als das Pergamon-Museum seine Pforten öffnete und die herrlichen Skulpturen den Besuchern entgegenleuchteten, war Pergamon — wie Curtius sagte — »in aller Munde«.

12. Bemühungen um die Grabungserlaubnis in Didyma und Milet 1891

Das Vertrauen der Archäologen in Humanns diplomatisches Geschick und seine umsichtigen Vorbereitungen war so groß, daß man ihn stets ins Vertrauen zog, wenn es galt, Ausgrabungsideen und -pläne zu verwirklichen. So hatte sich schon 1878 Conze an ihn gewandt, zu einer Zeit, als sich beide Männer noch gar nicht persönlich kannten, als er hörte, daß Humann auf einer seiner Reisen Milet besuchen würde:

»Über die Reliefs von Milet wäre es natürlich gut, Kunde zu erhalten, Skizzen und womöglich Maße besonders erwünscht. Ich rechne immer auf Ihre Hilfe.«

Am 10. Februar 1890 schrieb Humann an Kekulé:

»Schon jetzt freue ich mich darauf, daß sich im Spätherbst auch endlich Gelegenheit bieten wird, Priene, Milet, Pyrrha, Myus und Herakleia zu besichtigen. Denn diese wichtigen Orte sind bisher bis auf eine französische Ausgrabung in Milet sehr vernachlässigt worden.«

Einen weiteren Anstoß zu den Plänen, die Ausgrabungen dort wieder aufzunehmen, brachte ein Gespräch mit Duhn, als er im Frühling 1890 mit ihm zusammen zu der von Schliemann einberufenen Konferenz fuhr. Duhn berichtet darüber:

»Als ich im Frühling 1890 ihn in Smyrna zur gemeinsamen Fahrt nach Troja abholte und wir längs der erinnerungsreichen Küste Ioniens dahinglitten, brachte ich einen meiner langjährigen Lieblingswünsche bei ihm zur Sprache, daß nämlich einmal in Milet — der Metropole Ioniens, der größten Hafen- und Kunststadt des asiatischen Griechenlands, das damalige Smyrna, Mutterstadt zahlreicher, zum Teil noch heute blühender Kolonien am Schwarzen Meer so gut wie in Ägypten — gegraben werde.

Humann griff die Sache mit wärmstem Interesse auf; noch mehrfach sprachen wir in den folgenden Wochen eingehend den Plan durch.«

Im Sommer 1890 teilte Humann seine Gedanken über lohnende Ausgrabungsziele dem archäologischen Freundeskreis mit und erntete großen Beifall. Begeistert antwortete ihm Puchstein, als Humann an Didyma erinnert hatte:

»Das Didymaion ist wirklich der einzige große ionische Bau, bei dem es eine unendlich dankbare Aufgabe wäre, sich mit ganzer Wucht einzusetzen. So würde die ganze Archäologie bei der Nachricht, daß das Didymaion ausgegraben würde, laut aufjubeln. Das Didymaion war ein

Riesentempel in einem Peribolus, der voller Weihegeschenke und anderer Heiligtümer stand. Man kann sich das Ganze wie die Altis von Olympia denken. Sicher darf man darauf rechnen, auch beim Didymaion Bruchstücke des alten Tempels vor den Perserkriegen zu finden und damit unschätzbare Belege für die Geschichte des ionischen Stils, all das zusammen mit dem genauen Tempelgrundriß — genug zu einer unsterblichen Publikation!«

Beobachtungen in Milet

Es verging ein Jahr, bis Humann noch einmal in Milet die Möglichkeit einer Ausgrabung sich an Ort und Stelle vergegenwärtigte und an Kern schrieb:

Farbtafel 4

»Seit gestern abend sind wir glücklich hier im Paradies der Mücken angekommen und haben heute die Stadt inspiziert und schon halb vermessen. Es stehen nur noch ein kolossales, römisches Theater und kleine spätere Mauertrümmer; aber die Konturen der Stadt waren zu 7/8 Meeresufer, und diese kann man herausschälen, da wo die spiegelartige Ebene sich an die geringste Terrain-Ondulation stößt. Das scheint bisher niemand beachtet zu haben, und so hat keiner weder Schwanz noch Ohr von Milet finden können. Durch die Fixierung des alten Ufers aber denke ich, den alten Stadtplan, wenn nicht auf einzelne Meter, so doch im ganzen herstellen zu können.«

Wenige Wochen darauf reiste Humann nach Berlin und trug dort selbst die Pläne für eine Grabung an der kleinasiatischen Küste vor. Kekulé vor allem war an Didyma interessierter, dachte schon an eine Rekonstruktion des berühmten Tempels und hoffte, daß man dort sowohl herrliche Architekturteile als auch einen großen Skulpturenfries finden könnte. Bei dem großen Kostenaufwand, der unumgänglich sein würde, schwebte ihm eine finanzielle Hilfe durch Krupp vor.

Milet — Vorrang vor Didyma

Humann war indessen von vornherein davon überzeugt, daß die Ausgrabung von Milet die lohnendere sein müßte, und äußerte sich Kern gegenüber:

»Meine Privatansicht ist, daß Didyma nicht so wichtig ist wie Milet.«

Unterstützt wurde Humanns Ansicht durch Ulrich von Wilamowitz-Moellendorff; nach seiner Ansicht ging die alte ionische Kultur von Milet, nicht von Didyma aus.

Doch Humann ging zunächst auf die Wünsche von Kekulé ein und nahm bereitwillig alle schwierigen und heiklen Wege in Kauf, die wegen der Erlaubnis der türkischen Regierung und der Finanzierung notwendig waren. Er bekam ganz formell den Auftrag, bei Krupp einen Besuch zu machen, und ihn zu bewegen, Geldmittel für eine Ausgrabung in Didyma zu stiften. Zwischen den beiden Männern wurden so interessante Gespräche geführt, daß sich bis zu Humanns Tode ein Briefwechsel zwischen ihnen entspann. Allerdings kam es zu keiner größeren Geldspende von seiten des Großindustriellen, wohl vor allem daher, daß sich die erhoffte Grabung in Didyma nicht verwirklichen ließ.

Abb. 108 Windmühle über dem Tempel des Apollon in Didyma. Zustand 1891

Kurz bevor Humann den Deutschen Botschafter in Konstantinopel, Fürst Radolin, gebeten hatte, sich für die Grabungserlaubnis in Didyma bei der Türkischen Regierung zu verwenden, wurde sie den Franzosen bewilligt, die ihre früheren Unternehmungen an dem Tempel wieder aufnehmen wollten. Humann war es außerordentlich unangenehm, daß der Botschafter den Antrag in Unkenntnis der Verhandlungen mit den Franzosen umsonst gestellt hatte. Noch dazu mußte er vor allem Kekulé in Berlin trösten. Er tat es in einem ausführlichen, wohlüberlegten Brief, in dem er ihm alle Vorteile von Milet vor Augen stellte.

»Man sagt, Milet habe keine bedeutenden öffentlichen Heiligtümer besessen. Ich glaube, man kennt sie nur nicht.«

Es lag Humann außerdem sehr viel daran, den Deutschen Botschafter, der bei der Bitte um die Grabungserlaubnis selbst noch keine sichere Vorstellung von Didyma und den anderen Ausgrabungsplätzen hatte, an die antiken Stätten zu führen, »damit es ihn gleichsam zünftig machte und zum Mitkämpfer.« So lud er ihn auf das liebenswürdigste mit seiner Familie und mit seinen Herren der Botschaft ein, um von Smyrna aus acht bis zehn Tage Kleinasien kennenzulernen. In Kapitel V haben wir den großen Besuch, die Bewirtung in Humanns gastlichem Haus und die abwechslungsreichen Ausflüge beschrieben.

Auch Kekulé wird auf das herzlichste zum Wiederkommen eingeladen. Humann schließt seinen Brief mit den Worten: »Wie aber freue ich mich auf Ihre Ankunft!«

Didyma blieb nicht für immer eine Enttäuschung. Der französische Eifer ließ bald nach. Die Freilegung des Tempels erforderte ungeheure Mittel und große Anstrengungen, nicht nur durch seine Ausdehnung, sondern auch dadurch, daß der Mittelraum nicht ausgegraben werden konnte, weil darüber auf einem Schutthügel eine Mühle mit Nebengebäuden stand, die der Besitzer nicht verkaufen wollte. Es gelang den französischen Ausgräbern nicht, dieses Hindernis zu beseitigen, und so zogen sie sich 1896 von dem Unternehmen zurück. 1905, also fast 10 Jahre später, gelang es der Energie und Zähigkeit von Theodor Wiegand, die Mühle und das umliegende Terrain zu erwerben. Wie in Delphi mußte aber das ganze Dorf abgebrochen und seine Einwohner umgesiedelt und entschädigt werden. Die Ausgrabungen wurden bis zum Ausbruch des zweiten Weltkrieges fortgesetzt; sie sind seit einigen Jahren vom Deutschen Archäologischen Institut wieder aufgenommen worden.

Ausgrabungen in Didyma durch Wiegand. Beginn 1905

Didyma ist niemals eine Stadt gewesen. Die Stätte des Apollontempels mit seinem berühmten Orakel und mit dem ihm benachbarten Tempel seiner Zwillingsschwester Artemis gaben dem Platz den Namen »Didymoi«, d. h. »Zwillinge«. Die Kultstätten unterstanden dem Gebiet von Milet. Insofern war Humanns Ansicht die richtige gewesen, daß das Stadtgebiet von Milet das historisch interessantere sein mußte. Trotzdem wird der Reisende den Tempel von Didyma nicht missen mögen. Er war des Schweißes der Edlen wert; die wiedergefundenen und teilweise aufgebauten Säulen und Mauern machen ihn zu dem eindrucksvollsten Tempel an der kleinasiatischen Westküste.

Aber auch Humanns Einsatz für Milet hat reiche Früchte getragen. Begonnen im Jahre 1899 unter Wiegands Leitung, ruhten die deutschen Ausgrabungen nur während der beiden Weltkriege und werden seit 1955 weiter fortgesetzt.

Ausgrabungen in Milet seit 1899

13. Ausgrabungen in Magnesia am Mäander 1890–1893

Humann hatte die antiken Städte Magnesia am Mäander, Priene und Milet schon häufig bei Reisen besucht, und es war in ihm der Wunsch erwacht, hier genauere Nachforschungen anstellen zu können. Am ehesten konnte er diesen Gedanken in Magnesia verwirklichen.

Magnesia am Mäander war im Altertum besonders durch seinen großen Artemistempel berühmt, den der Architekt Hermogenes erbaut hatte. Von seinem Fries, der einen Amazonenkampf darstellte, befanden sich seit 1843 durch die Vermittlung von Texier große Teile in Paris im Louvre. Die Ausgrabungen gestalteten sich sehr schwierig, da das Tempelgelände und die Agora in einem Sumpf versunken waren, der zunächst entwässert werden mußte.

Unter Humanns Mitwirkung begannen seit 1890 Friedrich Hiller v. Gaertringen, der Altphilologe Otto Kern und der Architekt Rudolf Heyne hier zu arbeiten. Die Ausgrabungen dauerten bis Ende Juli 1893. In der Zeit der größten Sommerhitze mußten sie wegen der Fiebergefahr und von Weihnachten bis März wegen der heftigen Regenfälle unterbrochen werden. Der Aufbau des Tempels ging klar aus den Resten der Bauteile hervor, dazu wurden noch weitere Teile des Amazonenfrieses gefunden.

Aufdeckung der Agora

Über die Aufdeckung der Agora und die reichen Funde, besonders der Inschriften, schrieb Humann in seinem Grabungsbericht:

»Der Aufdeckung der Agora gingen viele Schwierigkeiten voraus. Nicht nur, daß auf dem versumpften Gelände selbst Tastungen schwierig waren, sondern es lag 2 bis 4 Meter hohes Erdreich und Geröll über dem einstigen Boden. Ein glücklicher Zufall ließ den Versuchsgraben durch das Athena-Heiligtum gehen und zwei Athena-Statuen, drei Priesterinnen und einen Kopf finden, alles von weißem Marmor. Dies war so ermunternd, daß nun sofort ein tiefer Entwässerungsgraben schräg durch die Agora gezogen wurde, von dem aus man nach verschiedenen Richtungen weiter vorging. Der gesamte Raum, den der Platz und die Hallen dem Volke boten, ist fast genau dem Berliner Lustgarten gleich, 26 000 Quadratmeter.

Am Südwestausgang lag ein zierliches Brunnenhaus mit vier ionischen Säulen, und die Westhalle war hier durch eine mit Pfeilern belebte Wand geschlossen, die ein Giebel krönte. Vor und in dem Ausgang wurden, zerschlagen und zerstreut, mehrere auf den Dionysos-Kult hinweisende Bildwerke gefunden.

Das große Propylon zeigt nur Pfeiler und Säulen, so daß der freie Verkehr in der Osthalle durch das Propylon nicht gehindert wurde. Die Rückwand der Säulenhallen hat eine Anzahl von Türen, welche in ebenso viele Magazine führen, die nach hinten je ein Fenster hatten.

Ionischer Tempel und Zeus-Statue

Auf dem großen Agoraplatze fanden wir zunächst den zierlichen ionischen Tempel, den Zeus Sosipolis in doppelter Lebensgröße sitzend dargestellt, den Oberleib nackt, über den Beinen ein Gewand; von dem erhöhten Podest war er auf den Cellaboden geworfen und mit Absicht zertrümmert worden, d. h. Kopf, Arme und Füße offenbar von den ersten Christen; denn noch deckte kein Alluvium den Boden. Die Ausgrabung zeigt das erste Beispiel der Agora einer reichen Handelsstadt, die nicht nur geschäftlichen und politischen, sondern auch, und vielleicht in erster Linie, religiösen Zwecken diente. An 420 Marmorsäulen stehen auf der Agora und im Säulenhof; die marmornen Wände haben 1700 Meter Länge. Die ganze Anlage läßt auf den großen Reichtum schließen, dessen Stadt und Land sich im 3. und 2. vorchristlichen Jahrhundert erfreuten.

Inschriften

Von größter Wichtigkeit ist die außerordentliche Anzahl von Inschriften, deren über 600 gefunden wurden. Die große Göttin war einigen Leuten leibhaftig erschienen; das Orakel von Delphi, darüber zu Rate gezogen, ordnete regelmäßig wiederkehrende Panegyreis (Festversammlungen), Agone (Wettkämpfe) und Opfer für die Göttin an. Darauf schickten die Magnesier Gesandtschaften an alle freien Städte griechischer Zunge und alle Monarchen, an Antiochos III. (von Syrien, 223–187 v. Chr.) und seinen Sohn, an Attalos I. (von Pergamon, 241–197), Philipp V. (von Makedonien, 221–179 v. Chr.) u. a. und luden sie zu den Festen ein. Die Antworten in Briefform finden wir auf der Wand, jede in ihrem eigenen Dialekt und der hohen oder geringeren Stellung des Schreibers angepaßt. Die historische und sprachliche Forschung wird noch reichen Gewinn aus ihnen ziehen.

Der Architrav der Pfeilerwand im Südwest-Ausgang enthält literarisch wichtige Theater-Inschriften, Verzeichnisse von Siegen und musischen Wettkämpfen, Namen von Dichtern und ihren Tragödien, Komödien und Satyrspielen. An einer Ante des Zeus-Tempels steht die genaue Vorschrift für das Opferfest des Zeus Sosipolis, in der Südhalle die Inschrift über Wiederaufstellung des Kultbildes der Artemis Leukophryene in ihrer neu erbauten Cella. Beides sind Sakral-Urkunden ersten Ranges, welche annähernd auch die Bauzeit der Tempel und der Agora sicherstellen.«

Das meiste, das damals der bewahrenden Erde entrissen wurde, ist heute wieder unter dem Schlamm und Geröll des Flusses Lethaios begraben. Doch haben wir monumentale Teile der Architektur aus Magnesia eindrucksvoll im Architektursaal des Pergamonmuseums in Berlin vor Augen.

14. Mitarbeit an der ersten österreichischen Ausgrabung in Ephesos 1895

»Ich sitze in einer Überfülle von Arbeit und weiß oft nicht, wo zuerst anfangen.« Als Humann dies im Juli 1894 an seine Verwandten in Steele schrieb, zeichnete sich schon die Österreichische Ausgrabung in Ephesos ab.

Seit seiner Anwesenheit auf kleinasiatischem Boden hatte diese antike Stätte eine besondere Anziehungskraft für ihn besessen. Oft hatte er interessierte deutsche oder ausländische Gäste nach Ephesos geführt. In unseren Tagen wäre dies ein gewöhnliches Ausflugsprogramm. Eine Asphaltstraße führt in etwa einer Stunde von Smyrna dorthin und ist seitdem von Hunderttausenden von Besuchern befahren worden. Sie wandern dort stundenlang auf wieder ausgegrabenen Straßen, die mit den alten römischen Marmorplatten belegt sind, durch eindrucksvolle Ruinen; sie stehen vor wieder errichteten Fassaden, hochaufgerichteten Säulen, bewundern die restaurierten, freskengeschmückten Wohnungen der alten Einwohner am Berghang, sitzen auf den Stufen des vollständig freigelegten, riesigen Theaters und können sich den Glanz und die Pracht der alten Weltstadt lebhaft vorstellen.

Farbtafel 6
Farbtafel 8

Zur Zeit von Humann war der Besuch von Ephesos ein Abenteuer. Noch 1939 schrieb der englische Schriftsteller Henry Vollman Morton:

»Eine Wanderung auf einer einsamen Straße brachte mich zu den eindrucksvollsten Ruinen Kleinasiens. Moskitos haben früher jedes menschliche Wesen hinweggetrieben, und Ephesos steht in seinem Tod würdig und allein. Hier liegen Trümmer von jeder Art, wie sie Piranesi zu radieren liebte, eine melancholische Mischung von zerborstener Architektur und wuchernder Vegetation, mit keinem anderen Lebenszeichen als einem Ziegenhirten, der sich an einen zerbrochenen Sarkophag lehnt, oder einem einsamen Bauern, dessen Umrisse sich vor einer trübselig untergehenden Sonne abzeichnen . . .

Verfall der Stadt

Ephesos bot einen umheimlichen, gespenstischen Anblick. Das Meer, das einst die Hafenmauern umspülte, ist von den Ruinen aus nicht mehr zu erblicken. Die Ebene, auf der sich einst der Tempel und der tiefergelegene Teil der Stadt erhoben, liegt heute noch zum Teil unter dem Schutt, der im Laufe der Jahrhunderte vom Fluß Kaystros herabgeschwemmt worden ist.«

Es gehörte schon eine gründliche Kenntnis der Geschichte, eine Begeisterung für die Antike dazu, wenn Humann seinen Gästen auf solch verlassenem Gelände das Bild der einst so bedeutenden Stadt vor Augen stellen konnte. Allerdings gab es auch seit 1869 einen großen Anziehungspunkt: das wiederaufgefundene Artemision, das weltberühmte Heiligtum der Göttin Artemis.

Farbtafel 5

Die Stadt Ephesos hatte zur Zeit ihrer höchsten Blüte eine Viertelmillion Einwohner. Dort stand der größte und reichste Tempel der antiken Welt, der der Göttin Artemis geweiht war und der zu den Sieben Weltwundern zählte. Sein Fundament war 120 Meter lang und 80 Meter breit, Marmorplatten deckten das Dach, hundert 20 Meter hohe Säulen umgaben das Innere des Gebäudes, in dem das Kultbild der Göttin aufgestellt war. Die Apostelgeschichte erzählt uns eindrücklich, wie Paulus nach Ephesos kam und den Angriff auf dieses Götterbild wagte, wie erregt auf seine Verkündigung die Menge im Theater von Ephesos reagierte. Es war der erste weltgeschichtliche Schritt, der zum Untergang des Heiligtums führte. Das Christentum beendete die Herrschaft der Göttin Artemis. Aber wie der Tempel der Göttin verfiel, so waren auch die großen Kirchenbauten des frühen Christentums schließlich zusammen mit der Stadt dem Untergang geweiht, langsam erlosch der Glanz von Ephesos. Der Hafen versandete, alle verzweifelten Versuche, ihn auszubaggern, einen Kanal zu ziehen,

Artemis-Kult

eine Stadtverlegung, konnten die Katastrophe nicht aufhalten. Dort, wo eine blühende menschliche Siedlung gestanden hatte, erstreckte sich für Jahrhunderte eine öde, moskitoversumpfte Ebene.

Nur noch am Hang ragten die höchsten Sitzreihen des antiken Theaters heraus, und entlang der Bergkette zog sich noch immer sichtbar die riesige Stadtmauer des Königs Lysimachos, die dieser nach dem Tode Alexanders des Großen hier errichtet hatte.

Und wieder beschreibt Morton die Entdeckung des Tempels sehr anschaulich:

»Vor mehr als sechzig Jahren enthüllte der schilfbewachsene Weiher sein Geheimnis dem englischen Architekten J. T. Wood, dessen Forschungen vom Britischen Museum finanziert wurden. Der Tempel war schon jahrhundertelang verschollen, und Wood veranstaltete in der ganzen Gegend sechs Jahre lang ohne den geringsten Erfolg Probegrabungen. Mancher andere hätte es verzweifelt aufgegeben, doch es war die Leidenschaft seines Lebens, und er war fest überzeugt, daß es ihm bestimmt war, die Stätte des Tempels zu finden.

Wood litt unter Malaria, unter türkischen Eingriffen, unter Kürzung der Geldunterstützung und unter hohen Besuchern. Dennoch harrte er Jahr für Jahr aus und leitete seine Nachforschungen mit Zylinderhut und fest zugeknöpftem Gehrock. Ich habe ihn in seiner unbequemen Bekleidung auf einer matten Fotografie entdeckt, die auf dem Grunde einer tiefen Grube nach seinem großen Triumph aufgenommen war. Ach, armer Wood! Hätte er doch gewußt, daß er, als das Foto aufgenommen wurde, unmittelbar über dem prächtigen Depot von Tausenden von Gegenständen aus Gold und Bernstein und Statuen der Artemis in Bronze und Elfenbein stand, die sich heute im Museum befinden. Dies sollte jedoch erst D. G. Hogarth dreißig Jahre später unter dem Altar entdecken.

Immerhin war Woods Entdeckung einer der spannendsten Romane der Archäologie. Nachdem er in Ephesos gegraben hatte und sich keineswegs dem Tempel näher fand, grub er eines Tages im Theater im gleichen Gebäude, in dem sich der in der Apostelgeschichte beschriebene Aufruhr zutrug, und hier brachte er eine römische Inschrift ans Tageslicht. Diese besagte, daß ein gewisser Römer, C. Vibius Salutarius, der etwa fünfzig Jahre nach dem Besuch des Paulus in Ephesos gelebt hat, dem Artemistempel viele silberne und goldene Bildnisse geschenkt hatte, von denen jedes sechs bis sieben Pfund wog. Er hatte auch eine Summe hinterlassen, die für die Pflege und Reinigung der Bildnisse bestimmt war, und er bestimmte zusätzlich, daß diese, wenn sie am Geburtstag der Artemis vom Tempel zum Theater getragen würden, die Stadt durch das Magnesische Tor betreten und bei ihrer Rückkehr durch das Koressische Tor verlassen sollten. Dieser weite Stadtumzug war ihm zweifellos von seiner Eitelkeit nahegelegt worden. Er wollte, daß möglichst viele Leute seine großmütige Gabe sehen sollten. Wood erfaßte sogleich die Bedeutung dieser Inschrift. Dank der Eitelkeit eines Mannes, der seit mehr als achtzehn Jahrhunderten tot war, hatte er einen fast sicheren Schlüssel erhalten. Wenn er diese beiden Straßen finden könnte, sowie die Tore, die von ihnen ausgingen, würden sie ihn zum Tempel führen.

Entdeckung des Artemistempels

Er machte sich mit verdoppelter Energie an die Arbeit und entdeckte das Magnesische und dann das Koressische Tor. Er ging den Straßen nach und wurde am letzten Tag des Jahres 1869 in einem Augenblick, da seine Geldmittel erschöpft waren, zur Stätte des Tempels geführt, der sechs Meter unter der Erdoberfläche lag. Er hatte drei Wochen lang in jeder Nacht unter Fieber gelitten, und die Aufregung war für ihn fast zuviel. Doch er nahm seine Kräfte zusammen und entdeckte Säulen und den Boden des Tempels.«

Die Ausgrabung von Wood war also zu Humanns Zeit eine neue, aufsehenerregende archäologische Entdeckung und gab den Wissenschaftlern Hoffnung, daß auf diesem geschichtsträchtigen Boden noch mehr zu finden sei. Otto Benndorf, Professor für Klassische Archäologie in Wien, schlug dem Österreichischen Kultusministerium eine weitere Erforschung und Versuchsgrabung in Ephesos vor. Dazu erbat er sich Humann als Mitarbeiter. Bereits 12 Jahre zuvor hatte er ihn als tatkräftigen Helfer bei seiner Expedition nach Lykien kennen und schätzen gelernt. Benndorf war zu dieser noch weitgehend unerforschten antiken Landschaft im südlichen Kleinasien aufgebrochen, und Humann hatte ihn in seinem Ausgangspunkt Smyrna bei allen Vorbereitungen und Besorgungen beraten. Er empfahl ihm seinen bewährten Vorarbeiter aus Pergamon, Jani Samothrakes, als Gehilfen und Begleiter, der sich auch in der Folgezeit auf das beste bewährte. Kieperts Hilfe wurde für die kartographische Vorbereitung der Wegstrecke in Anspruch genommen.

Österreichische Expedition nach Lykien 1882

Die Expeditionsgruppe unter Benndorfs Leitung schiffte sich im Mai 1882 ein, hatte aber schon bei der Ausschiffung an der felsigen und zerrissenen Küste in Lykien die größten Schwierigkeiten. Jani wurde nochmals zu Humann zurückgeschickt, um ihn zu bitten, eine Nachlieferung von Werkzeugen und Brettern zu veranlassen, die bei dem sorglosen Seetransport beschädigt waren. Ein Mitarbeiter, Felix von Luschan, schrieb überdies an Humann: »Wir sind hier auf Terrain-Schwierigkeiten gestoßen, auf die wir nicht annähernd gefaßt waren.«

Ziel dieser österreichischen Expedition war das Dorf Gölbaşı, in dessen Nähe die umfangreichen Ruinen von Trysa auf einem abgelegenen Bergrücken erforscht werden sollten. Die Reliefs und der Skulpturenschmuck des dortigen Heroons befinden sich heute im Kunsthistorischen Museum in Wien.

Am 11. Juli 1882 wurde Humann durch den Kaiser Franz Joseph der Orden der Eisernen Krone III. Klasse verliehen »für seine Verdienste um das Zustandekommen der im vorigen Jahre stattgehabten österreichischen Expedition nach Kleinasien.«

Abb. 109 Beginn der von Humann in Ephesos eingeleiteten Ausgrabungen 1894

Daher waren Benndorf die Sprachkenntnisse, Erfahrungen und das organisatorische Geschick Humanns wohlbekannt, und Humann nahm den Vorschlag, in Ephesos mitzuarbeiten, gerne an.

Seine Frau allerdings schrieb etwas besorgt am 17. August 1894 an die Freunde in Deutschland:

Vorbereitungen für eine Grabung in Ephesos

»So schön, wie es sich auf dem Papier liest, sind die Ausgrabungen nun freilich nicht, sondern sehr mühsam, sehr ermüdend und erfordern immer den ganzen Menschen. Von 6 Uhr morgens bis 12 1/2 Uhr mittags, und dann wieder von 2 1/2 oder 3 Uhr bis zum Sonnenuntergang auf dem Arbeitsfeld sein, abends nach dem Essen die nötigen Notizen machen, die Dispositionen für den anderen Tag treffen, und so vier Monate hindurch, jeden und jeden Tag, bevor eine längere Arbeitspause eintritt, das ist nicht immer schön. Auch ist das Klima dermaßen, daß neu angekommene Europäer (Archäologen und Architekten) gewöhnlich krank werden und mit Fieber nach Deutschland zurückreisen.«

Doch Humann nahm mit freudigem Eifer die neue Aufgabe in Angriff und berichtete am 5. Mai 1895 in einem Brief an Otto Kern: »In Ephesos war ich 14 Tage, habe eine genaue Aufnahme der Tempel-Ausgrabung mit ihren Schutthalden gemacht und an 200 Punkte hinein nivelliert, eine Arbeit, die auf keinen Fall verloren ist. Dann habe ich eine Detailkarte des Gebietes vom Hafen bis zum Theater gemacht, und da geht einem plötzlich ein Licht auf über die riesenhafte Anlage dieses Ephesos, gegen das Magnesia ein Dorf ist. Jetzt will ich für Benndorf die Karten zeichnen und den Bericht machen; denn er wartet mit Schmerzen darauf.«

In seine Kartenskizze zeichnet Humann 8 wichtige Punkte ein:

1. Handelsagora
2. Zwei Markthallen
3. Großer Zentralbau (soweit sichtbar: römisch)
4. Fest-Agora, 240 zu 210 Meter
5. Dekoratives Bassin
6. Sechs Reihen von weißen Marmorarchitekturstücken, griechisch
7. Gebäude, soweit sichtbar: römisch
8. Theater.

Also war Humann bereits nach Ephesos gereist und hatte die wichtigsten Voraussetzungen für eine Grabung geschaffen. Am 16. Mai 1895 war es dann glücklich soweit, und Humann schrieb wiederum an Kern:

»Benndorf hat von einem ungenannt bleiben wollenden Privatmann 20 000 Francs erhalten, um die Versuchsgrabung in Ephesos durchzuführen; er ist am 12. d. M. in Konstantinopel eingetroffen, hat vorgestern, wie er telegrafiert, den Ferman erlangt und trifft morgen hier ein. Am 20. beginnen wir zunächst am Tempel das nördliche Sturzfeld der Säulen aufzudecken, wie es uns Magnesia gelehrt hat, und finden dort vielleicht den

Fries; ferner suchen wir im Westen den Altar, dessen Skulpturen von der Hand des Praxiteles die damaligen Communarden hoffentlich nicht gänzlich zertrümmert haben. Aber 6 Mtr. Alluvium und noch 6 Mtr. Schutt von Master Wood darauf!

Von der Agora erwarte ich eigentlich noch mehr als vom Tempel; doch das gilt für Ketzerei, ebenso wie meine Ansicht über Didyma. Ich war dieser Tage in Ephesos und habe beim Tempel das nötige Terrain (6000 qm) gekauft. Hoffentlich kann ich Ihnen bald Gutes aus Ephesos melden.«

Beginn der Grabung am Tempel

Gleich nach Benndorfs Eintreffen in Ephesos begann man zu graben. Die gewissenhafte Erforschung des Terrains am Nordrand des Tempels erbrachte jedoch keine befriedigenden Ergebnisse, allein ein sehr schöner, überlebensgroßer Apollonkopf kam zutage.

Arbeiten an der Agora

Dann aber ging man über zur Agora, »deren Existenz«, wie Humann an Radowitz schrieb, er »schon aus der Form der Ruinen nachgewiesen hatte, und zwar in fabelhafter Großartigkeit.«

Ausführlich schrieb er darüber an Kern und Hiller v. Gaertringen am 21. Oktober 1895:

Abb. 109

»Nun endlich zur Agora! Ein Graben schräg durch die SW-Ecke und ein Graben quer durch die Mitte der Süd-Seite: in 1—2 Meter Tiefe fand sich der Fußboden byzantinischer Wohnungen, oft sehr zierlich in mosaikartigem Marmor; im Mittelgraben deckten wir ein aus 6 mächtigen Friesblöcken des Claudius-Tempels zusammengesetztes Bassin auf; die Blöcke enthielten Stierköpfe und Girlanden imposanter Arbeit. In dem schrägen Eckgraben fanden wir noch in 2—3 Meter erhaltene hellenistische Pfeiler mit feinen Sockeln; zwischen den Pfeilern waren Durchgänge; aber lange bevor wir den alten Fußboden erreichten, stießen wir auf Grundwasser.

Benndorf war verzweifelt. Ich nivellierte sofort und fand, daß das Grundwasser mit dem Wasser im Hafen in gleichem Niveau stand, also nicht abgeleitet werden konnte. Ausschöpfen erwies sich als unnütz; denn der Zufluß durch den offenbar sehr lockeren, unteren Schutt war zu stark. Somit wurde denn im Wasser gearbeitet und meist mit den Händen der Schutt heraufgeholt, Marmorstücke jeder Art und Holzkohle.

Da plötzlich kommt ein prachtvoller Athena-Kopf, intakt, über Lebensgröße, 3. Jahrhundert, hervor, dann ein römischer Frauenkopf (beide am 20. Juni) und von wenigstens 12 Statuen Arme, Beine, Gewandung, halbe Köpfe etc. Das alles in einem 4 Meter breiten Graben in 5—6 Meter Länge, in der Nähe der Pfeiler-Stellung. Der Graben durch die Mitte der Westseite ergab natürlich ebenfalls bald Wasser, aus dem aber hellenistische Mauern mit Durchgang, römische Säulen, rechtwinklig zu der ersten Pfeilerstellung, hervorragten, hier und da verkalkt durch herabgestürzte, brennende Balken.

Zwischen den Säulen stand ein Bankett und davor lag alles von Skulptur-Trümmern in Marmor und einige in Bronze. Über 2000 Frag-

Reiche archäologische Funde

mente wurden hervorgezogen. Dabei ein intakter Hermes-Kopf, lebensgroß, von dem nur der eine Kopf-Flügel fehlte, ein Meisterwerk aus dem 4. Jahrhundert, aus dessen Technik Benndorf schloß, er sei nach einer Bronze gearbeitet. Dann ein ebenso schöner, intakter Satyr, noch ein Stück Querpfeife an der Unterlippe; dazu fanden sich die Hände und Unterarme, die die Flöte halten, die Riesenhand mit Unterarm eines Imperators, die einst wohl hoch erhoben war und noch in 1 Meter Länge das Szepter hielt, das oben ein Widderkopf abschloß.«

Humann gab sich nicht mit den archäologischen Fundstücken zufrieden, sondern dachte an zukünftige Grabungsarbeiten und an ihre technischen Möglichkeiten; denn seinem Erachten nach mußte das hellenistische und römische Stadtzentrum unter dem Schutt späterer byzantinischer und türkischer Wohnschichten liegen, die wiederum nach kriegerischen Zerstörungen im Lauf der Jahrhunderte mit einer bis zwei Meter hohen Erdschicht bedeckt waren.

Technische Probleme

»Nun kam die technische Frage: Wie das ausgraben? Ich nivellierte vom Meere ab und fand, daß der Kaystros auf den letzten 5 Kilometern seines Laufes breit und tief stagniert und mit dem Meere in gleichem Niveau steht; er bringt uns also das Meeresniveau 5 Kilometer weit entgegen. Hier mündet in ihm der Ausfluß des Hafens, 1300 Meter lang, durch Rohr und Schlamm verstopft. Der Spiegel des Hafens liegt heute 1,69 m über dem Meere. Ein Graben, durch das lose Alluvium gezogen, dessen Sohle im Flußwasser liegt, erst 1/2, dann 1, dann 1 1/2–2 Meter tief, 1300 Meter lang, läßt das Hafenwasser sofort auf das Meeresniveau sinken, und damit verschwindet zugleich das Grundwasser unter den Trümmern. Das kostet kaum 3000 Francs. Dann legt man vom Hafenkai eine Feld-Eisenbahn in die Stadt hinein und fährt allen Schutt in den Hafen.«

In Wien konnte man, sehr befriedigt von dieser ersten Untersuchung, weitere Ausgrabungen planen. Otto Benndorf legte den Bericht der Arbeiten aus dem Jahre 1895 erst nach Humanns Tod, im Jahre 1897, der Akademie der Wissenschaften in Wien vor und schreibt darin:

»Die gewünschte Voruntersuchung kam im Frühjahr 1895 durch die Hilfe zweier Männer zustande, denen ich heute meinen Dank nur auf das Grab legen kann.

Herr Carl Ferdinand Mautner von Markhof ermöglichte sie mir durch eine namhafte freie Widmung, die er im folgenden Jahre verdoppelt wiederholte, und für die Ausführung lieh mir Geheimrat Dr. Carl Humann in Smyrna seine treue Hand. Nach den berühmten Grabungserfolgen in Pergamon für jedes archäologische Vorhaben im Orient wie ein wissenschaftlicher Generalkonsul tätig und österreichischen Forschungen insbesondere von jeher in freundschaftlicher Verbindung zugetan, lieferte Humann ein durch Planaufnahmen unterstütztes technisches Gutachten, welches die Grundlage für unser seitheriges Beginnen in Ephesos bot,

Planaufnahme und technisches Gutachten

und widmete ihm zwei Monate eigener Arbeit, die letzten in voller Tatkraft, die er aus seinem in Selbstvergessenheit hohen Aufgaben geweihten Leben noch zu vergeben hatte.«

10 Jahre später, in seinem ersten wissenschaftlichen Forschungsbericht, fügt er hinzu:

»Der Untersuchung in hohem Grade hinderlich war das drei Fuß tiefe Grundwasser, das gleiche Höhe mit dem Spiegel des Hafenbeckens zeigte und sich, aller Anstrengungen unerachtet, nicht beseitigen ließ. Aber die Energie Humanns leistete mit der Truppe geschulter Arbeiter, die er mir zugeführt hatte, Erstaunliches, und trotz tropischer Glut ließ er es zum Schluß sich nicht nehmen, auch die Frage der Ableitung des Grundwassers in der versenkten Talebene für uns selber zu studieren. Stand ihm doch nach dem überraschenden Erträgnis seiner aufs Geratewohl gezogenen Gräben fest, daß man an der vornehmsten Stelle der Stadt auf einer Fundstätte stehe, in der reguläre Ausgrabungen mit Aussicht auf eine reiche Ernte einzusetzen hätten.

Auf einem in Ajasoluk akquirierten Grundstück wurde für uns und unsere Gäste ein Unterstandshaus gebaut, um dessen Einrichtung Frau Louise, verwitwete Humann, sich gütig bemühte, mit wundervoller Rundsicht höher gelegen. In dessen Wohnraum erhielten uns die Porträtbilder unserer kleinasiatischen Förderer, Freunde und früheren Arbeitsgenossen in steter Verbindung mit der Heimat.«

Fortführung der Ausgrabungen

Somit wurde unter der Mitwirkung Carl Humanns der Grund gelegt zu den großartigen, langjährigen Ausgrabungen der österreichischen Wissenschaftler, unter denen nur Rudolf Heberdey, Josef Keil, Franz Miltner und Fritz Eichler genannt seien. Seit 1970 führte Hermann Vetters die Arbeiten von Erfolg zu Erfolg. Dabei ließ er es sich nicht nehmen, auch interessierte Besucher in den Ausgrabungen zu führen. So mag er, wie einst Carl Humann, in manchem Laien die Begeisterung für Ephesos und für die Antike erweckt haben.

15. Vorbereitungen, Hausbau und erste Grabungskampagne in Priene 1895/96

Farbtafel 7

Nachdem die Untersuchungen in Magnesia abgeschlossen waren und Humann sich an der ersten Voruntersuchung in Ephesos beteiligt hatte, wandte sich die Aufmerksamkeit der deutschen Archäologen zunächst Priene zu. Milet wurde erst später, im Jahre 1899, von Theodor Wiegand in Angriff genommen. Freundschaftliche Zustimmung erhielt Humann zu dem neuen Plan von Hiller, der ihm schrieb:

»In Milet ist natürlich auch viel zu tun, aber nicht so einfach und erfreulich für die Ausgräber dank Sümpfen, Störchen und Moskitos. Didyma

Abb. 110 Das schöne von Humann erbaute Ausgrabungshaus in Priene

ist schade, aber nicht zu ändern. Die Franzosen mögen zeigen, ob sie imstande sind, eine große Sache bis zu Ende zu führen. Es hätte heillos viel Geld gekostet, und für das Geld, was allein die Expropriation verschlingen würde, finden Sie in Priene die schönsten Sachen. So muß ich denn gestehen, daß mir Priene von allem, was Sie unter Ihren Händen haben, das geeignetste und aussichtsreichste Forschungsgebiet erscheint, namentlich in Anbetracht der Kräfte und Mittel; darin stimmt mir auch Kern zu. Und ich schließe mit einem herzlichen Glückwunsch zu Ihrem Entschluß!«

Wichtig aber vor allem war für Humann, daß Kekulé die Enttäuschung von Didyma verwunden hatte und als Nachfolger von Conze im Amt Priene seine volle Unterstützung zusicherte. Er versprach seine Mitarbeit für die ersten drei Wochen. Man dachte an eine Ausgrabung von zwei bis drei Jahren.

Mit großer Begeisterung ging daher Humann 1895 an die Planung und Vorbereitung der Ausgrabung. Im Gegensatz zu den sumpfigen Tälern von Magnesia und Ephesos lag Priene, die einstige bedeutende ionische Handelsstadt, auf der Höhe und in trockener, gesunder Luft. Die verstreuten Ruinen versprachen reiche Ergebnisse.

Abb. 110 Kekulé ermunterte Humann, ein schönes, geräumiges Grabungshaus zu bauen. So fuhr Humann im Sommer wochenlang hin und her, und

dem Hausbau kamen »noch einmal alle Erfahrungen, die er mit der Ausrüstung und Einrichtung von Ausgrabungsarbeiten gesammelt hatte, zugute«, wie Conze schrieb. Niemand ahnte, daß es sein letztes Lebenswerk war, daß er die tödliche Krankheit in sich trug.

Grabungshaus in Priene

Am 16. September 1895 begann die Ausgrabung, zu der wie versprochen Kekulé aus Berlin eintraf.

»Es ist eine Lust, mit ihm zusammen zu arbeiten,« schrieb Humann an Kern, »und wir hegen die besten Hoffnungen, viel Schönes zu finden, bis wir die ganze, verhältnismäßig kleine Stadt freigelegt haben, aber die feinste des Ionischen Bundes.«

Und am 6. Januar 1896 berichtete er Radowitz:

»Die Kampagne dauerte bis zum 15. Dezember und war eine außerordentlich glückliche. Wir fingen am westlichen Stadttor systematisch an und deckten eine Reihe Wohnungen aus dem 4. und 5. Jahrhundert v. Chr. auf, ein altes Pompeji, und fanden in den Wohnungen die herrlichsten Kleinfunde an Terrakotten und kleinen, halblebensgroßen Marmorstatuen, alle aus der besten Epoche. Im Frühjahr kommen wir erst zum Tempel und zur Agora, die uns zu den reichsten Hoffnungen berechtigen.«

Abb. 111
Eintreffen von Wiegand

So zuversichtlich und optimistisch dieser Brief klingt, so drohend erhob sich dahinter der Schatten von Humanns ernster Erkrankung. Schon hatte er selbst gefühlt, daß seine Kräfte schwanden, und um die Entsendung eines Assistenten gebeten. Der dreißigjährige Stipendiat Theodor Wiegand traf daher von Athen aus Anfang September in Smyrna ein und wurde sogleich von Frau Humann gastlich in ihrem Haus aufgenommen. Am nächsten Tag brach er nach Priene auf, tief beeindruckt von der malerischen Meeresbucht, dem bunten Treiben in der Stadt Smyrna und von der Gebirgslandschaft in ihrer Umgebung. An seine Mutter schrieb er:

»Humann empfing mich herzlich, seine Tochter Marie und eine Freundin waren da und sind arg nett und frisch. Das Ausgrabungshaus, das nicht in der Ebene, sondern am Berghang, der antiken Trümmerstätte von Priene benachbart, liegt und von Humann schon im Sommer erbaut worden ist, hat zwei Stockwerke und ist rings von einer Veranda umgeben. Vor uns breitet sich die vom Geschiebe des Mäander gebildete, fast unübersehbare Flußebene, jenseits die karischen Berge, vor allem der Latmos, nach dem die ganze Gegend der Latmische Golf genannt wird, dessen Hauptstadt das zwei Stunden entfernte Milet war. Diese Stadt, wie auch Priene, lagen einst dicht am Meer, dem sie ihre Bedeutung verdankten, sind aber jetzt infolge der ungeheuren, fortwährenden Tätigkeit des Mäander in Binnenstädte verwandelt, so daß man von Priene nach dem Meer zwei Stunden braucht. . .

Lage von Priene

Über der Terrasse der Stadt Priene erhebt sich jäh ein rostbrauner, ins Bläuliche spielender Felsenklotz von etwa 1000 Fuß Höhe, um den stän-

Abb. 111 Theodor Wiegand

dig die Adler kreisen. Darauf liegt die Oberburg, zu der nur eine halbzertrümmerte, in den fast senkrecht abfallenden Felsen eingeschnittene, antike Treppe emporführt. Aber über dieser Akropolis erhebt sich nochmals ein solcher Kegel, dem zwei Quellen entströmen und auf dessen höchster Spitze ein Wachturm liegt.«

Wiegand war begeistert, als die große antike Hauptstraße freigelegt war und in dem danebenliegenden Gelände eine Reihe der alten Wohnhäuser zutage trat. »Ein hellenistisches Pompeji!« rief er aus. Doch leider fühlte sich Humann nun so krank, daß er am 5. Oktober nach Smyrna zurückkehren mußte. Zwei Versuche, noch einmal an der Arbeit teilzunehmen, brachten einen Rückfall. Er mußte die Leitung in Wiegands Hände legen. Rasch hatte sich zwischen ihnen ein Vertrauensverhältnis gebildet.

Wiegand schrieb in seiner Biographie:

»Es ist für mich die wehmütigste Erinnerung aus der ganzen Prienischen Ausgrabungszeit, wie er am 16. Dezember noch einmal herbeieilte, um persönlich die Ausgrabung zu schließen. Es war ein Regenabend. Mühsam schleppte er sich, von uns unterstützt, den steilen Weg zur Agora hinauf, freute sich der rasch vorgeschrittenen Arbeit — die südliche Westtor-Straße war mit allen Quartieren freigelegt worden, dazu das westliche Drittel des Marktes — und sagte dann todesahnend, nach sichtlich schwerem Abschied von dem Arbeitsplatz: ‚Diejenigen, die es erleben, werden noch viel Freude an dieser Ausgrabung haben.'«

Humanns Abschied von Priene

Die Kölnische Zeitung fügte in ihrer Würdigung Carl Humanns im April 1896 den ergreifenden Nachtrag zu dieser Erinnerung hinzu: »Kurz vor Sonnenuntergang wurde noch ein Marmoraltar entdeckt, auf dem nur das eine Wort stand: dem Heros. Es war sein letzter Fund, ein letzter Gruß des klassischen Bodens, der sich kaum einem Forscher im Glück so treu erwiesen hat als unserm Carl Humann.«

IX. Schwere Erkrankung. Tod am 12. 4. 1896 in Smyrna

Zum letzten Male feierte Humann in diesem Dezember im Kreis seiner Familie und Freunde den Weihnachtsabend; noch einmal gab er ein großes Fest, zu dem zahlreiche Gäste kamen, Offiziere des Kreuzers »Moltke« und anderer Kriegsschiffe, Italiener, Russen und Franzosen. Auch Wiegand war zu Gast in seinem Hause.

Bisher hatte er noch nicht an den Ernst seiner Krankheit geglaubt. Seine Frau hatte ihn im August inständig gebeten, in Deutschland einen Spezialarzt aufzusuchen. Er lehnte es ab: »Ich habe keine Zeit, es wird schon besser werden.« Für den Januar nahm er sich eine Erholungsreise nach Ägypten vor, da er seine Schmerzen für rheumatisch hielt. Doch kurz vor dieser geplanten Abreise stellten die Ärzte ein schweres Leberleiden fest, für das ihre Mittel keine Hilfe bringen konnten. Im Frühjahr plante Humann daher mit der Familie nach Wien zu reisen, um sich dort den Ärzten anzuvertrauen. Tapfer kämpfte er gegen die zunehmende Schwäche an.

Nur noch vom Krankenzimmer aus vermochte er den Beginn der nächsten Kampagne in Priene vorzubereiten, ihr galten seine Gedanken und seine Sorge. Seine Tochter schrieb darüber an ihre Tante in Deutschland:

Letzte Krankheitswochen

»Trotz seiner schweren Leiden haben wir uns nie an den Gedanken gewöhnen können, daß das Ende drohte. Wenn Du Papa gesehen hättest, wie lebensvoll er noch war, wie geistig frisch und ungebrochen, wie er trotz seiner großen Magerkeit und Schwäche jeden Tag das Bett verließ, um aufrecht zu sitzen, Briefe diktierte, die Herren, die für die Ausgrabung geschickt waren, empfing, alles mit ihnen beriet, sich stundenlang unterhielt, für die Ausgrabungen Professor Benndorfs in Ephesos Ratschläge gab und sich überhaupt nur noch für das lebhaft interessierte, was ihm Lebenszweck und -ideal war, die Ausgrabungen, Kunst und Wissenschaft! ‚Trockenbrot möchte ich lieber essen, sagte er oft, und mich abquälen, aber draußen sein, arbeiten, arbeiten!' Wie uns das alles das Herz zerriß!«

Oft erfüllten seine letzten Tage schwere Sorgen um die politische Lage in der Türkei; denn im Jahre 1895 war es zu blutigen Verfolgungen der Armenier und der syrischen Christen gekommen. Er teilte sie Krupp in seinem Neujahrsbrief von 1896 mit: »Wir leben in Smyrna und unserer ganzen Provinz ruhig wie im Paradies, während der ganze Osten Kleinasiens von Alexandrette bis zum Schwarzen Meer in Blut und Flammen steht. Auf Jahre hinaus sind Handel, Verkehr und Produktion lahmgelegt. Die Staatseinnahmen, die schon in den letzten Jahren infolge der Entwertung aller Produkte bedeutend heruntergegangen waren, werden auf 10 Millionen Pfund und noch weniger sinken. . . Daß die Regierung ferner die Garantien für die großen Eisenbahnbauten zahlt, ist unmöglich, und Deutschland dürfte schwere Verluste erleiden. . . Wer dies schöne Land liebt, schaut tiefbesorgt in die Zukunft. Ein schlimmeres Neujahr hat es hierzulande nie gegeben.«

Die Prienegrabung, sein letztes Lebenswerk, wußte er bei Wiegand in guten Händen. Noch wenige Tage vor seinem Tode diktierte er seiner Frau einen Brief an ihn.

So sehr ihn der Tod des Protektors seiner Grabung in Pergamon, der Tod des von ihm so sehr verehrten Kaisers Friedrich III., erschüttert hatte, und so oft ihm auch Bedenken gegenüber der deutschen Politik, besonders nach der Verabschiedung Bismarcks, kamen, so konnte er doch nicht das Ausmaß der Katastrophe ahnen, die im 20. Jahrhundert über Deutschland hereinbrechen sollte. Mit Stolz blickte er auf das geeinte Deutschland und glaubte, den Pergamonaltar in ein glückliches, blühendes Land gerettet zu haben.

Freundliche Bilder mögen ihn umgeben haben, als er am 12. April, an einem sonnigen Sonntagmorgen, aufrecht sitzend, friedlich und lächelnd einschlief. Seine Frau, seine Tochter und der Erzbischof von Smyrna, ein treuer Freund der Familie, waren bei ihm in seiner Todesstunde.

Am 14. April wurde Carl Humann zu Grabe geleitet. Die Kölnische Zeitung, die er selbst oft und gern gelesen hatte, gab ihren Lesern eine bewegende Schilderung der letzten Ehren, die ihm erwiesen wurden:

Feierliche Beisetzung

»Die imposante, des großen Altertumsforschers und glänzenden Vertreters des Deutschtums würdige Feier war ein lebhaftes Zeugnis für die Verehrung und Liebe, die ihm in Smyrna, seiner zweiten Heimat, von allen Seiten entgegengebracht wurde. Von seinem schönen, nahe dem Meere gelegenen Hause bewegte sich der Trauerzug unter Vorantritt einer Abteilung türkischer Infanterie und der katholischen Geistlichkeit um 10 Uhr vormittags zur Kathedrale. Das Bahrtuch trugen die angesehensten Mitglieder der Fremdenkolonie, gefolgt von dem Dragoman des deutschen Konsulats, der das reiche Ordenskissen trug. Es folgte der in wundervollem Blumenschmuck prangende Leichenwagen, dessen Pferde von den in purpurrote Galatracht gekleideten Kawassen des Konsulats geleitet wurden. Zur Seite des mit der deutschen Flagge bedeckten Sarges schritten, brennende Wachsfackeln tragend, die letzten jungen Mitarbeiter Humanns, die vom Ausgrabungsfelde zu Priene herbeigeeilt waren. Unmittelbar hinter dem Sarge folgte in Uniform der deutsche Konsul Dr. Galli mit seinem gesamten Personal sowie das ganze übrige Konsulatskorps unserer Stadt. Als Vertreter der türkischen Regierung ging ein Unterstaatssekretär an Stelle des erkrankten Gouverneurs Kâmil Pascha im Zuge.

Eine fast unzählbare Menge von Lorbeerkränzen und duftigen Blumengebinden wurde von den Freunden des Verstorbenen getragen, darunter Kränze der Generalverwaltung der königlich preußischen Museen, des

Abb. 112 Carl Humann.
Büste von Adolf Brütt im Pergamonmuseum

kaiserlichen archäologischen Instituts zu Athen, des deutschen und österreichischen Konsulats, des von Humann mitbegründeten Deutschen Vereins in Smyrna, des akademischen Vereins Motiv zu Berlin, seiner Mitarbeiter in Priene u. v. a. So bewegte sich der ernste Zug, einen grellen Gegensatz zu dem bunten Alltagsgetriebe der Straßen Smyrnas bildend, vorbei am deutschen Konsulat, dessen Fahne auf halbmast gehißt war, zur Kirche. In Gegenwart des Erzbischofs fand hier die von Gesang begleitete kirchliche Zeremonie statt.

Darauf wurde der Sarg in die Vorhalle getragen, wo zunächst die Ansprache des Professors der Archäologie Otto Benndorf aus Wien erfolgte. Er wies unter anderem darauf hin, wie Humann, durch die langen Wanderjahre seiner Jugend mit dem Orient aufs innigste vertraut, wie kein anderer befähigt gewesen sei, für die großen, wissenschaftlichen Unternehmungen, die er geleitet hat, die Wege zu ebnen; wie er dann in genialer Weise alle ihm gestellten Aufgaben, an der Spitze die Ausgrabungen in Pergamon und Magnesia, gelöst habe, nie ruhend, immer die eigene Person einsetzend, keine Gefahr scheuend, eine durch und durch feurige Natur. Die Kunstgeschichte verdanke ihm die Wiedergewinnung einer ganzen Epoche. Humann sei gewissermaßen das wissenschaftliche

Bindeglied zwischen Orient und Okzident gewesen, eine Erscheinung, wie sie selten in der Wissenschaft auftrete, in deren Büchern sein Name ebenso unvergänglich stehen werde wie in den Herzen aller Generationen, die sich im deutschen Vaterlande an den großartigen Ergebnissen der pergamenischen Ausgrabungen bilden würden.

Hierauf nahm Konsul Dr. Galli das Wort im Namen der deutschen Kolonie: ‚Der Mann, dem es vergönnt war, da wo die Blätter der Geschichte schweigen, die Steine reden zu machen, der aus dem Schutte der Jahrtausende eine versunkene Welt aus tiefem Schlafe zu neuem Leben wecken durfte, er soll nun selbst zu langem Schlafe dem klassischen Boden anvertraut werden, dem sein bestes Wirken galt. An der sagenhaften Geburtsstätte Homers, am Fuße des Berges, auf dem ein Polykarp den Märtyrertod erlitt, soll das stille Grab des deutschen Gelehrten und Forschers der Mit- und Nachwelt erzählen von germanischer Kultur, welche die Errungenschaften des altklassischen Heidentums mit den Segnungen des Christentums in Einklang zu bringen wußte. . . . In dem Dahingeschiedenen verlieren wir unser bestes Mitglied. Ein Vorbild deutscher Vaterlandsliebe, deutscher Arbeit, deutscher Freundschaft, war er der Stolz und Liebling aller. Wir durften herzgewinnenden Verkehr mit ihm pflegen, teilnehmen an seinen hohen, geistigen Interessen. Er fragte nicht nach hoch und niedrig. . . In seinem trauten Hause fanden wir einen Mittelpunkt, ein gutes Stück unserer Heimat. Wir wissen nur zu gut: was wir an ihm verlieren, ist unersetzlich. Fürwahr, sie haben einen guten Mann begraben; uns war er mehr!‘

Nach dieser ergreifenden Rede wurde der Sarg zum Friedhof übergeführt, wo nach einem kurzen Gebet der Senior der deutschen Kolonie, Herr Unger, dem lieben Freunde Worte des Abschiedes zurief. Dann schloß sich die Marmorgruft.«

1963 sollte der katholische Friedhof in Smyrna aufgelassen werden, doch war es möglich, die sterblichen Reste von Carl Humann in eine Gruft auf der Höhe der Burg von Pergamon zu überführen. Am 28. Mai 1967 lud Erich Boehringer, der Leiter der Ausgrabungen in Pergamon, einen Kreis von deutschen und türkischen Gelehrten, Vertretungen der Regierungen beider Länder, einige Freunde und den Enkel Hans-Dietrich Humann zu einer Kranzniederlegung und einer stillen Gedenkstunde an der neu errichteten Gruft ein.

Letzte Ruhestätte auf dem Burgberg

Unweit des großen Altars hat Carl Humann seine letzte Ruhestätte gefunden.

X. Das Schicksal des Pergamonaltars

Seit die Funde in Berlin aus Pergamon eingetroffen waren, suchte Conze, sich der hohen Verantwortung voll bewußt, die kostbaren Fragmente wieder zu einem anschaulichen Ganzen zusammenzufügen und ihnen einen würdigen Aufstellungsraum zuzuweisen. Er schrieb darüber:

Conzes Rechtfertigung

»Mich beschäftigt die Sorge für die Zukunft der Pergamonaufdeckungen am Platz selbst. Sobald wir die Hand davon abziehen, ist alles der Zerstörung preisgegeben. . . Das solle ferngehalten werden, daß es später heißen könne: Die Deutschen haben die Denkmäler eigennützig ans Licht gebracht und dann schmählicher Zerstörung preisgegeben.«

An anderer Stelle rechtfertigt er diese Einstellung: »Wir sind nicht fühllos dagegen gewesen, was es heißt, die Reste eines großen Denkmals seinem Mutterboden zu entreißen und in Deutschland aufzustellen, wo wir ihnen das Licht und die Umgebung nie wieder bieten können, in die hinein sie geschaffen wurden und in denen sie einst voll wirkten. Aber wir haben sie der immer vollständigeren Zerstörung entrissen. Damals war noch kein Hamdi Bey in Sicht, den bald warme Freundschaft mit Humann verband, und wir konnten damals noch nicht denken, was inzwischen mit seiner Hilfe möglich geworden ist, daß die am Ort verbleibenden Ruinen vor den Steinräubern der modernen Stadt würden geschützt werden können. Unsere Museen haben dann eine jahrzehntelange Bemühung daran gesetzt, die Trümmer wieder zum Ganzen zu fügen, eine Bemühung, die am allerwenigsten am Ort selbst hätte aufgewandt werden können. Und auch die gewonnenen Schätze in möglichst würdiger Weise der Beschauung und dem Studium darzubieten, ist von der Leitung der Museen mit äußerster Bemühung gesorgt worden. Ein eigens dazu erbautes Museum durfte nur als provisorisch gelten, und schon ist man am Werke, für die Aufstellung in noch glänzenderer Weise zu sorgen.«

Abb. 88

Wenn heute der Besucher die riesige Museumshalle in Berlin betritt, vor der großen Freitreppe des Altars steht und sich umgeben sieht von den bewegten Szenen des Götterkampfes, die in selbstverständlicher Abfolge durch den ganzen Himmel der griechischen Götterwelt führen, so ahnt er wohl kaum, daß nur jahrelange Anstrengungen der Gelehrten und Techniker zu diesem überwältigenden Eindruck verhelfen konnten.

Im Frühjahr 1880 sah man sich in Berlin vor der Aufgabe, den umfangreichen Transport aus Pergamon zu sichten und zu ordnen. Es waren eingetroffen:

97 Platten der Gigantomachie,
dazu 2000 Fragmente,
35 Platten des Telephos-Frieses,
dazu etwa 100 Fragmente,

Einzelstatuen, Büsten, zwei Altäre oder Basen, Pferde u. a.,
130 Inschriften,
sämtliche Stücke des großen Hauptgesimses, soweit sie Götternamen oder technische Besonderheiten zeigten,
eine von Attalos erbaute Exedra,
eine Fülle architektonischen Materials von Altar, Trajaneum und Gymnasium.

Rekonstruktion des Frieses

Bereits aus diesen ersten Funden konnte man eine ziemlich genaue Vorstellung von der äußeren Gestalt des Altars gewinnen. Der Grabungsarchitekt Bohn lieferte eine erste Rekonstruktionszeichnung. In diesem Stadium war allerdings die genaue Friesabfolge und -anordnung noch nicht erkennbar. So glaubte damals Wilhelm Lübke, daß die beiden bedeutendsten Reliefgruppen, die des Zeus und der Athena, als Pendants die beiden Risalite des Treppenaufgangs schmückten, den man im Süden vermutete und der sich später im Westen ergab. Erst während der dritten und letzten Kampagne gewann man endgültig Klarheit für den Aufbau des Altars und die Abfolge der Kampfszenen auf dem Fries. Man fand nämlich im Mai 1879 unter vielen Bruchstücken auch einen Gigantentorso, der als Eckplatte des linken Risalits am Treppenaufgang identifiziert wurde.

Besondere Verdienste um die Anordnung erwarb sich Puchstein. Er entdeckte, daß einstmals die Namen der Götter auf den Gesimsblöcken, die nach oben den Fries abschließen, eingemeißelt gewesen waren und die der Giganten auf den Fußprofilen. Außerdem ergab sich ein Numerierungssystem der antiken Handwerker, die mit den Buchstaben des griechischen Alphabets die Gesimsblöcke von rechts nach links fortlaufend gekennzeichnet hatten. Glücklicherweise blieb etwa ein Drittel dieser bezeichneten Blöcke erhalten, so daß man nicht nur die Reihenfolge der erhaltenen Reliefplatten bestimmen konnte, sondern auch die Lücken feststellte und dadurch einen Eindruck von der ursprünglichen Länge des Frieses gewann. Trotz dieser Erkenntnisse, die man den Inschriften und Zeichen verdankte, trotz der sorgfältigen Zeichnungen, die Humann unmittelbar nach der Auffindung von den Reliefs angefertigt hatte, trotz der Architekturzeichnungen von Bohn war die Anordnung noch schwierig genug, und man versteht den Seufzer des Gelehrten Hermann Winnefeld:

»... und doch gibt dieser Fries eine Menge von Rätseln auf, deren Zahl bei immer wiederholter und immer eindringlicherer Beschäftigung mit dem Gegenstand sich eher vermehrt als vermindert.«

Im Dezember 1901 wurde das erste Pergamonmuseum in Berlin eröffnet, und man richtete sich bei der Aufstellung bis auf zwei Änderungen nach den Ermittlungen von Puchstein. Da das erste Museum schon 1908 einem Neubau weichen sollte, beschäftigten sich die Gelehrten erneut mit der Anordnung der Platten, besonders der oben zitierte Winnefeld. Vor allem führte Heinz Kähler methodisch die Ergebnisse Puchsteins weiter und gewann neue Deutungen und Gruppierungen für einige umstrittene Reliefgruppen. Seine Ergebnisse fanden viele Jahre später bei dem Wiederaufbau des Altars im Jahre 1958 nach dem zweiten Weltkrieg volle Berücksichtigung.

Doch es galt nicht nur, gedanklich die zerbrochenen und zersplitterten Fundstücke in ihre ursprüngliche Reihenfolge zu bringen und wieder zu einem neuen wirkungsvollen Ganzen zusammenzufügen, es galt auch für die Handwerker, mühsame und genaue Arbeit beim Restaurieren der Platten zu leisten. Jahrelang arbeiteten im Berliner Museum die beiden italienischen Bildhauer Frères und Possenti mit ihren Gehilfen.

Bestmögliche Aufstellung

Es erwies sich als fast unmöglich, den gesamten Altar, dessen Grundmaße 36 x 34 Meter betrugen, unter einen Hallenaufbau mit einem weiten Umgang und einem repräsentativen Zugang für die Beschauer zu bringen. In dem ersten Pergamonmuseum konnte man zwar den wiederaufgestellten Altar umschreiten, doch war der Platz für die Gesamtwirkung einschließlich der großen Freitreppe nicht ausreichend, und es stellten sich außerdem Bauschäden ein. 1901 eröffnet, wurde das Museum schon 1909 wieder abgebrochen; und nun sollte es über 20 Jahre dauern, bis der Pergamonaltar in einem neuen Ausstellungsgebäude den Ruhm Berlins als führende Kunststadt festigte.

Der Architekt Alfred Messel hatte schon bei der Aufgabe des ersten Museums einen vollständig anderen Plan zu einem Neubau entworfen, der nach seinem frühen Tode von dem Berliner Stadtbaurat Ludwig Hoffmann, zusammen mit dem Architekten des Museums Baurat Wille, fortgeführt und 1930 vollendet wurde. Scharfe Kritik und Gegenstimmen waren nicht ausgeblieben, aber schließlich überzeugte doch das Ergebnis. Da es aus statischen Gründen und aus Rücksicht auf den beschränkten Bauplatz auf der Berliner Museumsinsel nicht möglich war, den ganzen Altar in einen Lichthof zu stellen, hatte Messel nur eine Teilrekonstruktion vorgeschlagen. Der Besucher sieht sich beim Eintritt der westlichen Fassade mit ihrer eingeschnittenen Freitreppe und den vorspringenden Risaliten gegenübergestellt und hat zunächst die Reliefplatten der Ostseite im Rücken, die der Nord- und Südseite zur Rechten und Linken. Somit wurde ein großer Freiraum für die Beschauer gewonnen und der repräsentative Eindruck der Eingangsfront gewahrt.

100-Jahr-Feier des Deutschen Archäologischen Instituts

Im April 1929 beging das Deutsche Archäologische Institut den Tag, an dem es vor hundert Jahren gegründet wurde. Für diese Tage bildete Berlin den festlichen Mittelpunkt für Gelehrte, Archäologen und Bauforscher aus dreißig Ländern der Erde. Die Festsitzung mit 800 Vertretern der Wissenschaft, Kunst und Politik fand im Plenarsaal des Reichstages statt. In seiner Festrede sagte der Reichsaußenminister Dr. Stresemann:

»Die Wurzeln, aus denen unsere Kultur erwachsen ist, aufzuzeigen, ist die hohe Aufgabe der archäologischen Wissenschaft. Sie ist ja nicht ein

Wühlen in toten Dingen, die der unaufhörlich rieselnde Staub der Zeit verschüttet hat. Wenn sie aus dem Schoß der Erde die stolzen Überreste der Vorzeit birgt und deutet, so ist es nicht ihre Absicht, unseren Augen ein schnell vergessenes Schauspiel zu bieten. Sie läßt vielmehr den Geist lebendig werden, der hinter diesen toten Dingen steht, und lehrt uns, die seelischen und geistigen Triebkräfte zu verstehen, die über die unendliche Kette der Geschlechter hinweg auch in uns nachwirken. So pflegt sie ein großes Erbe, von dem alle Völker zehren. Darum haben sich in ihr auch immer alle Nationen im gegenseitigen Verstehen auf dem Wege zum gleichen Ziel zusammengefunden. Jede gemeinsame Arbeit im Dienste der Wissenschaft ist aber auch Arbeit am Frieden, und stets ist das Institut seinem völkerverbindenden Charakter treu geblieben, seit seine Gründer im Geiste Goethescher Kulturgesinnung und im Banne der Gedanken standen, die er einst über Winckelmann und die Antike ausgesprochen hat.«

Zentrum aller Festveranstaltungen war der Vormittag des 22. April, der Empfang im fast vollendeten Pergamonmuseum. Im Mittelsaal, auf der Freitreppe des Altars, empfing der Generaldirektor der Museen, Wilhelm Waetzold, die Gäste, und sprach Wiegand ein Wort des Gedenkens für Carl Humann. Noch niemals hatten die Besucher die Skulpturen so unmittelbar, so schön erlebt. Die Engländer fanden hier für ihre Neuaufstellung der Skulpturen vom Parthenonfries ein Vorbild. In der englischen Zeitschrift »Antiquity« schrieb O. G. S. Crawford:

Internationale Anerkennung

»Ich habe viele Museen gesehen, aber im Pergamonmuseum fühlte ich mich zum ersten Mal in meinem Leben völlig befriedigt. Das erstrebte Ideal schien mir restlos verwirklicht. Hier endlich fand ich einen gelungenen Versuch zur Wiederherstellung antiker Meisterwerke der Architektur und eine Aufstellung ohne jedes störende Beiwerk.«

In der Pariser Zeitschrift »Illustration« berichtete Louis Gillet begeistert über seinen Eindruck:

»Der antike Betrachter mußte um das Monument herumgehen und konnte nur ein Viertel auf einmal sehen. Hier aber legen sich vier Ansichten zusammen, hier schleudern sie gleichzeitig und mit beschleunigter Bewegung dem wankenden Beschauer den Sturm ihrer Götter und Giganten entgegen. Bestürzt, wie in einem Orkan, bleibt man zunächst stehen. Aber ich muß bekennen, noch nie habe ich diese Skulpturen so schön gesehen. Mir schien es, als sähe ich sie zum ersten Male. Diese Regie bedeutet eine Revolution in der Museumskunde. Alle Museumsdirektoren werden fortan Lektionen in Berlin nehmen müssen.«

50 Jahre zuvor hatte die Universität Greifswald Humann als dem Entdecker und Retter des Pergamonaltars den Ehrendoktor verliehen. An diesem Tage vollzog der Dekan der Theologischen Fakultät der Universität Greifswald die Ehrenpromotion Wiegands, dem diese vorbildliche Aufstellung zu verdanken war. Er hatte über den Krieg und eine fast hoffnungslose Verarmung des deutschen Volkes die Friedensarbeit der

Vorkriegsgeneration in eine — wie man damals hoffte — glücklichere Zukunft herübergerettet. Der sozialdemokratische Kultusminister Grimme stellte in seiner Ansprache wohl die Frage, ob es sich der Staat angesichts seiner Verelendung überhaupt leisten dürfte, ein so aufwendiges Museum zu erbauen; aber am Schluß seiner Ausführungen bekannte er, »daß es außer dem religiösen Ergriffensein keine andere Kraft gibt, die den einzelnen Menschen und das ganze Volk so zu formen vermag wie das Erlebnis großer Kunst, eine Überzeugung, aus der der Wille erwächst, alles daran zu setzen, daß die Kunst als Menschen formende und volksprägende Kraft wirklich lebendiges Gemeingut des gesamten Volkes wird.«

Offizielle Eröffnung des Pergamonmuseums

Am 2. Oktober 1930 fand die offizielle Eröffnung des Pergamonmuseums statt. Unerwartet groß war der Ansturm und die Begeisterung der Besucher. Nach Ablauf des ersten Jahres zählte man schon 1,2 Millionen Besucher.

Eine Büste Humanns, die 1901 in dem ersten Museum aufgestellt worden war, fand auch in dem neuen Museum ihren Platz. Schon 11 Jahre nach der festlichen Eröffnung mußten die wiederaufgestellten Originalteile von den Wänden abgenommen und in einem Bunker vor den Bombenangriffen des zweiten Weltkrieges geschützt werden. *Abb. 112* Als 1945 Berlin und vor allem sein historisches Zentrum in Schutt und Asche lag, verbreitete sich die Nachricht, daß die Reliefplatten in die Sowjetunion verbracht worden seien. Viele zweifelten daran, den Pergamonaltar jemals wiederzusehen. Doch eine großzügige Geste der Sieger gab ihn Berlin zurück. 1958 konnte der Aufbau wieder beginnen; alle Teile waren unbeschädigt geblieben, und es konnten sogar ergänzende Funde aus den letzten Zeiten durch Gipsabgüsse eingefügt werden. Sechs Monate währten die Arbeiten unter der Leitung des Museumsdirektors Karl Blümel. Vor allem Elisabeth Rohde, damals Kustos und später Direktor der Antikensammlung an den Staatlichen Museen zu Berlin, war die Anordnung der beiden Pergamonfriese zu verdanken. In ihrem Buch: »Pergamon, Burgberg und Altar« sind diese neuesten wissenschaftlichen Ergebnisse zusammengefaßt. Ihnen und Max Kunze, dem heutigen Direktor des Pergamonmuseums und der Antikensammlung an den Staatlichen Museen zu Berlin, gebührt das Verdienst, die pergamenische Tradition gewahrt zu haben und erneut in das Bewußtsein ungezählter Besucher etwas von dem Glanz und der Schönheit der hellenistischen Kunstepoche eindringen zu lassen, die Carl Humann vor mehr als 100 Jahren entdeckt hat.

Abb. 113 Zeichnerische Übersicht der Fragmente des Gigantenfrieses.

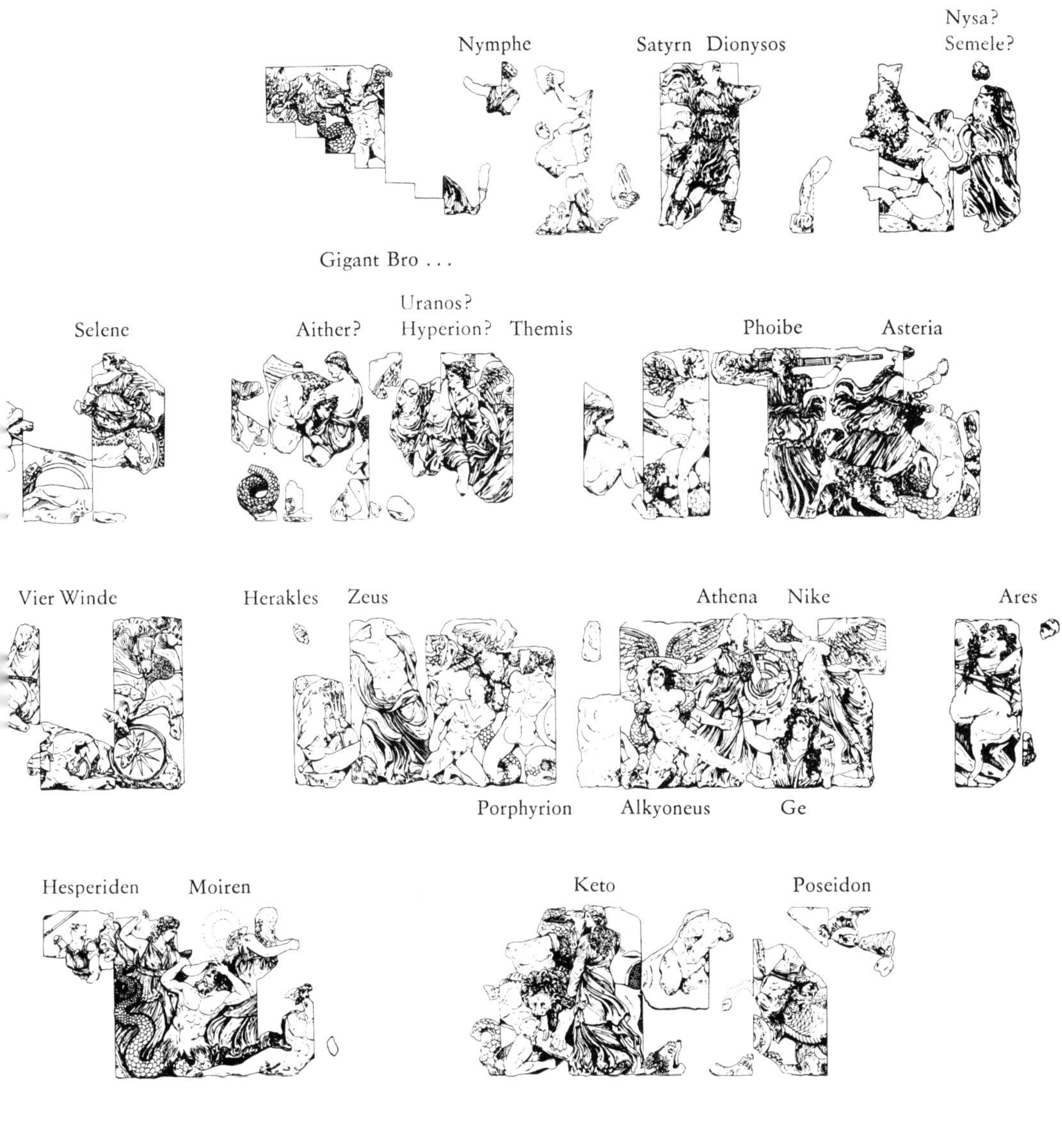

h der Anordnung und Deutung von Otto Puchstein und Carl Robert mit den neuen Fundstücken

Zeittafel

1839	Karl Humann am 4. Januar in Essen-Steele an der Ruhr geboren
1859	Reifeprüfung am Burggymnasium in Essen
1860	Praktikum im Feldmesserdienst
1860/61	Studium an der Bauakademie in Berlin
1861	Auf Einladung des Bruders in Samos. Erste Bauforschung am Heratempel
1863	Als Kaufmann in Smyrna
1864	Konstantinopel. Bauauftrag des englischen Diplomaten Henry Bulwer auf der Insel Plati
1864 – 1866	Kartographische Arbeiten in der Türkei und in Ägypten im Auftrage des Großwesirs Fuad Pascha
1865	Erster Besuch in Pergamon. Rettung von Marmorblöcken vor der Zerstörung im Kalkofen
1866	Zweiter Besuch in Pergamon. Erneutes Vorgehen gegen die Kalkbrenner
1867	Konzession für den Bau von 5 Fernstraßen. Zusammenarbeit mit dem Bruder Franz. Besuch des Vaters bei seinen Söhnen in Konstantinopel
1867 – 1880	Mit Franz gemeinsame Leitung einer Baufirma und Chefingenieur in Ayvalık und Pergamon
1869	Wiederum Rettung pergamenischer Skulpturen vor der Zerstörung
1870	Erster Besuch in der Heimat
1870 – 1879	Kartographische Arbeiten für Kieperts Kartenwerk »Kleinasien«
1871	Besuch von Curtius, Adler und Gelzer in Pergamon. Entdeckung des Asklepieion
1872	Zum Korrespondierenden Mitglied des Deutschen Archäologischen Instituts ernannt und mit dem Preußischen Kronenorden 4. Klasse ausgezeichnet
1873	Ende der Tätigkeit im türkischen Straßenbau. Private Bauaufträge und archäologische Exkursionen Mitarbeit an dem Buch von C. v. Scherzer »Smyrna, mit besonderer Rücksicht auf die geographischen, wirtschaftlichen und intellektuellen Verhältnisse in Kleinasien« Besuch von Ernst Haeckel. Naturkundliche und archäologische Ausflüge

	Reise in die Heimat. Verlobung in Steele mit Louise Werwer
1874	Heirat in Wattenscheid. Gründung einer eigenen Häuslichkeit in Smyrna
1876/77	Reise durch Griechenland
1878/79	Erste Kampagne in Pergamon
1879	Ordentliches Mitglied im Deutschen Archäologischen Institut
1880	Deutschlandbesuch und offizielle Einladung nach Berlin
	Ehrendoktor von Greifswald
	Wanderung durch das Sipylos-Gebirge und zur Burg des Tantalos
1880/81	Zweite Kampagne in Pergamon
1882	Unterstützung der österreichischen Forschungen in Lykien
	Revision des Monumentum Ancyranum im Auftrag von Theodor Mommsen
	Forschungsexpedition nach Boğazköy und Yazılıkaya
	Untersuchung der Sarkophage in Klazomenai
1883 – 1886	Dritte Kampagne in Pergamon
1883	Expedition zum Nemrud Dağ
	Mit Conze auf Lesbos
1884	Zum Auswärtigen Direktor der Berliner Museen ernannt
1887	Topographische Untersuchungen in Hierapolis. Besuch im Museum von Konstantinopel zur Aufstellung des Alexander-Sarkophages durch Hamdi Bey
1888	Ausgrabungen in Sendschirli (Zincirli)
	Versuchsgrabung in Tralles
1890	Teilnahme an Schliemanns Internationaler Konferenz in Troja
	Ehrenbürger der Stadt Steele
1890 – 1893	Ausgrabungen in Magnesia am Mäander
1891	Bemühungen um die Grabungserlaubnis in Didyma und Milet
1894	Humann erhält den Titel Geheimrat
1895	Mitarbeit an der ersten österreichischen Ausgrabung in Ephesos
	Vorbereitungen, Hausbau und erste Ausgrabungskampagne in Priene
1896	Schwere Erkrankung. Tod am 12. April 1896 in Smyrna

Literaturverzeichnis

Zur Textgestaltung dieses Buches wurde folgende Literatur herangezogen:

Bean, George E., Kleinasien I: Die Ägäische Türkei von Pergamon bis Didyma. Übersetzt und bearbeitet von Joseph Wiesner. Hans E. Günther Verlag, Stuttgart 1969

Boehringer, Erich (Hg.), Neue Deutsche Ausgrabungen im Mittelmeergebiet und im Vorderen Orient. Verlag Gebr. Mann, Berlin 1959. S. 45 ff.: Friedrich Karl Dörner, Die Entdeckung von Arsameia am Nymphenfluß. S. 121 ff.: Erich Boehringer, Pergamon

Boulanger, Robert, Die Blauen Führer: Türkei. Deutsche Bearbeitung von Margarete Stillger und Franz Melichar, Zumsteins Landkartenhaus, München o. J.

Ceram, C. W., Enge Schlucht und Schwarzer Berg. Entdeckung des Hethiter-Reiches. Rowohlt Verlag, Hamburg 1955

Conze, Alexander, Pro Pergamo Vortrag, gehalten in der Berliner Archäologischen Gesellschaft am 9. 12. 1897. Druck und Verlag Georg Reimer, Berlin 1898. Nachdruck als Band IV der Hermann-Bröckelschen-Stiftung »Carl Humann zum Gedächtnis« 1975

Dörner, Friedrich Karl und Rudolf Naumann, Forschungen in Kommagene. Mit Beiträgen von Katharina Dorn und Josef Keil, in: Istanbuler Forschungen 10, 1939

Dörner, Friedrich Karl (Hg.), Vom Bosporus zum Ararat. Verlag Philipp von Zabern, 2. Aufl., Mainz 1984

Dörner, Friedrich Karl, Der Thron der Götter auf dem Nemrud Dağ. Gustav Lübbe Verlag, 3. Aufl., Bergisch-Gladbach 1987

Humann, Karl und Otto Puchstein, Reisen in Kleinasien und Nordsyrien. Textband nebst einem Atlas, enthaltend III Karten von Heinrich Kiepert und 53 Tafeln. Verlag Dietrich Reimer, Berlin 1890

Kähler, Heinz, Der große Fries von Pergamon. Untersuchungen zur Kunstgeschichte und Geschichte Pergamons. Verlag Gebr. Mann, Berlin 1948

Kähler, Heinz, Pergamon. Bilderheft Antiker Kunst, Band IX. Verlag Gebr. Mann, Berlin 1949

LULLIES, REINHARD und WOLFGANG SCHIERING (Hg.), Archäologenbildnisse. Porträts und Kurzbiographien von Klassischen Archäologen deutscher Sprache. Verlag Philipp von Zabern, Mainz 1988

MEYER, ERNST, Heinrich Schliemann, Kaufmann und Forscher. Musterschmidt Verlag, Göttingen 1969

MICHAELIS, ADOLF, Ein Jahrhundert kunstarchäologischer Entdeckungen. Verlag E. A. Seemann, 2. Aufl., Leipzig 1908

MOLTKE, HELMUTH GRAF, Briefe über Zustände und Begebenheiten in der Türkei aus den Jahren 1835 bis 1839. Gesammelte Schriften Band 8, 6. Aufl., Berlin 1893

MORTON, HENRY VOLLAM, In den Spuren des heiligen Paulus. Aus dem Englischen übersetzt von Hans Tuppy. Heinrich Scheffler GmbH, Frankfurt a. M. 1965

NAUMANN, RUDOLF, s. Dörner, Forschungen in Kommagene

PERGAMON
Die Ausgrabungen zu Pergamon und ihre Ergebnisse. Vorläufiger Bericht. Jahrbuch der Preuß. Kunstsammlungen 1, 1880, S. 127 ff. von A. Conze, C. Humann, R. Bohn, H. Stiller, G. Lolling, O. Raschdorff.
Die Ergebnisse der Ausgrabungen zu Pergamon 1880 – 1881. Vorläufiger Bericht. Jahrbuch der Preuß. Kunstsammlungen 3, 1882, S. 47 ff. von A. Conze, C. Humann u. R. Bohn.
Die Ergebnisse der Ausgrabungen zu Pergamon 1883 – 1886. Vorläufiger Bericht. Jahrbuch der Preuß. Kunstsammlungen 9, 1888, S. 40 ff. von C. Humann, R. Bohn, M. Fränkel

PERGAMON
Schriften der Hermann-Bröckelschen-Stiftung
Carl Humann zum Gedächtnis
I. Eduard Schulte, Der Pergamon-Altar entdeckt, beschrieben und gezeichnet von Carl Humann. Dortmund 1959
II. Eduard Schulte, Chronik der Ausgrabung von Pergamon. Dortmund 1964
III. Eduard Schulte, Carl Humann, Der Entdecker des Weltwunders von Pergamon. Dortmund 1971
IV. Eduard Schulte, Pro Pergamo, Weckrufe und Nachklänge. Dortmund 1975

PERGAMON
Ausstellung 22. 4. – 4. 6. 1972. Ingelheim am Rhein. In Erinnerung an Erich Boehringer

Pergamon
Sonderausstellung der Antikensammlung im Pergamonmuseum, Berlin, November 1986 bis April 1987, mit Katalog und einer ausführlichen Bibliographie über: »Ein Jahrhundert Forschungen zum Pergamonaltar« S. 69 ff.

Pergamon
s. Radt
s. Schuchhardt – Wiegand

Puchstein, Otto, Zur pergamenischen Gigantomachie, in: Sitzungsberichte der Preuß. Akademie der Wissenschaften, phil.-hist. Klasse, vom 29. 11. 1888 u. 11. 4. 1889

Puchstein, s. Humann

Radt, Wolfgang, Pergamon. Geschichte und Bauten, Funde und Erforschung einer antiken Metropole. DuMont Buchverlag, Köln 1988

Reuther, Oscar, Der Heratempel von Samos. Der Bau seit der Zeit des Polykrates. Verlag Gebr. Mann, Berlin 1957

Robert, Carl, Beiträge zur Erklärung des pergamenischen Telephos-Frieses, in: Jahrbuch des Deutschen Archäologischen Instituts 2, 1887, 244 ff.; 3, 1888, 45 ff. u. 87 ff.

Rohde, Elisabeth, Pergamon, Burgberg und Altar. Verlag C. H. Beck, München 1982

Schalles, Hans-Joachim, Untersuchungen zur Kulturpolitik der pergamenischen Herrscher im dritten Jahrhundert vor Christus, in: Istanbuler Forschungen 36, 1985

Schalles, Hans-Joachim, Der Pergamonaltar zwischen Bewertung und Verwertbarkeit. Fischer Taschenbuch Verlag, Frankfurt a. M. 1986

Schiering, Wolfgang, s. Lullies

Schmidt, Evamaria, Der große Altar zu Pergamon. Verlag Seemann, Leipzig 1961

Schuchhardt, Carl und Theodor Wiegand (Hg.), Der Entdecker von Pergamon Carl Humann. Ein Lebensbild. G. Grote'sche Verlagsbuchhandlung, 2. Aufl., Berlin 1931
Kap. I: Richard Schöne, Zur Erinnerung (an Carl Humann)
Kap. II–IV: Berichte über Pergamon 1878/79 – 1880/81 – 1883/86 (s. Jb. der Kgl. Preuß. Kunstsammlungen s. v. Pergamon)
Kap. V: Carl Schuchhardt, Ein Jahr bei Carl Humann in Pergamon
Kap. VI: Carl Humann, Die Burg des Tantalos im Sipylosgebirge
Kap. VII: Carl Humann, Etwas Türkisch

SENDSCHIRLI
Ausgrabungen in Sendschirli. Mitteilungen aus den Orientalischen Sammlungen. Königliche Museen zu Berlin. Heft XI–XV. 1893–1943

STÄHLER, KLAUS, Überlegungen zur architektonischen Gestalt des Pergamonaltares, in: Festschrift für Friedrich Karl Dörner, Leiden 1978, 838 ff.

STOLL, HEINRICH ALEXANDER, Götter und Giganten. Der Roman des Pergamon-Altars, Union Verlag, Berlin 1964

STUPPERICH, REINHARD, Carl Humann, in: Westfälische Lebensbilder XIII, 130–155, Münster 1985

WAGNER, JÖRG, Dynastie und Herrscherkult in Kommagene. Forschungsgeschichte und neuere Funde, in: Istanbuler Mitteilungen 33, 1983, 177 ff.

WATZINGER, CARL, Theodor Wiegand. Ein deutscher Archäologe (1864 – 1936). Verlag C. H. Beck, München 1944

WIEGAND, THEODOR und MARIE, Halbmond im letzten Viertel. Briefe und Reiseberichte von 1895 – 1918 aus der alten Türkei. Verlag F. Bruckmann, München 1970 und Verlag Philipp von Zabern, Mainz 1985

WIEGAND, s. Schuchhardt

Abbildungsnachweis

Archäologenbildnisse, Verlag Philipp von Zabern, Mainz, 1988: Abb. 19, 22, 23, 24.
Archiv DAI, Istanbul: Abb. 12, 17, 21, 106.
Archiv Scala Florenz: Farbtafel 8.
Dörner, Friedrich Karl, Vom Bosporus zum Ararat, Verlag Philipp von Zabern, Mainz, 1981, und Fotoarchiv Dörner: Umschlag, Abb. 8, 13, 15, 90, 92, 93, 95, 96, 100–105, Farbtafeln 2, 3.
Humann, Karl, Reisen in Kleinasien und Nordsyrien, Verlag Dietrich Reimer, Berlin: Zeichnungen Abb. 97–99.
Krull, Diethelm: Farbtafeln 4, 5, 6, 7.
Staatliche Museen zu Berlin/DDR — Pergamonmuseum: Abb. 14, 16, 20, 52–89, 112, 113, Farbtafel 1, Vorsatz vorn, hinten.
Staatliche Museen Preußischer Kulturbesitz – Antikenmuseum Berlin-Charlottenburg: Abb. 25–51.
Schulte, Eduard, Hermann-Bröckelschen-Stiftung Band II, Dortmund 1964, und Band III, Dortmund 1975: Humann Gemälde. Abb. 1–7, 9, 11, 18, 91, 94, 107–109.
Wiegand, Theodor, Halbmond im letzten Viertel, Verlag Philipp von Zabern, Mainz, 1970: Abb. 110, 111.